비판과 화해

비판과 화해

— 아도르노의 철학과 미학

「문병호 지음」

철학과현실사

책머리에

20세기 전반부는 인류 역사상 가장 비극적인 시대였다. 이성과 과학 기술에 기초한 근대 서구 문명이 불러일으킨 대재앙의 시대가 바로 20세기 전반부였다. 스스로 진보를 상징하였고 야만과 구분된다고 주장하였으며 20세기 최대의 사회과학자 막스 베버가 보편 문명이라고까지 치켜세웠던 서구 문명은 두 차례의 세계대전, 제국주의적 식민 침탈, 전체주의와 이데올로기의 창궐, 대량 살육, 인종 차별, 과학 기술을 대량 살육 등에 악용, 대량 실업, 원자탄 투하와 같은 재앙들을 유발하면서 20세기 전반부를 인류 역사상 미증유의 야만 시대로 전락시켰다. 문명은 야만의 다른 이름에 지나지 않았다. 문명은 야만이었다. 근대 이래 진보의 추동력이었다고 평가받고 있었던 이성은 도구로 전락하였고, 인간을 자연의 공포로부터 해방시키며 질병에서 구해주고 인간에게 물질적 편리함과 풍요까지 제공한 과학 기술은 어느

날 한 순간에 모든 것을 아무것도 없는 상태인 영(零)으로 만들 수 있음을 실증하였다. 개인은 존재하지 않았으며, 개인은 절멸되었다. 집단수용소에 끌려가 어느 편에 줄을 섰더니 죽음이었다. 서구 사회는 그러나 전후의 비약적 경제 성장에 힘입어 개인의 존엄과 자유, 이성의 복수화, 다양한 가치의 존중, 연대, 복지를 실현시키는 수준에 도달하였다. 문명이 역사에 대해 행사하는 폭력, 사회가 개인에 대해 행사하는 야만적인 폭력은 이제 자취를 감춘 것처럼 보인다. 환경 위기, 울리히 벡이 주장하듯이 위기의 불가피성, 대량 실업의 구조화, 문화 갈등과 같은 문제들이 노출되고 있지만, 이러한 문제들은 아우슈비츠의 가스실이 인류에게 시위하듯이 보여주었던 야만적 폭력에 비하면 공포로 실감나게 다가오는 것 같지는 않다.

20세기 전반부는 한국인들에게도 치욕과 비극, 재앙의 시대였다. 서양의 산업 문명을 일찍 수용한 일본이 군국주의를 구축하여 그 지배를 받는 처지로 전락하면서 주체의 포기는 필연이었고 민족 정체성조차 존속시킬 수 없었다. 서구의 과학 기술로 무장한 일본의 산업 문명은 군국주의가 저지르는 야만의 도구로 전락하여 전쟁, 이민족 대량 살상, 약탈을 자행하였고, 그 처참한 희생물 중의 하나가 한국이었다. 한국인들은 그러나 20세기 후반부에도 냉전 이데올로기의 가장 비극적인 피해자가 되었으며 장기간 군사 독재에 시달려야 했다. 이제 이성의 다원화, 주체로서의 개인의 존엄과 자유의 인정, 다양한 가치의 다양한 실현, 시민사회의 활성화 등이 한국 사회의 화두로 등장하고 있다. 이유 없는 죽음이 이민족에 의해 자행되고, 이념과 가치의 주장이 죽음이나 고문으로 연결되는 비극은 사라진 것처럼 보인다. 경제 성장과 민주화에 성공한 한국 사회의 경우 사회 양극화, 이념 갈등, 정치적 갈등, 환경 문제, 정보화로 인한 대량 실업의 구조화 등과 같은 문제들이 노출되고 있지만, 이 문제들은 이민족에 의한 대량 살상, 동족간의 대량 살상, 독재 정권의 고문에 비하면 공포로 실감나게 다가오는 것 같지 않다.

서구 사회에서나 한국 사회에서나 참극과 재앙의 시대가 지나가고 물질적 풍요와 개인적 자유를 만끽하는 시대가 도래한 것 같다. 이제 앞으로의 역사에서 야만은 다시는 나타날 것 같지 않다는 희망이 현실로 다가온 듯한 느낌이다. 그러나 인류가 좀더 자유롭고 평등한 삶, 공동체적 가치를 더욱 소중하게 생각하는 삶을 추구하는 한 야만은 끝나지 않았다. 지구촌의 국가 간 빈부 격차는 세계화와 더불어 심화되고 있으며, 빈곤 국가들에서의 기아와 질병으로 인한 비극은 확대 재생산되고 있고, 유일 패권 국가인 미국에 의한 지구촌 지배는 군사적 비극, 문화 갈등과 충돌로 이어지고 있으며, 국가와 사회 내부에서 계층 간 격차는 날로 확대되고 있고 환경 재앙도 개선될 조짐이 보이지 않고 있다. 현재의 인류는 인류 공동체의 구성원들이 각기 개인의 존엄을 보장받고 자유를 누리며 평등하게 연대하여 사는 소망을 향하여 함께 노력하는 모습은 보이지 않고, 물질적 욕구 충족을 위해 무한 경쟁을 벌이고 있다. 신자유주의는 인류가 현재 어떻게 살아가고 있는가를 보여주는 가장 구체적인 실례다. 한국 사회도 인류 사회가 보여주는 모습과 크게 다르지 않다. 인류 사회에서나 한국 사회에서나 야만은 끝나지 않았다. 프랑크푸르트학파의 창시자이자 1세대의 대표적 이론가인 막스 호르크하이머가 1937년에 알렸던 "자유로운 인간들의 공동체로서의 미래 사회"는 아직 실현되지 않았다. 비재한 필자가 이 책을 세상에 내놓은 이유는 이 시대를 사는 사람들이 이 꿈을 포기하지 말았으면 하는 소망에 근거한다. 인간은 아직도 자연 지배를 포기하지 않고 있으며, 자연과 인간의 화해는 요원한 것처럼 보인다. 사회에 의한 인간 지배는 더욱 정교하게 실행되고 있으며, 인간에 의한 인간 지배도 지속되고 있다. 자연과 인간, 인간과 사회, 인간과 인간의 화해를 통한 행복에의 실현을 꿈꾼 프링크푸르트학파의 현재적 중요성은 따라서 상실되지 않았다.

프랑크푸르트학파의 이념은 잘 알려진 대로 '이성적인 사회의 이성적인 구축'이다. 이 학파의 100년 가까운 역사에서 가장 뛰어난 이론가는 철학, 사회학, 사회심리학, 미학과 예술 이론, 문학 이론과 평론, 음악 이론과 평론, 교육학 분야에 걸쳐 가장 치열한 사고의 궤적을 보여준 테오도르 아도르노(Theodor W. Adorno)였다. 아도르노 역시 '이성적인 사회의 이성적 구축'에 평생 동안 매달렸다. 아도르노는 이 길을 '비판'과 '화해'에서 찾았다. 자유로운 인간들이 공동체에서 평화롭게 함께 살아가는 것을 방해하는 모든 것들이 비판의 대상이 되었다. 도구적 이성, 동일화 사고, 교환합리성, 이데올로기, 사물화 등이 사회에 의한 인간 지배, 인간에 의한 인간 지배의 주범으로 지목된다. 그러나 비판은 비판에서 끝나지 않는다. 비판은 화해에 이르기 위한 길일 뿐이다.

여기에 모은 논문들은 필자가 지난 10여 년 동안 쓴 글들이다. 「아도르노 철학의 현재적 중요성」은 2004년부터 쓰기 시작하여 최근에 마무리한 논문이며, '아도르노 컨퍼런스 2003'이 직접적인 계기가 되었다. 아도르노 탄신 100주년을 기념하여 아도르노에 관한 연구 문헌들이 대대적으로 출간되고, 카세트나 CD로까지 아도르노 철학을 소개하는 독일과 유럽의 지적 풍토를 보면서 필자는 부러움을 느낄 수밖에 없었다. 극단적 비관론을 통해 미래에의 행복을 추구한 아도르노 철학의 현재적 중요성을 유럽인들은 아직도 인정하고 있는 것이다. 이러한 지적 풍토를 보면서 필자는 아도르노 철학의 한국적 수용에 대해 조심스럽게라도 논의해보았으면 하는 바람을 갖고 이 논문을 썼다. 「변증법적 예술 이론의 현재적 의미」는 1994년 8월 계간 『문학과 사회』에 발표한 논문이며, 「테크놀로지 시대에서의 예술적 계몽력」은 1997년 『독일문학』에, 「아도르노의 '예술 이론'에서의 미메시스와 합리성의 변증법」은 1993년 『독일문학』에 게재된 논문이다. 「세계에의 고통, 그리고 예술의 존재 가치」는 1998년 계간 『시와 반시』에, 「개념적 인식의 부정성에 대한 성찰 가능성으로서의 예술적 인식」은 1995년 연세대 대학원신문에, 「비판 이론, 도구적 이성의 시대에 파열음을 내는 힘」도 역시 2000년 연세대 대학원신문에 실린 글이다. 「마르크스-베버 이론 결합 ─ 화해를 통한 행복의 모색」은 월간 『책과 인생』에 1995년에 기고한 글이며, 「도구적 이성이 타락시킨 서구 문명」은 1999년 『조선일보』가 기획한 20세기 사상가 시리즈에 실린 글이다. 「게오르크 루카치(Georg Lukács)」와 「테오도르 아도르노」는 민음사 창립 30주년을 기념하여 1996년에 출간한 『현대 사상 103인』에 실린 글이다. 「문화철학자로서의 아도르노를 보여주는 에세이들」은 1996년 계간 『세계의 문학』에 실린 서평이며, 「테오도르 아도르노의 '부정의 변증법' 우리말 번역에 대한 서평」은 번역 해설 전문 서적인 『미메시스』에 2000년에 기고한 글이다. 아도르노 철학에 대해서는 독일에서 처음으로 학위를 받았다는 이유로 비재한 필자가 지난 10여 년 동안 여러 매체들로부터 원고 청탁을 받아 적잖은 글을 쓴 것은 행운이었다. 이렇게 해서 앞서 언급한 매체들에 기고한 여러 글들과 새로 쓴 글을 모아 아도르노 철학을 상징하는 표제인 『비판과 화해』라는 이름으로 책을 내게 되었다.

　상업성이 없는 책을 기꺼이 출판해준 〈철학과현실사〉에 깊은 고마움을 표한다. 독일 유학 시절부터 지금까지 한 해도 편안하게 살지 못했던 아내에게 죄스러움과 고마움을 표하고, 어려운 상황에서도 자신의 길을 헤쳐나가는 두 딸에게도 고마움을 전한다.

2006년　7월
봉선동 서재에서 **문 병 호**

비판과 화해
차 례

■ 책머리에

아도르노 철학의 현재적 의미 17
1. '아도르노 컨퍼런스 2003' 17
2. 프랑크푸르트학파의 인식 관심과 학문사적 위상 19
3. 호르크하이머의 논문 「전통적 이론과 비판 이론」과
　　비판 이론의 출범 26
4. 『계몽의 변증법』과 이성 비판 31
5. 『부정의 변증법』과 이성의 자기 자각, 『예술 이론』과
　　화해 43
6. 1970년대의 아도르노 연구 51
7. 1980년대 초반의 아도르노 연구,
　　『아도르노 컨퍼런스 1983』과 연구의 진척 55
8. '아도르노 컨퍼런스 2003'의 성과들 59
9. 여론 : 아도르노 철학과 한국 사회 63

비판과 화해

차 례

변증법적 예술 이론의 현재적 의미

— 환경 위기 시대에서 루카치·아도르노 이론의 상호 보완 가능성 ············ 72

  1. 의식의 탈역사화 또는 변증법적 예술 이론의 종언? ···· 72

  2. 역사철학적 현실 인식과 이론 구성 ····························· 80

  3. 현실 인식과 미학적 카테고리들 ······························· 86

  4. '반영'에서의 특정 이념의 해체 및 '미메시스'에서의

      구체적 객관성의 고양 ······································· 99

  5. 변증법적 예술 이론의 시대적 당위성 ····················· 107

테크놀로지 시대에서의 예술적 계몽력

— 전통적 표현 수단에 기초한 예술 작품들의 위기와 기회 ···················· 109

  1. 시대 정신을 특징짓는 중심 개념어로서의 테크놀로지 ···· 109

  2. 기술의 발전과 예술 작품의 생산·수용 형식 ············· 111

  3. 예술 작품의 대량적 복제·수용 가능성과 예술적

      계몽력의 확산 가능성 : 발터 벤야민의 경우 ··········· 116

비판과 화해

차 례

4. 예술 작품의 대량적 수용에 대한 전면 부정과 예술적
　 계몽력 : 테오도르 아도르노의 경우 122
5. 테크놀로지 지배 시대에서의 예술의 존재 가치 :
　 예술적 계몽력과 교육 기능의 유지 · 발전 126

아도르노의 『예술 이론』에서 미메시스와 합리성의 변증법
— 원리, 문제점, 발전적 전개 가능성 131
　 1. 예술의 역사적 운동 원리 131
　 2. 문명사에 대한 부정적 인식 및 비판으로서의 예술 139
　 3. 예술적 부정성의 이론적 정립 또는 그 문제점과 전망 154

세계에의 고통에 대한 미메시스 그리고 예술의 존재 가치 160
　 1. 개별 인간과 전체 또는 고통의 변증법 160
　 2. 경험적 세계 또는 비합리성에 의해 매개된 불의의
　　 연관 관계의 총체 165
　 3. 고통에 대한 미메시스적 충동의 필연성 168

비판과 화해
차 례

4. 예술적 합리성 또는 세계에의 고통을 없애려는
   비개념적 인식 ·· 169

개념적 인식의 부정성에 대한 성찰 가능성으로서의 예술적 인식 ··· 173

비판 이론, 도구적 이성의 시대에 파열음을 내는 힘 ·················· 180

도구적 이성이 서구 문명 타락시켰다 ································· 185

마르크스-베버 이론 결합
— 화해를 통한 행복의 모색 ······································ 188
  1. 도구적 이성에 대한 부정과 비판 ··························· 188
  2. 인식 비판과 사회 비판 그리고 역사 ······················ 190
  3. 예술, 화해의 변증법 또는 행복에의 약속 ·················· 193

게오르크 루카치 ··· 195

비판과 화해
차 례

테오도르 아도르노 203

서평① /『한 줌의 도덕』 210

서평② /『부정의 변증법』 221

세계를 보는 시각을 수입하는 문제에 대하여 225

■ 참고 문헌(아도르노의 저작)_232
■ 용어찾기_266
■ 인명찾기_279
■ 출 처_282

아도르노 철학의 현재적 의미*

1. '아도르노 컨퍼런스 2003'

독일 프랑크푸르트대의 사회조사연구소(Frankfurter Institut für Sozialforschung)는 테오도르 아도르노(Theodor W. Adorno : 1903~1969))의 탄신 100주년을 기념하여 2003년 9월 25일부터 28일까지 국제 컨퍼런스를 개최하였다.[1] 아도르노의 인식론, 도덕론, 사회 이론, 미학을 현재의 관점에서 새롭게 해석하여 아도

---

* 이 논문은 아도르노 철학의 주요 내용을 전체적으로 조망하고, 21세기 초인 현재에 아도르노 철학이 어떤 의미를 갖고 있는가를 모색하는 것을 목적으로 한다. 동시에 아도르노 철학이 한국 사회의 진보에 도움을 줄 수 있는 요소들을 조심스럽게 모색해보는 목적도 지닌다. 따라서 매우 심화된 논의를 전개하는 데는 한계를 갖고 있다. 이 책에 실린 다른 논문들에 비해 논의의 대상은 광범위하지만 논의의 심도는 상대적으로 낮추었다.

1) Cf. Axel Honneth(hrsg.), *Dialektik der Freiheit*. Frankfurter Adorno-Konferenz 2003. Frankfurt / M, 2005.

르노 철학의 현재적 의미와 그 중요성을 인식하고 아도르노 철학의 향후 연구 방향을 모색하기 위한 이 학술 행사에는 위르겐 하버마스, 알브레히트 벨머 등 세계적 지명도를 가진 독일의 학자들과 미국에서 활동하고 있는 다수의 학자들이 참여하였다. 현대 예술에 대한 가장 뛰어난 분석과 설명으로 20세기 미학에서 절대적 위상을 갖고 있는 아도르노 미학을 새롭게 조명해보고, 구체적 타자에 대한 도덕적 지각 능력이 삶의 형식 통합에 어떤 비중을 갖는가를 아도르노의 도덕 철학에서 점검해보며, 인식론에서는 객체의 우위가 인식의 정당화 과정에서 아직도 객체에 당연히 귀속되어야 하는가를 검토해보고, 신자유주의에 의한 세계 지배와 더불어 강화되고 있는 시장화(市場化, Vermarktlichung)의 추세에서 아도르노의 자본주의 분석이 문화와 관련하여 갖는 관련성을 분석하는 목표를 지니고 있었다.[2]

이러한 목표는 현재의 시대 상항에서 아도르노의 이론이 획득할 수 있는 중요성을 모색하려는 의도를 지니고 설정되었다. 필자는 1993년 출판된 졸저에서 아도르노 사상은 '문제 제기를 유발시켜주고 문제 해결에 도움을 주는 잠재력(Anregungspotential)'[3]을 특히 철학과 미학 분야에서 많이 갖고 있음을 주장한 바 있다. 아도르노 사상은 나치즘과 같은 전체주의를 경험한 결과로 나온 사상이 결코 아니며, 인간이 이성적 사회의 이성적 구축을 통한 개인의 자유와 사회의 정의, 서로 다른 많은 것들이 평화롭게 함께 지내는 화해를 통한 행복의 추구를 포기하지 않는 한 아도르노가 남겨놓은 예리한 문제 제기와 문제 해결을 위한 정교한 분

---

2) Cf, op.cit., p.9.
3) 문병호, 『아도르노의 사회 이론과 예술 이론』, 서울, 문학과 지성사, 1993, vi쪽 참조.

석과 비판, 대안 제시는 결코 그 빛을 잃지 않을 것이다. 특히 필자는 아도르노 사상이야말로 사고의 도구화, 개인과 사회의 갈등, 정치의 폭력, 사회 갈등과 사회 통합의 어려움, 사물화, 교육의 도구화, 문화 산업의 폐해에 시달리고 있는 한국 사회의 분석과 비판을 위해서 적극적으로 수용이 될 만한 이론이라는 생각을 지금도 갖고 있다. 이러한 취지에서 이 논문은 아도르노 철학의 중요 내용, 1960년대와 1970년대의 연구, 1983년의 아도르노 컨퍼런스, 1983 컨퍼런스 이후의 아도르노 연구, 2003 아도르노 컨퍼런스에서 제기된 문제들에 대해 간략하게 논의함으로써 아도르노 철학의 현재적 의미를 살펴보고자 한다. 여론(餘論)에서는 아도르노 철학과 한국 사회에 대해 간단히 언급할 것이다.

2. 프랑크푸르트학파의 인식 관심과 학문사적 위상

프랑크푸르트학파의 제2세대 이론가를 대표하는 세계적인 사회철학자이자 사회이론가인 위르겐 하버마스(Jürgen Habermas)는 20세기 4대 서양 사상으로 영미 분석철학, 독일의 현상학, 독일의 프랑크푸르트학파, 그리고 프랑스의 구조주의를 들었다.[4] 20세기 초 출발한 프랑크푸르트학파가 20세기 내내 성취한 업적을 하버마스는 이처럼 평가한 것이다. 비판 이론(Kritische Theorie)[5]

---

4) Cf. Jürgen Habermas, *Nachmetaphysisches Denken*. Frankfurt / M, 1988, pp.12-13.

5) 세계 학계에서는 프랑크푸르트학파의 철학의 본령이 비판에 있음에도 비판 철학이라는 개념을 거의 사용하지 않는다. 이것은 호르크하이머가 1937년에 쓴 논문으로 프랑크푸르트학파의 인식 관심과 연구 방향을 제시한 「전통적 이론과 비판 이론(Traditionelle und Kritische Theorie)」에서 비판 이론이라는 개

의 연구 대상은 서양 사상 전반, 역사·문명·문화, 정치, 경제, 사회, 법, 예술, 문학, 음악 등에 걸쳐 있었으며, 철학 전반, 역사철학, 사회철학, 인식론, 유물론, 사회학 전반, 사회 이론, 실증적 사회 분석, 사회심리학, 심리학, 언어학, 미학, 예술 이론, 문학 이론, 음악 이론 등이 비판 이론의 학문 분과를 구성하고 있었다. 비판 이론은 플라톤 이후 서양 철학의 최대 주제인 이성, 서양 사상사에서 가장 본격적으로 시도된 이성 비판, 변증법, 합리성, 비합리성, 경험, 자유, 정의, 노동, 소외, 이데올로기 등 철학의 전통적 주제들에 대한 논의와 연구를 심화시켰으며, 권력, 지식, 지배, 권력과 지식의 착종 관계,6) 이성과 지배의 착종 관계,

---

넘을 사용하였기 때문이라고 보아야 할 것이다. Kritische Philosophie 또는 Critical Philosophy라는 용어는 거의 찾아볼 수 없다. 영어에서도 항상 Critical Theory라고 하며, 이 용어는 프랑크푸르트학파의 비판 이론을 통칭한다. 칸트의 철학을 통상 선험철학 또는 비판철학이라고 명명하는 것도 프랑크푸르트학파의 철학을 비판철학이라고 명명하지 않는 이유가 될 것 같다. 무엇보다도 프랑크푸르트학파의 비판 이론이 역사 비판, 인식 비판, 사회 비판, 문화 비판 등 철학, 사회학, 미학, 심리학, 문학 예술 이론 등 여러 분과에서 이루어져야 할 비판들을 포괄하고 있고, 비판을 통한 세계 변혁 또는 세계가 더욱 나아져야 한다는 당위에 대한 통용성을 주장하려는 의도로 구성되었기 때문이라고 생각한다. 예를 들어 *Ästhetische Theorie*는 아도르노의 대표적 저작이며 미학이라고 보아야 하는데, 아도르노는 그 책의 제목을 *Ästhetik*(미학)이라고 하지 않고 의도적으로 *Ästhetische Theorie*(이론)이라고 붙였다. 아도르노는 미학을 예술에 관한 체계적 논의로 파악하지 않고, 미학이 사회를 변혁시키는 데 기여해야 한다는 생각을 갖고 있었다. 필자는 이런 이유에서 *Ästhetische Theorie*를 『예술 이론』으로 옮길 것을 국내 학계에 제안한 바 있다.
6) 이 주제는 프랑스 후기 구조주의 철학자 미셸 푸코(Michel Foucault)의 평생 주제였다. 푸코의 모든 관심은 이 주제에 있었으며, 푸코 철학을 르네상스 이후의 서구 문명사에서 전개된 지식과 권력의 착종 관계에 대한 현미경적 분석이라고 할 수도 있다. 『계몽의 변증법』은 지식이 권력의 생산에 도구로 부역한다는 인식을 본격적으로 제공한 책이다. 푸코도 사망하기 얼마 전 자신이 만약 『계몽의 변증법』의 존재를 알았더라면 연구에서 10년을 절약할 수 있었을 것이라고 고백한 바 있었다.

기술, 기술과 지배의 관계 등의 주제에서는 학문적 인식의 진보에 결정적으로 기여하였다. 프랑크푸르트학파는 도구적 이성(Instrumentelle Vernunft)이라는 개념을 통해 서구 역사를 보편적으로 설명하는 데 성공하여 보편 이론으로서의 위상을 지닌다. 이것은 마치 칼 마르크스가 자기 소외(Selbstentfremdung)와 계급 투쟁이라는 개념을 통해 인류 역사를 설명한 예, 막스 베버가 합리성이라는 개념을 통해 서구 역사를 설명한 예, 헤겔이 정신의 변증법적 운동을 통해 역사를 설명한 예, 미셸 푸코가 르네상스 이후의 서구 문명사를 담론 생산 메커니즘 및 배제의 개념을 통해 설명한 예와 유사하다. 비판 이론은 도구적 이성이라는 개념을 학문적으로 정착시켰으며 도구적 이성이 구축한 비극적 메커니즘을 '총체적 현혹의 연관 관계(Universaler Verblendungs-zusammenhang)'라고 명명하여 새로운 학문적 인식의 진보에 기여하였고, 도구적 이성이 사회적으로 구조화된 현상인 비합리성과 교환합리성이 구축한 사회를 '관리된 세계(Verwaltete Welt)'라는 새로운 개념으로 설명할 수 있었다. 비판 이론은 공동 학제적 인식 관심이 성취한 20세기의 대표적인 거대 이론이었다. 공동 학제적 인식 관심은 프랑크푸르트학파의 본격적 출범을 알린 막스 호르크하이머(Max Horkheimer)의 「전통적 이론과 비판 이론」에서 전공 영역의 경계를 넘어서겠다는 선언적 언급에서 이미 예고되었으며, 복합적 현상에 대한 공동 학제적 인식 관심은 위에서 예거한 광범위한 분야에 대한 연구 성과로 결실을 맺었다. 현상학, 프랑스의 구조주의, 영미 분석철학도 보편 사상으로서의 위상을 갖고 있지만 비판 이론처럼 학문적 인식 관심이 거대하지는 않았다.

프랑크푸르트학파의 비판 이론이 의도한 바를 핵심적으로 요약한다면, 인간 가치의 상품화와 시장에 의한 노동의 지배를 통찰한 마르크스의 철학, 사회학, 정치경제학과 인간의 무의식에 대해 최초의 체계적 인식을 성취한 프로이트(Sigmund Freud)의 정신분석학을 통합하여 이성적인 사회를 이성적으로 구축하려는 것에 있었다. 다른 말로 하면 합리적인 사회의 합리적 구축이 비판 이론이 의도한 최종 목표였으며, 이것은 합리성이 도구적 합리성으로 전락하여 사회 병리로 이어지고 나아가 인간에 대한 사회 지배가 구조적으로 발전하면서 불의의 총체적 연관 관계가 정착되었다는 인식에 근거하였다. 비판 이론은 도구적 합리성이 타락을 강화시키면서 구축한 정신 병리의 역사(Anamnesis)를 특히 마르크스와 프로이트의 이론을 결합하여 해결하고 그 대안을 제시하려는 웅대한 목표를 갖고 있었던 것이다. 이렇게 볼 때, 비판 이론은 제1세대 대표적 이론가들인 호르크하이머와 아도르노가 나치즘의 폭력을 경험하고서 구성한 이론이라는 견해는 비판 이론이 갖고 있는 세계적 영향력, 학문사적 위상과 학문적 성취의 내포와 외연, 학문적 인식의 진보에의 기여도, 사회 발전에의 기여도를 제대로 인식하지 못한 단견일 뿐이다.

프랑크푸르트학파를 주도하였던 학자들의 위상도 비판 이론이 20세기 4대 사상의 하나로 평가받은 것에 상응한다. 호르크하이머와 아도르노는 실제로 프랑크푸르트대에서 철학과 사회학을 동시에 관할하는 레어슈툴(Lehrstuhl)[7]을 보유하고 있었으

---

7) 독일의 대학에서 교수가 가질 수 있는 가장 명예로운 직위다. 이 직위는 탁월한 학문적 연구 능력을 증명한 학자와 주정부가 계약함으로써 부여된다. 레어슈툴은 교수 자신이 연구소가 되는 제도며, 하나의 학문 연구 기관과 같은 위상

며, 이것은 두 이론가가 갖고 있었던 학문적 넓이와 깊이를 고려할 때 당연한 것이었다. 예를 들어 제1세대 이론가를 대표하는[8] 테오도르 아도르노는 이미 김나지움[9]을 마칠 때 그리스어, 라틴어, 프랑스어, 영어에 정통해 있었으며, 고전문헌학과 문법학을 배운 상태였고 서양의 중요한 문학 작품과 철학 사상을 거의 꿰뚫고 있었다. 김나지움을 졸업할 즈음 칸트 철학 등 중요 철학 사상에 통달해 있었을 뿐만 아니라 게오르크 루카치의 『소설의 이론 (Die Theorie des Romans)』, 에른스트 블로흐(Ernst Bloch)의 『유토피아의 정신(Geist der Utopie)』등 당시로서는 가장 새로운 학문적 인식을 꿰뚫고 있을 정도였다. 그는 18세인 1921년에

을 갖는다. 일정 기간 근무하였다고 승진하여 얻는 직위가 아니고 학문적 연구 능력을 발휘하면 20대에도 획득할 수 있는 직위다. 그러나 레어슈툴이 되는 것은 매우 어려운 일이며, 이 점에서 두 이론가가 철학과 사회학의 두 학문 분과에서 레어슈툴을 받은 것은 독일 대학에서 찾아보기 힘든 사례라고 할 수 있다.

8) 그 이론의 난해성 때문에 국내에서 아직도 잘 알려지지 않은 아도르노는 20세기 서양의 10대 사상가로 평가받는 철학자다. 그는 칸트, 헤겔, 마르크스, 베버처럼 보편(universal) 사상가의 반열에 오른 철학자이자 사회·예술 이론가다. 독일과 세계 철학계, 사회학계에서는 프랑크푸르트학파의 모든 학자들 중에서 아도르노를 단연 첫 손에 꼽는 것이 일반적이며, 프랑크푸르트학파에서 그가 차지하는 비중에 대해서는 '빛나는(brilliant)'이라는 최상의 표현을 사용한다. 국내에서는 제2세대 이론가의 대표자인 하버마스가 훨씬 잘 알려져 있는데, 그 이유는 아마도 하버마스의 문체에서 유래한다는 것이 필자의 생각이다. 하버마스의 글은 평범한 독일어임에 비해 아도르노의 글은 농축체이고, 다의적, 다층적, 다차원적 해석에 의해 그 의미가 드러난다. 아도르노의 이러한 특징은 독자의 거부감을 불러일으켜 아도르노의 문헌을 접하는 것을 기피하게 하는 요인이 된다. 그러나 필자는 아도르노 사상을 한 단계 발전시킨 하버마스의 사상을 이해하는 것이 아도르노의 사상을 이해하는 것보다 어렵다고 생각한다. 다만 연구 영역은 아도르노가 더욱 넓은 것이 확실하다.

9) 우리나라의 인문계 고등학교에 해당된다. 독일에서는 김나지움을 마치면 13년 교육 과정을 이수하게 되어 대학에 진학할 수 있다.

프랑크푸르트대에 진학하여 철학, 사회학, 심리학, 음악학을 전공하여 1924년에 후설의 현상학에 대한 논문으로 박사 학위를 받았다. 그는 3년 후 「선험적 영혼론에서의 무의식의 개념」이라는 교수 자격 논문을 제출하였으나 심사가 개시되기 전에 철회되었다. 그러나 1930년에 아도르노는 「키에르케고르, 예술적인 것의 구축」이라는 논문으로 교수 자격을 취득하며, 1931년에 프랑크프르트대에서 행한 강연인 「철학의 현재적 중요성」과 이듬해에 행한 강연인 「자연사의 이념」에서, 알브레히트 벨머가 지적하고 있듯이, 이미 자신의 사상을 내보일 수 있는 완성된 철학자의 모습을 보여주었다. 두 강연에서 표명된 자신의 사상을 1969년에 사망할 때까지 구체화시킨 것이 아도르노 철학이라고 평가할 정도로 아도르노는 30세가 되기 전에 이미 철학자로서 완성된 모습을 보였던 것이다.

아도르노는 방대한 지식을 소유한 철학자였다. 아도르노는 고전어와 고전 문헌, 철학사상사, 사회사상사, 심리학, 예술사, 독일문학사, 프랑스문학사, 근·현대 음악을 꿰뚫고 있었으며 지식 박물관 같은 위상을 지닌 학자였다. 수르캄프출판사의 전집에서 증명되고 있듯이, 철학, 사회학, 미학, 심리학, 문학 이론과 평론, 교육학, 음악 이론과 평론 분야에서 그가 가진 지식의 방대함이 드러나고 있다. 프랑크푸르트학파가 추구한 공동 학제적 인식 관심과 아도르노의 지식은 정확하게 일치하고 있는 것이다.

위에서 살펴본 것처럼 비판 이론이 관심을 갖고 있는 연구 영역의 방대함, 이에 대한 공동 학제적 인식에의 노력, 보편 이론으로 평가받을 수 있는 학문적 업적의 성취, 대표적 이론가인 아도르노 사상이 갖는 위상이 20세기 학문사에서 중요한 비중을 차지하기 때문에 하버마스가 프랑크푸르트학파를 20세기의 4대

사상의 하나로 지목한 것이다. 이러한 위상을 갖는 학파를 대표하는 이론가는 아도르노며, 철학, 사회학, 미학, 음악학, 문학 이론과 문학 평론, 교육학의 분야에서 아도르노가 남겨놓은 저작들이 프랑크푸르트학파의 세계적 위상을 확보해주는 근거가 된다.

이러한 학문사적 위상과 의미를 갖고 있는 프랑크푸르트학파는 남미 대륙에 이민하여 성공한 한 독지가인 프리드리히 폴록의 재정 출연으로 시작되었다.10) 폴록의 재정 지원을 받아 연구의 모든 과정과 결과를 책임지게 된 호르크하이머는 프랑크푸르트 사회조사연구소를 설립하고 아도르노에게 연구에 참여해줄 것을 제안하였고, 20세기의 가장 천재적인 예술이론가로 평가받는 발터 벤야민, 1960년대 후반 미국의 학생 운동에 결정적 영향을 미친 허버트 마르쿠제, 에리히 프롬, 레오 뢰벤탈, 프란츠 보케나우 등 당대에 가장 재능이 뛰어난 학자들에게 연구 자금을 지원하였다. 이들 학자들은 각기 역사적으로 평가받은 저작들을 남겼다. 프랑크푸르트 사회조사연구소는 1933년에 나치가 집권하자 스위스, 미국으로 피신하였으며 제2차 세계대전 후 독일에 돌아와 오늘날까지 활발한 연구 활동을 전개하고 있다. 제2세대 대표 이론가인 하버마스는 20세기 후반 세계에서 가장 주목받는 사회철학자이자 사회이론가가 되었고, 하버마스의 제자들인 악셀 호네트, 하우케 브룬크호르스트, 마틴 젤 등이 프랑크푸르트

---

10) 프랑크푸르트학파의 역사를 서술한 책들은 여러 권 출판되었다. 미국의 역사학자 마틴 제이는 1973년 *The Dialectical Imagination : A History of Frankfurt School and the Institute of Social Research 1923~1950*을 저술하여 프랑크푸르트학파를 전 세계적으로 알리는 데 크게 기여하였다. 이 책은 세계의 주요 언어들로 번역되었다. 그러나 프랑크푸르트학파의 역사에 관한 가장 뛰어난 저술은 롤프 비거스하우스(Rolf Wiggershaus)의 역작 『프랑크푸르트학파(*Die Frankfurter Schule*)』(1986, 초판)라고 보는 것이 객관적이다.

학파의 학맥을 이어가고 있다.

3. 호르크하이머의 논문 「전통적 이론과 비판 이론」과 비판 이론의 출범

비판 이론이 본격적으로 출범되었음을 알린 논문은 막스 호르크하이머가 1937년에 발표한 「전통적 이론과 비판 이론(Traditionelle und kritische Theorie)」이었다. 이 논문에서 비판 이론이라는 개념이 본격적으로 등장하였으며, 이 논문은 프랑크푸르트학파가 향후 전개할 연구 방향과 달성할 목표를 분명하게 제시하였다. 호르크하이머는 자신이 새로운 개념으로 제시한 비판 이론(kritische Theorie)과 구분되는 개념으로서의 전통적 이론(traditionelle Theorie)과 비판 이론에 상응하는 사고 형식인 비판적 사고(kritisches Denken)와 구분되는 개념으로서의 부르주아적 사고(bürgerliches Denken)[11]에 대한 강력한 비판을 논문의 모두에서 시작한다.

그는 전통적 이론에서는 이론의 목표로 설정된 것이 바로 학문의 보편적 체계로 출현하기 때문에 이론은 개념적 장치를 통해 사물들과 사물들의 영역을 연역적인 사고의 연관 관계에 포

---

11) 독일어의 bürgerlich에 해당되는 정확한 번역어를 찾기는 힘들다고 생각한다. Bürgertum은 원래 16세기 초반 봉건 사회에 저항한 농민 전쟁에서 유래한 개념이다. 봉건 사회에 절대적으로 예속된 신민이 시민으로 해방된 상태를 의미하는 것으로, 원래의 개념을 따르자면 bürgerlich는 '시민적'을 뜻한다고 보아야 할 것이다. 그러나 18~19세기를 거치면서 사회의 중심 세력으로 성장한 시민 계급은 자본을 소유한 계급으로 변모하였다. 이런 이유에서 부르주아적이라고 번역하였다. 시민적이라고 번역할 경우, 호르크하이머가 의도하는 비판적 사고에 대응하는 개념으로서의 의미가 퇴색할 것으로 보이기 때문이다.

괄하려고 한다고 비판하면서, 전통적 이론의 이러한 경향은 "하나의 순수한 수학적 기호"를 목표로 하는 것에 지나지 않는다고 보았다.[12] 호르크하이머의 이러한 인식은 아도르노가 「철학의 현재적 중요성」에서 주장한 내용, 즉 사고와 개념은 세계를 총체적으로 파악하려는 요구를 더 이상 제기해서는 안 된다는 주장과 일치한다. 사고에 의한 대상의 지배, 개념적 장치에 의한 대상의 규정, 이러한 방법을 통해 구성된 이론이 세계를 총체적으로 파악할 수 있다는 통용성에의 요구에 대해 호르크하이머는 날카로운 비판을 가하고 있는 것이다. 호르크하이머는 전통적 이론이 논리적 연역과 사고에 의해 지식을 정리하는 방법, 즉 포괄하기, 도출하기, 단순한 지각, 사실 관계의 비교 등을 통해 지식을 정리하는 것에 집착하고 있음을 통렬하게 비판하면서, 전통적 이론이 이처럼 집착하는 경우 그것은 이데올로기적인 카테고리로 변모하고 말 것이라고 주장한다. 데카르트적 세계관, 수학적 및 자연과학적 세계관, 경험주의, 이상주의적 철학, 후설의 현상학 등이 전통적 이론의 틀을 벗어나지 못하였다고 비판하였으며, 이러한 학문들은 호르크하이머의 시각에는 사고와 개념에 의한 대상의 지배로 보인 것이다. 그 근거는 역사성의 망각에 있으며, 역사성과 인간의 구체적 삶을 고려하지 않고 근거 세워진 이론들은 이데올로기로 변모할 수 있음을 주장하고 있다. "이론의 개념이 마치 인식의 내부적 본질로부터, 또는 역사성을 망각한 채 근거를 세울 수 있는 것처럼 스스로 독립적으로 되는 한, 이론의 개념은 사물화되고 이데올로기적인 카테고리로 변모한다."[13]

---

12) Cf. Max Horkheimer, *Traditionelle und kritische Theorie*. Frankfurt / M, 1988, pp.162-164.

호르크하이머는 부르주아적 사고를 견지하고 있는 학자들은 전통적 이론이 구사하는 개념적 장치들을 동원하여 사실들을 정리하는 일에 머무르면서 기존의 질서를 재생산하는 일에 봉사할 뿐이라고 통박한다. 그의 이러한 비판은 특히 실증주의와 실용주의를 겨냥하고 있다. 호르크하이머의 비판은 격렬하다 : "부르주아적 사고는 자신의 고유한 주체에 대한 성찰에서, 논리적 필연성을 도구로 삼아, 자기 스스로 자율적인 것으로 여기고 있는 맹목적 자아를 인식하는 행태를 보이고 있으며, 이것이 부르주아적 사고가 보이는 본래의 모습이다. 부르주아적 사고는 본질적으로 추상적이다. 세계의 심연, 심지어는 세계로 부풀려진, 세계에서 일어난 일로부터는 밀폐되어 있는 개별성이야말로 부르주아적 사고의 원리다." 호르크하이머가 부르주아적 사고를 이처럼 통렬하게 비판하고 있는 이유는 그것이 "구체적이고도 역사적인 연관 관계들"과 "구체적이고도 역사적인 과정들"[14]에 대한 관심이 없이 사고와 개념적 장치에 의해 밀폐된 채 구성된 이론에 집착하고 있기 때문이다.

이러한 비판에 기초하여 호르크하이머는 비판 이론의 출범을 알린다. 현실은 결코 논리로서 파악될 수 없으며, 인간의 인식이 수학적 방법론에 의해 획득될 수 없다는 입장을 개진하면서 비판 이론의 탄생을 알리고 있는 것이다. "미래의 사회에서, 이성이 일어난 일들을 사실적으로 규정하려고 하는 한에서는, 로고스(Logos)가 마치 현실인 것처럼 실체화하는 것은 하나의 가장(假裝)된 유토피아일 뿐이다. 현재[15]에서 인간의 자기 인식은 영

---

13) Cf. Ibid, p.168.
14) Ibid, p.169., 185.
15) 1937년 당시를 의미함.

원한 로고스로 출현하는 수학적 자연과학이 아니며, 이성적 상태들에 대한 관심에 의해 지배되는 이론으로서 이미 존재하는 사회에 대한 비판 이론이다."16)

비판 이론은 부르주아적 사고와는 다른 비판적 사고를 필요로 한다. 호르크하이머는 부르주아적 사고는 근본적으로 타협주의를 그 본질로 한다고 보고 있다. "사고가 행하는 타협, 즉 사고는 하나의 확고한 직업이며 사회적 전체 내부에서 스스로 닫혀진 영역이라는 고집은 사고가 가진 본래의 본질을 포기한다."17) 비판적 사고는 이처럼 기존의 사회 질서를 재생산하는 데 기여할 뿐인 부르주아적 사고와는 확연하게 구분되며, 그 특징은 개인과 사회와의 관계에서 명확하게 드러난다. 비판적 사고는 "개인에서 설정된 목표 의식, 자발성, 이성적 사고와 사회의 기초가 되는 노동 과정의 관계들 사이에 존재하는 대립을 없애 가지는 것"을 시도하며, "이러한 대립이 해소되어 하나의 동일성이 생성되지 않는 한, 스스로 저항하는 인간이라는 개념을 포함한다."18)

그에 따르면, 비판적 사고를 할 수 있는 사람들은 비판적 행동의 주체들이 될 수 있으며, 개인과 사회 사이의 모순을 인식할 수 있다. "비판적 행동의 주체들은 현재의 경제 방식과 이것에 근거한 전체 문화가 인간 노동의 산물로서, 그리고 이 시대에 인류가 부여하였으며 인류가 만들 능력이 있는 조직으로서 인식하면서, 자신을 이러한 전체19)와 동일시하게 되며 전체를 의지와

---

16) Max Horkheimer, op., cit., p.172.

17) Ibid., p.216.

18) Ibid., p.183.

19) 인간 노동의 산물로서 구성된 전체, 인류가 부여한 조직, 조직에 대해 인류

이성으로 파악하게 된다 ; 전체는 비판적 행동의 주체들이 갖는 자신들의 고유한 세계다. 비판적 행동의 주체들은 이와 동시에 사회가 인간의 밖에서 작동되는 자연 과정들 및 단순한 메커니즘과 비교될 수 있다는 사실을 경험한다. (…)."[20] 인간의 능력에 의해 조직되었고 인간의 노동에 기초하여 작동하면서도 인간의 밖에서 스스로 작동하는 사회는 더 이상 인간과 한 몸이 되는 사회가 아니며, 인간의 의지와 이성과는 무관하게 작동하는 메커니즘에 지나지 않음을 비판하면서 비판적 행동의 주체들이 인간과 사회의 동일성을 인식하는 것이 중요함을 강조하고 있다.

특히 근대 이후에 전개된 서구의 사고와 개념, 학문과 학문적 방법론을 비판한 호르크하이머는 비판 이론의 이념을 제시하며, 이 이념은 오늘날까지도 유효하다. "이성적이며, 일반성에 상응하는 사회적인 조직"을 구축하여 "자유로운 인간들의 공동체로서의 미래 사회"[21]를 이루는 것을 호르크하이머는 비판 이론의 이념이라고 명시하고 있는 것이다. 「전통적 이론과 비판 이론」에서 명확하게 윤곽을 드러낸 비판 이론은 1947년 네덜란드에서 출판된 『계몽의 변증법(*Dialektik der Aufklärung*)』에 이르러 더욱 구체화되고 심화된다. 이 책은 100년 가까운 역사를 갖고 있는 프랑크푸르트학파가 세상에 내놓은 저작 중에서 가장 중요한 저작으로 볼 수 있으며, 이 학파의 본질을 알려주는 책이기도 하다.[22] 제2세대의 대표이론가인 하버마스도 자신의 학문이 『계

가 갖고 있는 능력을 총괄하여 전체라고 명명하고 있다.

20) Max Horkheimer, op., cit., p.181.

21) Ibid., pp.186-187, 191.

22) 이런 까닭에서, 이 논문은 『부정의 변증법(*Negative Dialektik*)』, 『예술 이

몽의 변증법』에서 출발하였음을 인정하였으며, 그의 대표작인
『의사 소통의 이론(*Theorie des kommunikativen Handelns*)』도
『계몽의 변증법』이 제기한 문제들을 의사 소통의 이론과 화용론
을 통해 해결하려는 시도라고 볼 수 있다. 하버마스가 마키아벨
리, 홉스, 사드, 니체로 이어지는 어두운 책들에 연결되어 출현한
가장 어두운 책23)이라고 평하였고, 벨머가 프랑크푸르트학파에
서 가장 어두운 책24)이라고 보았던『계몽의 변증법』은 특히 근
대 이후 서구인들이 성취한 모든 업적, 서구인들이 자신들의 정
체성을 확인하고 자부심으로 여기며 진보의 상징이라고 생각하
였던 모든 성과들을 전면적으로 부인하면서 총체적 비판의 대상
으로 삼고 있다. 특히 사회와 경제, 과학 기술, 문화의 영역에서
서구인들이 이룩한 진보를『계몽의 변증법』은 퇴행으로 보고 있
을 뿐이다.

4.『계몽의 변증법』과 이성 비판25)

　『계몽의 변증법』은 서구 문명사가 저지른 불의의 본질을 인식

론(*Ästhetische Theorie*)』보다『계몽의 변증법』을 상대적으로 더욱 상세하게
논의한다.

23) Cf. Jürgen Habermas, *Der philosophische Diskurs der Moderne*. Zwölf
Vorlesungen, Frankfurt / M, 1985, p.130.

24) Cf. Albrecht Wellmer, Über Negativität und Autonomie der Kunst. Die
Aktualität von Adornos Ästhetik und blinde Flecken seiner Musikphilosophie.
in : *Dialektik der Freiheit*. hrsg. von Axel Honneth, Frankfurt / M, 2005, p.240.

25)『계몽의 변증법』의 내용에 대해서는 국내 학계에서도 어느 정도 알려져
있다. 여기에서는 필자의 입장에서『계몽의 변증법』의 핵심만을 간단하게 논의
하는 것으로 그친다. 이 글은 가장 짧은 지면에서『계몽의 변증법』의 핵심을

하고 이를 비판하여 인간을 불의의 총체적 연관 관계로부터 해방시킬 수 있는 가능성을 찾는 20세기의 고전이다. 『계몽의 변증법』의 본질은 비판에 있으며, 비판을 통해 이성의 자기 자각을 인식시키려는 목적을 가지고 있는 것이다. 이 책이 제기한 문제, 즉 "인류는 왜 진실로 인간적인 상태로 들어서는 것 대신에 새로운 형태의 야만에 빠져드는가?"[26]는 이미 철학의 세계에서는 보편적 상식이 되었다. 호르크하이머와 아도르노는 이 물음에 답하기 위해 원시 시대 이후 서양 문명사에서 전개된 모든 것을 비판의 대상으로 설정한다. 문명사에 대한 비판을 통해 다시는 야만에 빠져들지 않는 대안을 찾고자 하였던 것이다. 『계몽의 변증법』의 비판 대상은 출현한 현상을 기준으로 볼 때는 특히 역사, 사회와 경제, 정치, 문화에 집중되어 있다. 역사는 크게 보아 인류 문명사, 작게 보아 서양 문명사 전체를 비판의 대상으로 설정하고 있으며, 특히 진보의 과정으로 일반적으로 평가받은 근대 이후의 서양 문명사가 집중적인 비판의 대상이 된다. 『계몽의 변증법』은 인간은 원시 시대의 제전에서 자연의 두려움에 대해 자신을 비슷하게 하는 미메시스적 행위에서 최초로 자연에 영향

비판 개념을 매개로 해서 해석하려고 한다. 필자는 1991년 이후 해설과 각주를 병기한 『계몽의 변증법』 번역에 매달려 1990년대 말에 완성하였으나, 해당 출판사와 독일 출판사의 사정, 필자의 와병으로 빛을 볼 수 없었다. 이 난해한 책을 우리말로 번역하는 것만으로는 이 책을 이해하고 해석하는 데 한계가 있다는 것이 필자의 생각이다. 필자도 졸저 『아도르노의 사회 이론과 예술 이론』과 지난 10여 년간 발표한 글들에서 이 책의 내용을 부분적으로나마 소개한 바 있다. 그러나 최근에는 『계몽의 변증법』의 내용뿐만 아니라 평전과 주석까지 포함한 책이 전공자에 의해 집필됨으로써 이 책의 내용이 국내에 본격적으로 수용될 수 있는 길이 열렸다고 생각한다(노명우, 『계몽의 변증법』, 서울, 살림, 2005).

26) Max Horkheimer / Theodor W. Adorno, *Dialektik der Aufklärung*, Philosophische Fragmente, Frankfurt / M, 1971, p.1.

을 미치는 행위를 시작한 이후 점차 자연을 도구로 인식하였고, 자연에 대한 두려움에서 출발한 사회가 조직되면서 인간은 인간을 도구로 인식하면서 도구성에 타락적으로 빠져들었다는 시각을 보였다. 도구적 이성에 의한 타락사가 바로 역사인 것이며, 이 점에서 볼 때『계몽의 변증법』은 역사를 보편적으로 설명하는 데 도달한 책이기도 하다.『계몽의 변증법』은 불의의 총체적 상호 연관 관계로서의 사회, 자본주의 사회, 사회주의 사회를 모두 비판하고 있으며, 문화의 영역에서는 근대 시민사회의 체제 긍정적인 문화와 대중의 의식을 기만하고 조작하는 산업으로서의 문화 산업을 비판의 대상으로 설정하고 있다. 정치의 영역에서는 나치즘, 파시즘, 스탈린주의의 형태로 실제로 현실의 역사에서 출현한 전체주의 비판이 중심을 이룬다. 그러므로『계몽의 변증법』의 본질을 서구 문명사 비판, 총체적 사회 비판으로 해석하는 것이 일반적으로 통용되고 있다.

『계몽의 변증법』의 비판 대상을 특히 철학과 사회학의 이론 구성에서 핵심적 역할을 하는 개념들을 기준으로 논의할 수도 있다. 이성, 주체, 계몽, 개념과 인식, 합리성과 교환합리성, 개인과 사회, 노동, 지배, 이데올로기, 사물화와 같은 개념들이 이 기준에 해당될 수 있다. 이성은 서양 철학에서 가장 중요한 주제며, 이론 구성에서도 역시 가장 핵심적인 역할을 하는 개념이다. "네 자신을 알라"고 하면서 이성을 철학의 핵심 주제로 출발시킨 소크라테스와 이 사상을 이어받아 서양에 관념론과 이상주의 철학을 태동시킨 플라톤 이래 이성(reason, Vernunft)은 서양의 모든 철학자들의 사고에서 항상 중심을 차지하였고, 이론 구성에서 핵심적 역할을 하는 결정적 개념이다. 이성은 원래 냉철한 계산과 사고, 자기 반성 및 성찰 능력을 뜻하며, 세계를 총체적으로 파악하고 인식할 수 있다는 요구를 제기한다. 서양 철학은 플라톤 이래 이성을 통해 세계를 개체들이 구성한 하나의 통합된 전체로 이해할 수 있다는 요구도 제기해왔다. 특히 근대 이후 출발한 데카르트주의는 이성의 능력은 수학이 대상을 파악하는 것과 동일하다고 보았으며, 세계를 인식한다는 것은 이성이 세계를 인식할 수 있기 때문이라는 주장까지 펼쳤다. 하버마스도 "철학적 근본 주제는 이성이다.[27] 철학은 그 시작부터 세계를 전체에서, 개체들이 통합되어 구성한 전체를 현상들의 다양성에서 원리들을 통해 설명하려고 하였다. 이러한 원리들은 이성에서 발견될 수 있다고 보았다(…)"[28]는 것을 인정하고 있다. 『계몽의 변증법』은 서양 철학에서 이러한 비중과 위상을 지닌 이성이 도구적 이성으로 타락하였다고 비판하였다. 이성이 자연과 인간을 지배하는 도구로 전락하였다는 것이다. 이성의 기초를 이루는 "사고는 자신의 사물화된 형상에서 수학, 기계, 조직으로서 사고를 잃어버린 인간을 향해 보복을 하면서 자신을 포기"[29]함으로써 인간에게 불의와 폭력을 행사한다고 비판하고 있는 것이다. "이념적 공구로서의 개념은 인간이 모든 사물을 장악하는 그러한 자리로 모든 사물이 맞춰지도록 한다."[30] 사고와 개념은 마침내 모든 것을 사고에 종속시키고 그것을 개념의 일반적 틀에 묶어두는 단계에 도달한다. 사고가 대상을 인식하고 그것을 개념에 묶어두면 대상은 자신이 가진 고유한 속성이나 본질과 관련

---

27) 이 부분은 하버마스가 B. Snell, H. G. Gadamer, W. Schadewald에서 인용한 내용이다. 이어지는 각주(28번)에서 그 출처가 제시됨.

28) Jürgen Habermas, *Theorie des kommunikativen Handelns*, Erster Band, Frankfurt / M, 1988, p.15.

29) Max Horkheimer / Theodor W. Adorno, op., cit., p.40.

30) Ibid., p.38.

이 없이 사고와 개념에 의해 동일화되고 마는 것이다. 이것이 바로 아도르노 인식론의 핵심 개념인 동일화 사고(Identitätsdenken)다. 그러나『계몽의 변증법』에서 이 개념의 단초는 보이지만 구체적으로 동일화 사고라는 표현은 등장하지 않는다.『계몽의 변증법』의 이성 비판은 니체가 이성을 비판한 이후 가장 강력한 이성 비판이다.『계몽의 변증법』은 이성이 마침내 비이성이 되었다고 비판한다 : "이성은 비이성이 되었다(…)."[31] 이성이 서양 철학에서 차지하는 비중이 절대적인 만큼『계몽의 변증법』을 이성에 대한 총체적 비판으로 해석하는 것도 학계에서 일반적으로 통용된다.

주체와 관련하여『계몽의 변증법』은 주체의 자기 포기에 특히 주목한다. 자연의 절대적인 위력 앞에서 자기 보존(Selbsterhaltung)을 해야 하는 인간은 자기 주체를 스스로 포기하는 방식을 통해 그 목적을 성취한다.『계몽의 변증법』은 오디세우스가 자신의 여행에서 직면한 어려움을 극복하는 과정에서 이미 자기 주체를 스스로 포기하는 원형을 보여주고 있다고 해석한다. "오디세우스의 합리성은 자신을 포기함으로써 자신을 보존할 수 있는 법을 인지하면서 불의의 연관 관계에 강제적으로 빠져들게 된다."[32] 학계에서 '주체성의 원사(原史)(Urgeschichte der Subjektivität)'라고 명명하는 오디세우스의 주체 포기 현상은 그러나 자연에의 두려움 때문에 필연적으로 시작된 사회가 조직을 강화하고 이에 상응하여 인간을 더욱 철저하게 지배하게 됨으로써 더욱 심화된다. 이러한 시각에서『계몽의 변증법』은 충격적 명제를 내놓는다. "문명사는 주체의 자기 포기의 역사다."[33] 계몽은, 칸트가 정의하였

---

31) Ibid., p.82.
32) Ibid., p.58.

듯이, 인간에게서 미성숙함을 끌어내어 성숙함에 이르도록 해주는 인간의 정신 활동이며, 인간을 무지, 몽매, 편견에서 벗어나게 하여 이성적 존재로 성숙시키는 능력을 발휘한다. 인간에게 빛을 비춰주는 계몽(Aufklärung, enlightenment)은 서양의 근대 이후 17세기와 18세기, 19세기에 전개된 거의 모든 중요 사상에 내재되어 있는 핵심적 요소다. 서양의 근대 사상에서 계몽은 진보를 의미하였다. 주술(呪術)에 묶여 있는 인간의 해방, 이성을 통한 비판, 개인의 존엄성 주장, 자유와 평등의 추구, 시민 정신의 함양 등 계몽은 무지와 미몽에서 깨어나려는 인간에게 내려진 빛이었다. 호르크하이머와 아도르노는 그러나 계몽의 개념을 확장하여 신화와 대립되는 개념으로 설정하면서 원시 시대까지 소급하여 적용하는 시도를 통해 인간을 자연의 공포로부터 해방시켜주고 인간이 세계의 주인이 될 수 있도록 해주는 계몽이, 역으로 인간을 공포와 두려움의 메커니즘에 종속시키는 신화로 변모하고 말았다고 주장한다. 계몽은 인간을 구속하고 인간에게 두려움과 공포를 주며 폭력을 행사하는 신화가 된 것이다. "신화들이 이미 계몽을 실행하듯이, 계몽은 그것이 내딛는 모든 발걸음의 각 단계가 진행됨과 동시에 그 스스로 더욱더 깊게 신화 속으로 말려든다."[34] 하버마스는 이것을 "계몽의 자기 파괴 과정(Selbstzerstörungsprozess)"이라고 명명한 바 있다.[35] 이런 시각에서 철저하게 계몽된 20세기 전반부에 나타난 전체주의는 "20세기의 신화",[36] 즉 계몽의 결과 계몽이 빠져 들어간 총체적

---

33) Ibid., p.51.

34) Ibid., p.14.

35) Jürgen Habermas, *Der philosophische Diskurs der Moderne.* op., cit., p.130.

불의의 연관 관계인 것이다. 인간에게 두려움을 없애주며 빛을 비춰주는 진보의 상징인 계몽이『계몽의 변증법』에서는 인간을 공포와 불의의 총체적 연관 관계에 종속시키는 신화로 비판받고 있는 것이다.

개념은 다양한 사물들, 행위들, 현상들의 특징을 일반적으로 파악하는 틀이며, 학문적 인식에서 절대적으로 필요하다. 플라톤 이후 서양 철학은 개념에 의한 세계 이해의 일반화의 진보 과정, 학문적 인식의 진보 과정이라고 정의될 수도 있다. 개념의 발달과 일반화의 진보, 개념의 분화와 학문적 인식의 세분화 및 진보는 서양 학문의 우월성을 주장하는 근거였으며, 특히 근대 이후 자연과학의 비약적 발전과 더불어 서양의 모든 학문 체계는 개념화와 일반화를 가속시켰다. 자연과학에서 획득된 개념들은 경험과학적 개념들로 정착되어 사회과학적 인식에도 적용되었다. 그러나 호르크하이머와 아도르노는 개념의 발달과 세분화 과정을 자연과 인간을 지배하는 과정의 진보로 파악할 뿐이다. 개념에 의한 세계의 인식은 세계를 도구적으로 지배하는 인식일 뿐이라는 것이다. 개념이 행사하는 폭력에 대한 호르크하이머와 아도르노의 비판은 극단적이다. "계몽의 공구인 개념 형성은, 그것의 대상들에 대하여 마치 운명처럼 행동한다."[37]

합리성은 특히 근대 이후 서구 사회에서 두드러지게 나타나는 특징이다. 베버는 특정 지역의 경제적 효율성이 타지역에 비해 특별히 높게 나타나는 의문에 대해 탐구한 결과 그 지역의 기업들이 합리성에 기초하고 있음을 발견하고 그 결과를 1905년 출

---

36) Max Horkheimer / Theodor W. Adorno, *Dialektik der Aufklärung.* op., cit., p.22.
37) Ibid., p.15.

간된 『프로테스탄티즘의 윤리와 자본주의 정신』에서 발표하였다. 베버는 이 연구에 기초하여 합리성을 특정 목적을 성취하기 위해 특정 수단을 투입하는 행위로 정의하였으며, 근대 이후 서구 사회가 성취한 모든 업적의 근원에는 합리성이 놓여 있다는 것이 일반적으로 통용된다. 그러나 『계몽의 변증법』은 합리성이 원시 시대부터 이미 비합리성을 잉태하고 있었다는 비판을 제기한다. 자연에 대한 두려움 때문에 원시 제전에 참가한 인간들은 자연에 자신을 비슷하게 함으로써 두려움에서 벗어나려는 고유한 목적 이외에도 자연을 달래는 행위를 통해 자신의 자기 보존을 성취하려는 은밀한 목적을 갖고 있었다는 것이다. 합리성은 인간에 의한 자연 지배와 인간과 사회에 의한 인간 지배가 가속화되고 근대 이후 자연과학적 세계관이 더욱 강화되면서 마침내 교환합리성이 총체화되는 형식으로 출현한다는 것이 『계몽의 변증법』의 인식이다. 『계몽의 변증법』은 교환합리성에 대해서도 가차없는 비판을 가한다. 교환합리성은 인간을 대체 가능하고 교환 가능한 수단으로 관리한다는 것이다. "개인으로서의 각자는 그 자신 절대적으로 대체 가능한 것이며, 그야말로 아무것도 아닌 것에 지나지 않는다."[38] 호르크하이머와 아도르노는 교환합리성의 총체적 실현 상태를 다음과 같이 비판하고 있다 : "모든 것은 다른 것과 교환될 수 있을 때만, 그리고 그것이 그 자체로서 아무것도 아닌 것일 때만 가치를 갖는다."[39] 교환합리성은 아도르노에게서 모든 악의 근원인 동일화 사고와 근친 관계를 맺으면서 세계와 사회를 동일화 사고와 교환합리성의 총체적 지배에 놓이게 한다. "(…) 교환 원리는 동일화 사고와 근친 관계에

---

38) Ibid., p.131.
39) Ibid., p.142.

있다. 동일화 사고는 교환 원리에서 그것이 사회적으로 나타난 모델을 갖게 된다."40) 교환합리성은 실제로 경제 영역에서도 "모든 것을 포괄하는 합리성"으로서 출현하는 "산업적 합리성"41)이기도 하다. 『계몽의 변증법』에서 이성 비판과 사회 비판의 핵심 개념으로 등장한 교환합리성은 아도르노의 『사회학논문집』42)에서 더욱 심층적으로 분석되며, 더욱 격렬한 비판의 대상이 된다.

『계몽의 변증법』은 원시 제전 이후 개인과 사회의 관계에서 사회는 개인을 철저하게 지배하였으며, 사회에 의한 개인 지배는 부자유한 노동의 강요, 자기 주체 포기의 강요, 교환합리성, 이데올로기 생산 등을 통해 총체적으로 실현된다는 인식을 매개하였다. 『계몽의 변증법』이 갖는 사회학적, 또는 사회 이론적 본질은 여기에 근거를 둔다. 슈내들바흐(Herbert Schnädelbach)는 『계몽의 변증법』이 특히 사회 이론적 관점에서 그 중요성을 결코 상실하지 않을 것이라고 주장하였다.43) 부자유한 노동과 이데올로기를 통해 사회가 개인을 지배하는 단초는 이미 원시 제전에서 제전에 참여하는 개인들에게 주술사에 의해 대변되는 정령 세계의 권력이 강요되고 개인들은 제전에 강제적으로 참여하여 노동을 제공해야만 하는 강제적 속박 관계에서 발원한다. 원

---

40) Theodor W. Adorno, *Negative Dialektik*, Frankfurt/M, 3.Aufl., 1981, p.149.

41) Max Horkheimer/Theodor W. Adorno, *Dialektik der Aufklärung*, op., cit., p.83.

42) Cf. Theodor W. Adorno, *Soziologische Schriften I*. Frankfurt/M, 1.Aufl., 1982.

43) Herbert Schnädelbach, Die Aktualität der Dialektik der Aufklärung. In : H. Kunnemann/H. de Vries(hrsg.), *Die Aktualität der Dialektik der Aufklärung*, Zwischen Moderne und Postmoderne, Frankfurt/M, New York, 1989, pp.15-35.

시 제전에서 움튼 개인과 사회의 권력 관계는 유목민적인 생활 양식이 최초로 시작되는 단계에서 더욱 조직화되고 강화된다. 사회는 개인을 부자유한 노동과 상징 폭력, 즉 이데올로기를 통해 철저하게 지배하게 되는 것이다. "한편에서는 권력을 가진 자가 있게 되고 다른 한편에서는 권력에 복종하는 자가 있게 되었다. 반복하여 되돌아오는 영원히 동일한 과정들이 이 과정들에 굴종되어 있는 자들에게, 그들이 이민족이든 동족이든 관계없이 모든 조야한 북소리의 박자와 모든 단조로운 제전에서 메아리쳐지는 노동의 리듬을 맞추는 곤봉과 몽둥이의 박자에 따라 억지로 강요된다. 상징들은 숭배되어야 할 우상의 표현이 된다. 이러한 상징들이 의미하는 바인 '동일한 것이 영원히 반복되는 것'의 특징은, 이 반복적 특성이 지속되면서 상징들에 의해 대변되는 '사회에 의한 강제적 속박의 영속'[44]이라는 특징으로서 증명될 뿐이다."[45] 여기에서 프랑크푸르트학파와 아도르노 사회 이론의 핵심 개념인 '개인들의 동일한 삶을 재생산하는 폭력 메커니즘으로서의 사회'라는 인식이 본격적으로 그 모습을 드러내고 있다. 프랑크푸르트학파는 사회를 개인에게 폭력을 행사하는 메커니즘으로 파악하며, 삶의 재생산 메커니즘, 총체적 불의의 상호 연관 관계, 관리된 세계 등으로 표현하였다. 이러한 이유에서, 프랑크푸르트학파가 성취한 이론적 성과를 비판 사회 이론(Kritische Gesellschaftstheorie) 또는 사회 비판 이론(Gesellschaftskritische Theorie)이라고 특징지우기도 하는 것이며, 『계몽의 변증법』은 이 특징을 구체적으로 보여주는 최초의 저술이다. 프랑크푸르트

---

44) 인용문의 작은따옴표들은 필자가 임의로 붙인 것임.

45) Max Horkheimer / Theodor W. Adorno, *Dialektik der Aufklärung.* op., cit., p.22.

학파의 본격적 출범을 알린 호르크하이머의 「전통적 이론과 비판 이론」에서는 드러나지 않았던 인식을 『계몽의 변증법』이 시도함으로써 사회철학, 사회 이론으로서의 프랑크푸르트학파의 본질을 명확하게 한 것이다.

사물화는 인간의 의식이 상품 구조처럼 되는 현상이다. 사물화는 원래 마르크스에 의해 최초로 인식되었으며 루카치에 의해 학문적으로 체계화된 현상[46]으로 자본주의에 보편적으로 나타난다. 마르크스와 루카치가 자본주의적 생산 관계에 주목하여 사물화를 분석한 반면, 아도르노는 사물화가 사회의 모든 연관 관계에 총체적으로 구조화된 일반적 현상이라고 주장하였다. 아도르노는 미국 망명 중이던 1938년에 집필한 논문인 「음악에서의 물신적 특징 및 청취의 퇴행에 관하여(Über den Fetischcharakter in der Musik und die Regression des Hörens)」에서 이미 사물화가 자본주의 사회에서 총체적으로 뿌리를 내렸음을 주장하였다. 막스 베버가 1905년에 『프로테스탄티즘의 윤리와 자본주의 정신』을 출간하기 전에 미국을 여행하면서 경험한 것은 당시의 미국 사회가 금욕주의에서 벗어나 철저하게 상품 중심으로 구성된 사회며 상품 세계가 인간에게 폭력을 행사하고 있었다는 충격적 사실이었다. 아도르노 역시 나치의 탄압을 피해 미국에 망명하면서 미국 사회가 물신주의, 즉 사물화에 의해 총체적으로 지배된 사회라는 것을 경험한 것이다. 사물화 현상에 대한 아도르노의 경험은 앞에 언급한 논문에서 이미 표현되고 있으며, 『계몽의

---

46) 이에 대해서는 졸저 『아도르노의 사회 이론과 예술 이론』(서울, 1993) 116-117쪽의 각주 107-108번 참조. 필자는 여기에서 마르크스와 루카치가 『자본론』과 『역사와 계급 의식』에서 언급한 사물화 현상을 인용하여 비교적 상세하게 설명하였음.

변증법』의 앞 부분에서 사물화는 아도르노가 평생 동안 거부한 실증주의[47]와 연관하여 비판되고 있다. "실증주의는 행복하게도 무신론적일 필요가 없다. 이미 사물화된 사고는 유신이냐 무신이냐 하는 등의 문제를 단 한 번도 설정할 필요가 없기 때문이다."[48] 그러나 사물화에 대한 총체적 비판은『계몽의 변증법』의「문화 산업, 대중 기만으로서의 계몽」에서 시도되고 있다. 인간의 의식과 가치가 소비성·효용성·교환가능성·대체성을 특징으로 하는 상품 세계에 완전하게 종속된 현실, 즉 사물화의 총체적 실현을『계몽의 변증법』은 문화 산업을 구체적 예로 들어 다음과 같이 비판하고 있다 : "문화 산업은 종적(種的) 존재로서의 인간을 고통스럽게도 실현시켰다. 각자는 그가 다른 것을 위해 대체될 수 있음으로 해서만 각자로 존재한다. 대체되며 교환 가능한 것으로서의 각자는 그 자신 절대적으로 대체 가능한 것이다. 그야말로 아무것도 아닌 것에 지나지 않는다."[49] 사물화는 인간을 아무것도 아닌 것으로 전락시킨 것이다.

『계몽의 변증법』은 서구 문명과 서구 시민사회에 대한 총체적 비판이며, 진보의 심급이라고 서구인들이 확신하고 있었던 이성

---

47) 아도르노는 실증주의를 서구 시민사회, 서구 부르주아 사회의 지배 이데올로기와 동일시하였다. 그가 이러한 극단적 시각을 보인 것은 실증주의가 기존의 있는 것만 탐구 대상으로 삼아 기존의 질서가 유지되는 데 기여할 뿐 질서를 변화시키는 사고를 거부하였기 때문이다. 1960년대 유럽 사회과학계의 가장 주목할 만한 논쟁이었던 실증주의 논쟁에서 아도르노와 하버마스는 비판적 합리주의자들이었던 카알 포퍼, 한스 알버트와 학문적 논쟁을 벌였다. 자세한 내용은 다음의 책을 참조 : T. W. Adorno u. a., *Der Positivismusstreit in der deutschen Soziologie*, Neuwied und Berlin, Luchterhand. 1969.

48) Max Horkheimer / Theodor W. Adorno, *Dialektik der Aufklärung.* op., cit., p.26.

49) Ibid., p.131.

에 대한 무차별적 비판이자, 인간을 자연의 두려움으로부터 해방시켜주며 천부의 인권 사상과 자유, 평등 사상을 인간에게 부여함으로써 몽매와 미성숙으로부터 인간을 구출하여 성숙에 이르게 하는 '빛'이라고 굳게 믿고 있었던 계몽에 대한 가차없는 비판이었다. 도구로 전락한 이성과 인간에게 두려움과 공포를 주는 신화로 전락한 계몽이 생산한 것은 자연과 인간에 대한 총체적 지배의 결과로 구조화된 불의의 총체적 연관 관계며, 그 구체적 실현태가 바로 인간의 삶을 동일한 것의 영원한 재생산에 종속시키는 폭력 메커니즘인 사회다.『계몽의 변증법』은 나치즘과 같은 전체주의를 체험한 결과로 나타난 극단적 비관주의라는 일부의 비판이 있는 것은 사실이지만, 문명 비판, 이성 비판, 사고의 폭력에 대한 비판, 주체의 자기 포기 현상에 대한 비판, 이데올로기 비판, 사물화 비판은 오늘날에도 그 통용성을 전혀 상실하지 않았다는 것이 필자의 견해다.

5.『부정의 변증법』과 이성의 자기 자각,『예술 이론』과 화해

제2차 세계대전이 종전됨으로써 나치가 멸망하자 미국 망명에서 독일로 귀환한 아도르노는 1950년대와 1960년대의 유럽에서 가장 영향력 있는 철학자, 사회학자, 예술이론가, 음악이론가, 문학이론가로서 활발한 활동을 전개한다. 그는 1949년에『신음악의 철학』을 출간하고, 경구와 잠언으로 구성된 '상처받은 삶으로부터의 성찰'이라는 부제가 붙은『최소한의 도덕(Minima Moralia)』[50]을 1950

년 출간한 이후 1969년 세상을 떠날 때까지 철학, 인식론, 사회학, 미학, 음악사회학, 음악학, 문학 이론과 평론 분야에서 저술, 대학 강의, 라디오 강연 등을 통해 보편 사상가로서의 위상을 보여준다. 이 시기의 아도르노는 20세기 서양 철학의 거장 하이데거(Martin Heidegger)에 견줄 만한 위상을 갖고 있었고, 해석학의 대가 가다머(Hans Georg Gadamer), 프랑스의 실존주의 철학자 장 폴 사르트르(Jean Paul Sartre), 메를로 퐁티(Maurice Merleau-Ponty), 오스트리아의 비판적 합리주의자 칼 포퍼(Karl Popper) 등과 함께 유럽 지성을 대표하는 철학자이자 사상가였다. 1950년대와 1960년대에 나온 아도르노의 수많은 저작들 중에서 오늘날까지 고전으로 인정받는 대표적인 저작은 1966년에 출판된 『부정의 변증법(*Negative Dialektik*)』과 사후인 1970년에 출판된 『예술 이론(*Ästhetische Theorie*)』[51]이다. 이 두 저작은 『계몽의 변증법』과 더불어 아도르노의 3대 대표작이라고 보아야 한다.

『부정의 변증법』은 인간이 스스로 잉태시켜 강제적으로 빠져든 불의의 총체적 연관 관계로부터 인간이 해방될 수 있는 가능

---

50) 우리말 번역판은 『한 줌의 도덕』(최문규 옮김, 솔출판사, 서울, 1995)으로 나와 있음.

51) 이 책의 중심 주제는 예술의 이중적 특성, 즉 자율성과 사회성이다. 예술은 사회에서 발원하면서도 사회에 대해 사회적인 반(反)테제가 된다는 것이 이 책의 근원에 놓여 있다. 미학이 예술과 예술 작품에 관한 학문적 체계인 데 비해 아도르노의 이 책은 예술의 문명사·인식·사회 비판 기능에 주목하고 있다. 이런 이유에서 아도르노는 '미학'이라는 제목을 기피하였다고 한다. 우리나라에서는 『미학 이론』으로 번역되어 있는데, 이것은 매우 잘못된 것이다. 이 책은 미학에 관한 이론이 아니고 미에 대한 이론도 아니며, 예술과 사회, 예술과 역사, 예술과 문명, 예술과 인식, 예술과 비판, 예술과 진리 내용, 예술과 계몽, 예술과 교육, 예술과 화해 등에 관한 이론이기 때문이다. 이러한 까닭에서 필자는 이 책의 제목을 우리말로 『예술 이론』이라고 번역하였다. 아도르노는 반(反)체계의 사상가였기 때문에 『미학』보다는 『예술 이론』이 더 적합하다고 생각한다.

성을 모색하는 목적으로 집필된 책이다. 아도르노는 도구적 이성이 구축한 불의와 폭력의 연관 관계로부터 벗어나는 것은 이성의 자기 자각(Selbstbesinnung der Vernunft)이 유일한 길이라고 주장한다. 그러나 이성의 자기 자각은 구체성이 없는 추상적 대안일 뿐이다. 이런 이유에서, 불의의 총체적 매개 관계로부터 벗어나 있는 어떤 것을 구체적으로 찾아나서는 아도르노의 고뇌가 담겨 있는『부정의 변증법』에서는 아도르노가 모든 악의 근원으로 지목한 동일화 사고로부터 빠져나오는 대안들이 제시되고 있다. 모든 것을 사고에 동일화시킴으로써 모든 것을 모든 것과 매개시켜 총체적 현혹의 연관 관계(universaler Verblendungszusammenhang)를 형성하게 하는 동일화 사고는 아도르노에게는 모든 폭력의 근원이다. 동일화 사고로부터 벗어나는 데 가장 중요한 전제 조건은 개념적 인식이 갖는 폭력성으로부터 대상을 구출하는 일이다. 예컨대 나무를 나무라고 말하지 않고 폴리네시아인들이 비상한 것, 특별한 것, 힘이 있는 것, 참된 것 등을 지칭할 때 사용하였던 마나(Mana)를 통해 마나가 앉아 있는 곳이라고 말하면서 최초로 가상과 본질이 중첩되었고 개념과 사물이 분리되기 시작했다고 본[52] 아도르노는, 오디세우스의 행동에서 개념에 의한 조작[53]이 발생하였고, 근세 이후 수학적 사고가 세계를 지배하면서 마침내 사고와 개념에 의한 대상 지배가 총체적으로 실현되었다고 주장하였다. 사고와 개념은 대상의 본질이나 내용과는 관계없이 대상을 사고와 개념의 틀에 묶어버린 것이다. 이렇게 하여 개념적 사고는 '특별한 것', '개별적인 것'[54]을 '일반적인

---

52) Cf. Max Horkheimer / Theodor W. Adorno, *Dialektik der Aufklärung*. op., cit., p.17.
53) Cf. Ibid., p.63.

것'의 틀에 종속시켜 대상에 본래 내재하는 특별한 것과 개별적인 것을 무시하고 이것들을 인식하는 사고와 개념에 마침내 동일화시켜버린다. 아도르노는 개념적 인식의 이러한 폭력으로부터 대상을 구출하는 방법을 찾아나섰지만, 인식은 개념을 필요로 하지 않을 수 없다는 난관에 봉착하였다. 개념을 사용하면 대상을 개념에 종속시키는 결과를 피할 수 없고, 그렇다고 해서 인식에서 개념을 배제할 수도 없는 것이 인식이 당면한 모순이다. 아도르노는 여기에서 인식의 유토피아를 모색하는데, 이것은 『부정의 변증법』에서 가장 많이 인용되는 구절이다. "개념들을 통하여 진리에 이르게 되는 것은 ─ 개념들에 의하여 일반적으로 인식되어 개념 아래 포괄되는 범위를 훨씬 넘어서서 ─ 개념들에 의하여 억압되고 무시되었으며 내팽개쳐진 것을 보여주는 것에 다름이 아니다. 인식을 통해 도달할 수 있는 유토피아는 비개념적인 것을, 그것을 개념에 동일하게 함이 없이, 개념을 통해 열어서 내보여주는 것이 아닐까싶다."55)

모든 폭력의 근원인 동일화 사고에 대한 아도르노의 비판과 동일화 사고로부터 벗어나는 인식의 가능성에 대한 아도르노의 집착은 동일화 사고에 의해 지배되지 않는 것인 '동일하지 않는 것(das Nichtidentische)'56)을 구출하는 것으로 이어진다. 『부정의 변증법』을 '동일하지 않는 것'의 구출로 해석해도 될 만큼 '동일하지 않는 것'이 차지하는 비중이 절대적이다.57) 아도르노는 '동일하지

---

54) 국내에서는 '특수자', '개별자', '일반자'라고 번역하기도 한다. 그러나 필자는 대상이 개념적으로 규정되는 것과 체계를 혐오하였던 아도르노의 생각을 존중하여 '특수한 것' 등으로 옮긴다.

55) Theodor W. Adorno, *Negative Dialektik*. op., cit., p.21.

56) 역자에 따라 '비동일자'라고 번역하기도 한다(홍승용 옮김,『부정의 변증법』, 서울, 1999).

않는 것'을 구출하기 위한 다양한 대안들을 제시하는데, 이는 1930년에 아도르노가 교수 자격 취득 후 행한 강연인 「철학의 현재적 중요성」에서 이미 제시한 소집단화(Gruppierung), 특정한 방식으로 정리를 시도해보는 것(Versuchsordnung), 구성(Konstruktion), 사물들이 함께 만나는 관계들에서 생기는 전체 형상으로부터 사물을 파악하는 것(Konstellation)[58]과 같은 개념들에서 그 단초가 보였다. '동일하지 않는 것'을 구출하는 아도르노의 노력은 「철학의 현재적 중요성」에서 제시한 대안을 『부정의 변증법』에서 더욱 구체화하는 것에서 결실을 맺는다. "인식에서 미메시스적인 모멘트", "수사학", "사물들이 함께 만나는 관계들에서 생기는 전체 형상으로부터 사물을 파악하는 것", "상이한 것이 함께 있는 것"[59] 등을 통해 사물이 동일화 사고에 의해 일방적으로 개념에 동일화되면서 인식되는 것에서 벗어나는 방법들을 제안하고 있는 것이다. 이러한 방법들은 사물에 대한 지배가 아니고 사물을 있는 그대로 인식하면서 사물들이 평화롭게 함께 존재하는 것을 가능하게 한다. 사물들의 화해에 기여하는 것이다. 『부정의 변증법』에서는 아도르노 철학의 이념인 화해(Versöhnung)의 개념이 구체적으로 등장하고 있는 것이다. 아도르노는 비판을 통해 화해에 도달하는 것을 자신의 철학의 이념으로 삼았으며, 화해에 도달한 상태에서는 마침내 행복이 실현된다. 화해는 서

---

57) 벨머는 아도르노를 '동일하지 않는 것'의 변호인이라고까지 언급하고 있다. Cf. Albrecht Wellmer, Adorno, Anwalt des Nichtidentischen. In : Ders., *Zur Dialektik von Moderne und Postmoderne*, Vernunftkritik nach Adorno, Frankfurt / M, 1985, S.135-166.

58) 원래는 성좌(星座)라는 뜻이며, 어떤 별이 다른 별들의 관계에서 그 위치를 갖는다는 것을 의미한다.

59) Theodor W. Adorno, *Negative Dialektik*. op. cit., p.55, 66, 153, 164.

로 다른 것들이 평화롭게 함께 존재하는 모습이다. "화해는 동일하지 않는 것을 자유롭게 하며, 정신화된 강제로부터 벗어나게 한다. 화해는 상이한 것의 다양함을 비로소 열어놓으며, 이러한 다양함에 대해 변증법은 아무런 권력도 행사하지 못할 것이리라. 화해는 더 이상 적대적이지 않는 많은 것들이 서로를 생각하면서 존재하는 상태다(…)."60) 현실에서는 실현되지 않는 화해가 형상화되어 있는 세계가 바로 예술의 세계며, 이런 의미에서 예술은 아도르노 사상에서 매우 중요한 비중을 갖는다.

『예술 이론』은 1969년 타계한 아도르노가 미처 완성하지 못한 원고를 1970년에 출판하여 세상에 알려진 저작이며, 20세기 서구 미학에서 가장 중요한 위치를 점하고 있다는 사실에 대해서는 서구 학계가 일반적으로 동의하고 있다. 특히 이 책은 20세기 들어서서 예술 작품에 두드러지게 나타나는 비사실주의적이고 초현실주의적인 요소들, 추상적인 요소들, 전통적 표현 기법을 거부하는 요소들, 전통적 형식의 파괴, 추함, 비틀기, 일그러짐, 충격과 경악, 비정상적인 것, 부정성 등을 예술 이론적으로 설명하는 데 성공하였다는 평가를 받았다. 아도르노는 보들레르, 카프카, 베케트(Samuel Beckett), 파울 첼란(Paul Celan)의 작품들에서 표현되고 있는 추함, 충격, 일그러짐, 비정상적인 것이 보이는 예술적 부정성에 주목하였으며, 음악에서는 쇤베르크(Schönberg)처럼 12음계를 사용하면서 전통적 음악의 형식을 파괴한 작곡가들의 작품에서 현대 예술의 특징을 파악하였다. 이렇게 하여 『예술 이론』은 보들레르 이후 전개된 예술적 현대(künstlerische Moderne)와 그 연장선상에서 20세기 들어서서

---

60) Ibid., p.18.

예술의 모든 장르에서 출현한 아방가르드에 대하여 가장 정확하게 설명할 수 있는 이론이 되었다. 칸트 미학, 헤겔 미학, 루카치 미학, 벤야민의 예술 이론을 수용하였으며 미학에 역사철학적·인식론적·사회 이론적 카테고리들을 끌어들여 예술의 본질뿐만 아니라 예술적 현대를 이론적으로 설명하는 데 성공한『예술 이론』은 21세기초인 현재에도 서구 미학에서 절대적 비중을 차지하고 있다.[61] 이는 아직까지 아도르노 미학과 비견되거나 능가하는 학문적 업적이 나오지 않는 것에서 증명된다.

"예술은 사회에 대한 사회적인 반(反)테제다. 예술은 사회로부터 직접적으로 연역될 수 없다"[62]는 기본 인식을 갖고 있는『예술 이론』의 중심에는 예술과 사회의 역설적인(paradoxal) 상호 지시 관계가 놓여 있다. 역설적인 상호 지식 관계를 매개하는 카테고리는 부정성(Negativität)이다. 부정성은『예술 이론』의 전편에 걸쳐 출현하는 가장 중요한 개념이다. 아도르노에게 예술의 역사는 부정의 역사다 : "예술의 역사, 그 자체로서 닫혀진 하나의 역사인 예술의 역사가 일관하여 보인 것은 확연한 부정의 변증법적 역사다."[63] 경험 세계가 잘못 되었다는 것을 표현하지 않고는 견딜 수 없는 충동인 미메시스적 충동을 통해 작품으로 구성된 예술 작품은 존재 그 자체로서 경험 세계의 부정성을 비판하는 기능을 갖는다. 작품이 존재하는 것 자체가 경험 세계의 부정성에 대한 비판인 것이다. 어느 날 아침에 일어나 보니 벌레

---

61) Axel Honneth(hrsg.), *Dialektik der Freiheit*. Frankfurter Adorno-Konferenz 2003, Frankfurt / M, 2005, p.8.

62) Theodor W. Adorno, *Ästhetische Theorie*. Frankfurt / M, 5.Aufl., 1981. p.19.

63) Ibid., pp.59-60.

로 변신하여 몸을 움직일 수 없으나 가족들은 빨리 출근하여 가족의 생계를 책임지라고 강요하는 상황에서 결국 움직일 수 없어 마침내 아버지가 던진 사과에 맞아 죽은 그레고르 잠자(Gregor Samma)의 비극을 다룬 카프카의 『변신』이나, 아무런 죄도 지은 적이 없는데 체포되었으나 몸은 자유로운 상태에서 자신의 결백을 주장하려다가 뜻을 이루지 못하고 마침내 채석장에서 형리들에 의해 가슴이 도려지면서 처형당하는 요셉 K의 비극을 담은 『심판』이 예술 작품으로서 존재한다는 것 자체가 아도르노에게는 현실이 잘못되었음을 알려주는 것이며, 이것은 그러므로 현실에 대한 비판이다. 카프카의 부정성은 세계가 인간에게 강요하는 고통에 대한 미메시스며, 경험 세계의 부정성에 대한 비판이라는 것이 아도르노의 통찰이다. 자본주의적 현실의 모순을 작가가 자신의 의도를 투입하여 반영(Widerspiegelung)함으로써 예술은 자본주의의 모순을 극복하는 데 기여해야 한다는 루카치의 주장은 아도르노에게는 폭력일 뿐이다. 자신을 대상에 비슷하게 하는 충동인 미메시스적 충동에서는 대상을 동일화하는 인식이 배제되어 있기 때문에 루카치의 반영론에서 보이는 작가의 주체가 행사하는 폭력이 발생하지 않는다는 것이 아도르노의 주장이다. 미메시스적 충동에 의해 인식되어 예술 작품에 나타난 부정성은 경험 세계가 잘못되었다는 것을 독자에게 비개념적으로 인식시키는 기능을 가지며, 아도르노는 여기에서 예술 작품이 갖는 진리 내실(Wahrheitsgehalt)이 발원한다고 보았다.

예술은 개념을 사용하지 않으면서도 미메시스와 합리성의 변증법, 예술적 가상의 변증법, 화해되어 있지 않은 상태와 화해의 변증법[64]을 통해 사회를 인식하며 비판함으로써 문명사와 도정을 함께 하면서 무의식적으로 역사를 서술한다는 것이다. 이렇게 함으로써 개념을 사용하는 개념적 사고, 동일화 사고와는 달리 예술은 대상에 자신을 비슷하게 하는 미메시스적 충동을 통해 사회의 부정성을 예술 작품으로 형상화함으로써 진리를 표현한다는 것이다. 예술은 아도르노의 시각에는 문명사가 저지를 죄악을 말없이(sprachlos) 말하는 문명사의 증인이자 문명사를 심판하는 심급인 것이다. 예술이 갖는 진리 내실은 여기에서 발원한다.

예술은 사회가 역사적으로 전개되는 도정, 즉 문명사의 도정에서 사회에 대한 사회적인 반(反)테제로서 사회를 비판한다. 예술이 사회를 비판하는 것은 사회가 화해되어 있지 않음을 알려주는 것이며 동시에 화해의 가능성을 보여주는 이중적 측면을 갖고 있다. 예술은 비판을 통한 화해의 가능성을 비개념적으로 매개하고 있는 것이다. 그러므로『예술 이론』의 주제도 역시 비판과 화해를 통한 행복에의 약속이라고 볼 수 있다. 그러나 이 책이 나오기 1년 전인 1969년에 아도르노는 스위스에서 타계하였다. 아도르노의 타계는 동시에 아도르노 철학에 대한 연구의 시작을 알리는 계기이기도 하였다.

6. 1970년대의 아도르노 연구

아도르노가 타계한 1969년 이전에는 아도르노 사상에 관한 연

---

64) 위의 변증법들은 아도르노에게는 예술의 운동 법칙과 같은 것들이다. 필자는 박사 학위 논문에서 이 법칙들을 분석하였으며, 특히 화해되어 있지 않음과 화해의 변증법은 당시로서는 최초의 분석이었다. 우리말로 된 자세한 내용은 다음을 참조 :『아도르노의 사회 이론과 예술 이론』, 서울, 1993, 127-248쪽.

구도 거의 시도되지 않았으나 타계 직후부터 아도르노 사상을 분석하려는 시도들이 줄을 이었다. 아도르노의 사후 개최된『테오도르 아도르노 회고』65)는 사상가로서의 아도르노의 인간적 면모와 사상의 특징을 간략하게 서술한 글들을 모든 책이었다. 호르크하이머, 마르쿠제 등 아도르노의 동시대 학자들뿐만 아니라 하버마스, 슈미트(Alfred Schmidt), 페쳐(Iring Fetscher) 등 호르크하이머와 아도르노의 학문적 지도를 받은 학자들이 아도르노를 기리는 글을 기고하여 아도르노에 대한 관심을 불러일으켰다. 1970년대의 아도르노 연구는 주로 박사 학위 논문을 중심으로 시도되었으나 아도르노 사상의 본질과 핵심을 파악하기에는 역부족이었다. 예컨대 아도르노의 인식론에서 제기된 '일반적인 것'과 '특수한 것'의 관계도 아도르노의 역사철학, 사회 이론, 예술 이론 등을 총체적으로 이해하여야 제대로 규명될 수 있음에도 1970년대의 아도르노 연구는 이 단계에 도달하지 못한 채 개별 개념에 대한 분석에 그치는 경우가 많았다. 그럼에도 이 시대의 연구는 다의적, 다층적, 다차원적, 공동 학제적 특징을 지니는 아도르노의 사고와 이러한 사고를 담은 농축(濃縮)된 문체가 결합하여 마치 암호와 같은 모습으로 독자 앞에 출현한 아도르노 텍스트의 난해성에 도전하여 아도르노 사상의 개별적 이해에 기여하였다. 이 시기에 아도르노 사상을 구성하는 개념들의 이해에 크게 기여한 저작은 그렌츠의『기본 개념들에서 본 아도르노 철학』66)이었다. 이 책에서 그렌츠는 아도르노 철학을 구성

---

65) Cf. Hermann Schweppenhäuser(hrsg.), *Theodor W. Adorno zum Gedächtnis. Eine Sammlung*, Frankfurt / M, 1971.

66) Cf. Friedemann Grenz, *Adornos Philosophie in Grundbegriffen*. Auflösung einiger Deutungsprobleme. Frankfurt / M, 1974.

하는 개념들과 그 개념들이 의미하는 바를 상세히 분석하여 아
도르노 철학에 접근하는 길을 열어놓았다.

아도르노 연구는 1970년대 후반에 이르러 1970년대 전반보다
더욱 활발한 양상을 보이게 되어 많은 저작들이 출간되었는데,
그 중에서도 연구의 진척에 기여한 논문으로는 인식론 분야에서
해체의 논리,[67] 일반적인 것과 특수한 것의 관계,[68] 인식론과 사
회 이론의 관계에서 나타난 총체성,[69] 미학 분야에서 자연미,[70]
예술 이론 분야에서는 예술과 예술적 경험,[71] 문학 평론과 예술
평론[72]을 연구한 논문이 특히 주목을 받았다. 영어권에서도 아
도르노 연구가 진행되었으며,[73] 특히 음악학 분야에서 활발한
모습을 보였다. 이처럼 아도르노 사상을 구성하는 세부 개념 또
는 세부 주제들이 박사 학위 논문을 중심으로 연구되는 한편으

---

67) Cf. Josef F. Schmucker, *Adorno - Logik des Zerfalls*. Stuttgart, 1977.
68) Cf. Matthias Tichy, Theodor W. Adorno. *Das Verhältnis von Allgemeinem und Besonderem in seiner Philosophie*, Bonn, 1977.
69) Cf. Christel Beier, *Zum Verhältnis von Gesellschaftstheorie und Erkenntnistheorie*. Untersuchungen zum Totalitätsbegriff in der kritischen Theorie Adornos, Frankfurt / M, 1977.
70) Cf. Günther Figal, *Theodor W. Adorno*. Naturschöne als spekulative Gedankenfigur, Zur Interpretation der Ästhetischen Theorie im Kontext philosophischer Ästhetik, Bonn, 1977.
71) Cf. Martin Zenk, *Kunst als begriffslose Erkenntnis*. Zum Kunstbegriff der ästhetischen Theorie Theodor W. Adornos, München, 1977. Michael de la Fontaine, *Der Begriff der künsterischen Erfahrung bei Theodor W. Adorno*. Frankfurt / M, 1977.
72) Cf. Manfred Jablinsky, *Theodor W. Adorno*. Kritische Theorie als Literatur- und Kunstkritik, Bonn, 1976.
73) Cf. Susan Buck-Morss, *The Origens of negative Dialectics*. Theodor W. Adorno, Walter Benjamin and the Frankfurt Institute. Hassocks, New York, 1977.

로 아도르노 사상의 전체를 거시적으로 조망하는 연구들이 출판되어 아도르노 사상을 전체적으로 이해하는 데 도움을 주었다. 마틴 제이의 『변증법적 상상력』[74]은 프랑크푸르트학파의 역사를 서술하면서 비판 이론의 중심 내용을 영어로 소개하여 프랑크푸르트학파와 아도르노의 사상을 전 세계에 알리는 데 크게 기여하였다. 오늘날까지 아도르노 사상을 집중적으로 연구하고 있는 두비엘의 저작도 초기 비판 이론에 대한 전체적 이해에 도움을 주었다.[75] 1970년대의 아도르노 연구는 난해한 아도르노 사상에 대한 접근을 본격적으로 시도한 시기였다고 평가받을 만하다. 그러나 1970년대의 연구는 아도르노 사상을 총체적으로 이해하는 데는 도달하지 못한 한계를 지니고 있었다. 이 시기의 연구는 역사, 이성, 계몽, 사회, 이데올로기, 교환 원리, 사물화에 대한 아도르노의 비판을 해석하는 데 중점을 두고 있었다. 특히 아도르노의 3대 저작인 『계몽의 변증법』, 『부정의 변증법』, 『예술 이론』에 대한 근본적 연구는 시도되지 못하였다. 『계몽의 변증법』을 이해하는 데 핵심 개념인 탈주술화·탈신화화 및 이와 연관된 계몽과 신화의 관계, 오디세우스 장(章)이 의도하는 의미의 차원들조차도 충분하게 규명되지 못하였으며, 이런 상태에서 『부정의 변증법』, 『예술 이론』에 대한 본격적으로 연구와 『계몽의 변증법』, 『부정의 변증법』, 『예술 이론』의 상호 연관성을 세밀하게 분석하는 것은 무리였다. 『계몽의 변증법』을 철저하게 이해하는 것은 아도르노 연구에서 가장 중요한 요소임에도 1970

---

74) Cf. Martin Jay, *The Dialectical Imagination*. A History of Frankfurt School and the Institute of Social Research, 1923-1950, Boston, Toronto, 1973.

75) Cf. Helmut Dubiel, *Wissenschaftsorganization und Politische Erfahrung*. Studien zur frühen kritischen Theorie, Frankfurt / M, 1978.

년대에는『계몽의 변증법』의 본질이 충분히 드러나지 않았기 때문이다. 1970년대의 아도르노 연구는 아도르노 철학의 핵심을 비판으로만 이해하는 데 주력하였을 뿐, 비판을 넘어서 화해, 화해를 통한 행복의 추구가 아도르노 철학의 이념이라는 인식도 확고하게 매개할 수 없었다.

7. 1980년대 초반의 아도르노 연구, 『아도르노 컨퍼런스 1983』과 연구의 진척

1980년대에 들어서면서 아도르노 연구는 그의 이론을 총체적으로 규명하는 수준으로 향상되었으며,『예술 이론』에 대한 종합적 분석과 이해의 시도, 비판 이론의 사회과학적 차원에 대한 연구, '아도르노 컨퍼런스 1983' 등이 개최되면서 아도르노 연구가 독일의 인문사회과학에서 확고한 자리를 잡게 되었다. 이 시기의 연구는 아도르노 사상의 전모를 파악하려는 노력을 기울였으며,76) 그 결과 아도르노 사상을 이해하는 데 핵심적 개념들인 자기 보존, 탈주술화, 부정성, '동일하지 않는 것'의 구출, 화해, 가상, 신학적 부정성, 예술적 인식, 예술적 부정성, 예술적 가상 등의 개념들이 규명되었다. 특히 1980년에 발간된『아도르노의 예술 이론에 대한 재료들. 현대성의 구축』77)은 아도르노『예술

---

76) 예컨대 다음의 연구를 참조 : Burkhardt Lindner / Martin W. Lüdke(hrsg.), *Materialien der ästhetischen Theorie Th. W. Adornos*. Konstruktion der Moderne, Frankfurt / M, 1980. Allo Allkemper, *Rettung und Utopie*. Studien zu Adorno. Paderborn, u.a., 1981. Rainer Hoffmann, *Figuren des Scheins*. Studien zum Sprachbild und zur Denkform Theodor W. Adornos. Bonn, 1984.

이론』이 갖는 철학적, 이론적 위상을 분석하고, 루카치, 벤야민, 보들레르 이후의 현대성의 관점에서 『예술 이론』을 조명하며, 니체, 바그너, 쇤베르크, 초기 낭만주의와 『예술 이론』의 관련성을 규명함으로써 『예술 이론』의 총체적 이해에 크게 기여하였다. 특히 아도르노 미학을 부정성과 예술적 경험의 관점에서 해석하고 비판한 야우스의 논문과, 아도르노의 예술사회학[78]에서 나타나는 매개의 문제를 다룬 뷔르거의 논문은 특히 주목을 받았다.

'아도르노 컨퍼런스 1983'은 아도르노 사상의 연구에서 획기적 의미를 갖는 학술 행사였다. 아도르노 철학의 핵심 개념인 부정성에 대한 토이네센의 분석과 비판, 이성 비판이 변증법적으로 의도한 것은 '합리적인 것의 구축'이라는 슈내들바흐의 지적은 아도르노의 인식론과 역사철학을 새롭게 해석할 수 있는 계기를 제공하였고, 특히 벨머의 「진리, 가상, 화해. 현대성에 대한 아도르노의 예술적 구출」[79]은 아도르노의 역사철학, 인식론, 사회 이론 해석에 획기적 계기를 제공하였고, 『예술 이론』을 아도르노 사상 전체와의 맥락에서 해석함으로써 『예술 이론』 연구를 새로운 차원으로 끌어올렸다. 동시에 『예술 이론』의 핵심 주제가 화해에 있음을 확고하게 인식시켰으며, 더 나아가 예술적 부정성의 차원이 아도르노에게서는 단일화되어 있으므로 예술적

---

77) Burkhardt Lindner / Martin W. Lüdke(hrsg.), *Materialien der ästhetischen Theorie Th. W. Adornos*. op. cit., Frankfurt / M, 1980.

78) 아도르노의 음악사회학이라는 개념은 일반화되어 있지만 예술사회학이라는 개념은 생소한 편이다. 그러나 뷔르거는 예술사회학이라는 개념을 사용한다.

79) Albrecht Wellmer, Wahrheit, Schein, Versöhnung. Adornos ästhetische Rettung der Modernität, In : L. v. Friedeburg / J. Habermas(hrsg.), *Adorno-Konferenz 1983*, Frankfurt / M, 1983, pp.138-176.

부정성의 차원을 다양화시킴으로써 복합적 사회에서 발생하는 복합적인 부정성을 예술적으로 인식할 수 있도록 해야 한다고 제안하였다.

'아도르노 컨퍼런스 1983'은 아도르노 사상의 전모를 더욱 정확하게 파악할 수 있는 계기를 제공하였으며, 이러한 결과에 힘입어 1980년대 후반에도 아도르노 연구가 활기를 띠었다. 벨머는 아도르노의 이성 비판을 모더니즘과 포스트모더니즘의 관계에서 조명하여 아도르노 사상이 포스트모더니즘에 접목되는 요소를 새롭게 인식시켜주었다.[80] 벨머의 이러한 노력은 1980년대 후반 아도르노가 포스트모더니즘의 선구자라는 인식을 보편화시켰다. 요셉 프뤼흐틀(Josef Früchtl)의 미메시스(Mimesis)에 대한 연구[81]는 이 시기 아도르노 연구에서 높게 평가받을 업적이다. 그는 인간학적, 문화사적, 인식론적, 예술 이론적 범위와 차원을 갖는 개념인 미메시스를 거의 완벽하게 연구하여 이 개념이 아도르노의 역사철학, 인식론, 예술 이론에서 차지하는 비중을 새롭게 인식시켜줌으로써 아도르노 사상을 더욱 깊게 이해하는 데 기여하였다. 1988년에 나온 라인하르트 카거(Reinhard Kager)의 『지배와 화해』[82]는 『계몽의 변증법』, 『부정의 변증법』, 『예술 이론』으로 이어지는 아도르노의 사상 체계를 명료하게 정리하였고, 특히 아도르노의 사상을 구성하는 중심 개념들에 대해 더 이상 논란이 필요 없을 정도로 정확하게 해석하였다.

---

80) Albrecht Wellmer, *Zur Dialektik von Moderne und Postmoderne*. Vernunft-kritik nach Adorno, Frankfurt / M, 1985.

81) Cf. Josef Früchtl, *Mimesis : Konstellation eines Zentralbegriffs bei Adorno.* Würzburg, 1986.

82) Cf. Reinhard Kager, *Herrschaft und Versöhnung* - Einführung in das Denken Theodor W. Adornos, Frankfurt / M, New York, 1988.

원시 제전에서의 미메시스적 행동이 합리적 사고의 원형(Urform)
이라는 인식을 새롭게 매개하는 등의 업적도 카거의 저작에서
돋보였다. 안케 티엔(Anke Thyen)의 저작[83]은 아도르노가 집착
한 '동일하지 않는 것'이 갖고 있는 합리성을 특히 『부정의 변증
법』을 분석함으로써 해명하려는 시도를 보여 학계의 주목을 받
았다. 이 저작은 슈내들바흐가 아도르노의 이성 비판은 합리주
의를 벗어나 비합리주의를 옹호한 것이 결코 아니며 합리적인
것을 구축하려는 시도라는 주장을 확대하여 체계화시킨 것이라
고 평가할 만하다. 이 시기의 『예술 이론』 연구는 시간 구조와
예술적 경험에 관한 수준에까지 이르렀다.[84]

아도르노 사상에 관한 1980년대 후반의 중요 연구로는 『계몽
의 변증법』 출간 40주년을 기념하여 열린 국제 학술 대회의 발표
논문들을 정리한 『'계몽의 변증법'의 현재적 중요성, 모더니즘과
포스트모더니즘 사이에서』를 빼놓을 수 없다. 앞에서도 언급하
였듯이, 슈내들바흐는 「계몽의 변증법의 현재적 중요성」에서
『계몽의 변증법』을 이성 비판으로만 읽지 말고 사회 이론의 관
점에서 읽으면 현재적 중요성이 더욱 명확해진다는 주장을 펼쳤
다. 이 책에서는 『계몽의 변증법』과 푸코 철학의 관계, 하버마스
의 소통 이론과의 관계, 해체주의와의 관계 등을 논의하는 논문
들이 실려 『계몽의 변증법』을 새로운 시각에서 조명하였다.
1990년대의 아도르노 연구는 1980년대처럼 활발하지 못하였다.
그러나 아도르노 탄신 100주년이 되는 2003년을 앞두고 아도르

---

83) Anke Thyen, *Negative Dialektik und Erfahrung*. Zur Rationalität des
Nichtidentischen bei Adorno, Frankfurt / M, 1989.
84) Nobert Zimmermann, *Der ästhetische Augenblick*. Theodor W. Adornos
Theorie der Zeitstruktur von Kunst und ästhetischer Erfahrung, Frankfurt / M,
usw., 1989.

노에 관한 저작들이 대거 출판되었다. 특히 관심을 끄는 것은 전문학자가 아닌 일반 대중들도 읽을 수 있는 저작들이 많이 출판되었다는 사실이다. 아도르노의 생애를 담은 책들과 아도르노 사상을 쉽게 설명하는 해설서들, 카세트테이프와 CD를 곁들인 책들이 아도르노 탄신 100주년에 맞춰 대거 출판되었다. 이러한 상황에서 2003년 프랑크푸르트에서 개최된 국제 학술 행사인 '아도르노 컨퍼런스 2003'은 아도르노 사상의 현재적 의미와 중요성을 조명하였다.

8. '아도르노 컨퍼런스 2003'의 성과들

'아도르노 컨퍼런스 2003'은 아도르노의 인식론, 도덕철학, 사회 이론, 미학 분야에 대해 집중적으로 논의하면서 아도르노 사상이 현재에도 그 중요성을 유지할 수 있는 가능성을 찾았다. 아도르노의 미학에 지속적 관심을 보여온 벨머는 아도르노 미학에서 핵심 개념인 부정과 비판은 그 중요성을 전혀 상실하지 않았다고 주장한다. 자율적인 통용성의 영역을 갖고 있는 것으로서의 예술이 갖고 있는 부정성, 경험 세계를 비판하는 것으로서의 예술이 갖는 부정성, 모든 미학적 규범성을 비판적으로 넘어서는 것으로서의 예술이 갖는 부정성의 차원을 보여준 『예술 이론』은 현재에도 가장 중요한 미학이라는 주장을 견지하고 있는 것이다.[85] '아도르노 컨퍼런스 2003'에서는 특히 아도르노의 인

---

85) Albrecht Wellmer, Über Negativität und Autonomie der Kunst, Die Aktualität von Adornos Ästhetik und blinde Flecken seiner Musikphilosophie. in : *Dialektik der Freiheit*. hrsg. von Axel Honneth, Frankfurt / M, 2005,

식론에서의 자유와 고통의 문제, 아도르노의 도덕철학이 새롭게 부각되었다. 하버마스는 아도르노가 『부정의 변증법』에서 집중적으로 제기한 자유의 문제에서 아도르노 인식론이 도덕철학과의 관계에서 중요성을 갖는다는 점을 강조하였다. 하버마스는 자유와 결정주의(Determinismus)의 관계에서 발생한 칸트의 이율배반(Antinomie)을 극복하기 위하여 아도르노가 시도한 자연(Natur)과 자유의 일원화, 즉 이성이 자연과 분리되어 생각될 수는 없다는 주장(Naturverflochenheit der Vernunft)을 새롭게 조명하였다.[86] 규스(Raymond Geuss)는 아도르노 인식론에서 고통을 당하는 정신(der leidende Geist)에 주목하면서 정신적 경험에 대한 변증법적 인식론의 현재적 중요성을 두 가지 관점에서 강조하였다. 그는 아도르노의 부정의 변증법이 타협주의에 대한 저항을 목표로 삼았음을 지적하면서 사회적인 동의와 합의를 단호하게 부정하는 고통의 정신에서 역사적으로 과도할 정도로 누적된 고통을 중지시킬 수 있는 가능성이 있다고 보았다. 그는 자유주의가 사회에 대한 유토피아적인 표상에서 이끌어지고 있지만, 실제에서 자유주의적 개인이 갖고 있다고 하는 포기될 수 없는 개인의 우위는 아도로노가 말한 정신의 주체적인 개별 담지자로서의 개인과는 전혀 다른 개인일 뿐이라는 점에서 고통을 당하는 정신에 대한 아도르노의 성찰이 갖는 중요성을 강조하였다.[87] 그는 오늘날 자유주의(Liberalismus)가 일방적으로 인간

---

p.245.

86) Jürgen Habermas, >>Ich selbst bin ja ein Stück Natur<< - Adorno über die Naturverflochenheit der Vernunft. Überlegungen zum Verhältnis von Freiheit und Unverfügbarkeit. in : *Dialektik der Freiheit.* op.cit., pp.13-30.
87) Raymond, Geuss, Leiden und Erkennen (bei Adorno). in : *Dialektik der Freiheit.* op.cit., pp.50-51.

의 고통에서 고정되어 있으며, 폭력적인 억압의 장치들을 완성하여 전세계를 포괄하는 지배 체제에 기여하고 있음을 지적하면서, 이런 관점에서 고통의 폐기라는 아도르노의 모티브를 옹호하였다.

아도르노는 자신의 마지막 저술 분야로 도덕론과 윤리학을 염두에 두고 있었다고 한다. 그러나 아도르노가 1969년 스위스에서 휴가 중 급서함으로써 아도르노의 도덕철학과 윤리학은 세상에 본격적으로 그 모습을 드러내지 못하였다. 그럼에도 그의 도덕철학과 윤리학은『최소한의 도덕』과『부정의 변증법』에서 윤곽을 보이고 있으며, '아도르노 컨퍼런스 2003'은 위 두 저작에서 아도르노의 도덕철학과 윤리학을 부각시키는 노력을 기울이고 있다. 피핀(Robert B. Pippin)은 서구 시민사회의 이상(理想)이었던 자유에 내재된 모순, 즉 사회에서는 자유가 존재하지 않았다는 사실과 사회가 후기 자본주의, 파시즘, 소비 사회로 전개되는 과정에서 자유는 사회에 의해 억압되었음을 아도르노가 인식시켜주었고 아도르노가 이것을 잘못된 삶의 형식이라고 비판한 사실을 지적하였다. 그는 아도르노가 "의지의 자유라는 관점에서 볼 때 시민사회적인 삶은 자기 기만(Selbsttäuschung)이었다"[88])는 비판을 통해 자유를 이상으로 삼았던 시민사회에서의 삶이 잘못된 삶이었다는 것을 지적한 것을 높게 평가하였다. 이러한 맥락에서, 피핀은 "이상주의적인 도덕론은 '동일화 사고'의 현대적인 논리의 본보기일 뿐이며, 이것은 다시 경험과 평가를 규율하는 본보기로서 이데올로기적인 특징을 갖는 가장 중요한 실례"[89])를 제공한다는 관점에서 시민사회적인 삶이 자기 기만

---

88) Robert B. Pippin, Negatve Ethik. Adorno über falsches, beschädigtes, totes, bürgerliches Leben, in : *Dialektik der Freiheit*. op.cit., p.88.

에 지나지 않았다는 아도르노의 통찰을 분석하고 이것을 '부정
의 윤리학'이라고 명명하면서 그 의미를 새롭게 부각시키고 있
다. 재기(Rahel Jaeggi)는 『최소한의 도덕』을 삶의 형식에 대한
비판으로 읽으면서 이 책이 갖고 있는 윤리적 차원을 분석하고
있다. 그는 『최소한의 도덕』이 윤리와 사회 비판을 연관시켜 잘
못된 삶에 대한 비판과 동시에 올바른 삶을 모색하는 차원을 보
이고 있으며, 윤리학이 강조하는 덕도 사회적 연관 관계에 의존
되어 있음을 지적하면서 잘못된 삶에 대한 아도르노의 물음을
평가하고 있다. 그는 아도르노의 윤리학을 윤리적 부정주의
(Ethischer Negativismus)라고 명명하였다.[90]

사회 이론 분야에서는 아도르노의 사회학이 자본주의 분석이
라는 관점에서 현재에도 그 중요성이 유지되고 있다는 주장이
제기되었다. 아도르노 사회학에서 나타나는 "일반적인 형태를
띠고 있는 교환 경제의 스스로 독립적인 기능의 상호 연관 관계
로서의 근대 사회의 상(像)"[91]을 물신주의에 대한 마르크스의
분석에서 배웠다고 본 네켈(Sighard Neckel)은 시장화와 문화
산업에 주목하고 있다. 그는 전 세계적인 지배력을 갖고 있는 시
장자본주의가 행사하는 자기 소외의 강제가 증가하고 있고 시장
화(市場化)는 개별 인간의 개별적 삶의 과정 자체까지 압박할
정도로 진행되고 있다는 관점과, 전 세계적인 오락시장이 오늘

---

89) Ibid., p.92.

90) Rahel Jaeggi, >>Kein Einzelner vermag etwas dagegen<<. Adornos
Minima Moralia als Kritik von Lebensform. in : Dialektik der Freiheit. op.
cit., pp.115-141.

91) Sighard Neckel, Die Verwilderung der Selbstbehauptung. Adornos
Soziologie : Veralten der Theorie - Erneuerung der Zeitdiagnose. in : Dialektik
der Freiheit. op.cit., p.196.

날 세 개의 거대 미디어에 의해 지배되면서 모든 것을 능가하는 문화 산업의 권력에 주목하면서 아도르노 사회학이 여전히 현재적 중요성을 갖고 있음을 주장하였다.[92]

아도르노 사상에 관한 2003년 이후의 저작 중에서 특히 눈을 끄는 것은 마틴 젤(Martin Seel)의 『명상에 대한 아도르노의 철학(*Adornos Philosophie der Kontemplation*)』이다. 1991년에 『자연미학(*Eine Ästhetik der Natur*)』을 내놓아 학계의 관심을 끌었던 젤은 '명상적 주의 집중(Aufmerksamkeit)'이라는 개념을 제안하여 아도르노 사유의 부정성이 갖고 있는 긍정성을 지적하는 시도를 하였다. 아도르노의 철학을 '명상의 철학'으로 규정한 그는 아도르노의 이론적 철학, 도덕론, 미학을 밀접하게 연관시키는 모티브인 명상에서 아도르노 철학의 긍정성을 발견할 수 있다고 보았다.[93]

9. 여론 : 아도르노 철학과 한국 사회

아도르노의 비판 이론은 근대 서구의 이성과 계몽, 서구 시민 사회, 자유주의, 전체주의, 사회주의, 자본주의와 산업 문명, 국가독점자본주의, 후기 자본주의, 소비 사회, 근대 서구 이후 전개된 체제 긍정적 문화, 부르주아지 문화, 소비 문화에 대한 총체적 비판이다. 아도르노의 이러한 비판 중에서 한국 사회의 현실과 관련하여 검토해볼 수 있는 부분은 이성 비판, 전체주의 비판,

---

92) Ibid., p.199.

93) Cf. Martin Seel, *Adornos Philosophie der Kontemplation*. Frankfurt / M, 2004.

자본주의 및 자본주의 문화 비판이 될 수 있다. 서구의 이성은 본질적으로 수학적 이성이다. 냉철한 계산과 자기 성찰을 뜻하는 서구적 의미에서의 이성은 근본적으로 인간의 의식 및 사고 방식과 밀접한 관련을 갖고 있다. 플라톤 이후 서구인들의 의식과 사고 방식은 대상을 일반화의 틀에서 파악하고 관리하는 것이었다. 서구의 이성은 대상들로 구성된 세계를 일반화의 틀을 통해 지배하는 단초를 이미 플라톤부터 갖고 있었던 것이다. 세계를 계산하여 지배할 수 있다는 이성은 서구의 근대 이후 인간과 자연과의 관계에서는 자연 지배를 가속화하였고, 인간과 인간의 관계에서는 인간을 일반화의 틀로 관리하고, 인간과 사회의 관계에서는 인간을 사회가 요구하는 일반화의 기준에 종속시키는 데 성공하였다. 서구의 이성은 진보를 상징하였으며, 서구 이성이 성취한 문명은 다른 문명과 구분되면서 다른 문명을 '야만'이라고 규정하기에 이르렀다. 아도르노는 근대 이후 서구 이성의 전개사를 폭력의 전개사로 파악하면서 이성이 도구적 이성으로 전락하였음을 비판하였다. 농경 문화와 불교, 유교 문화에 바탕을 둔 한국의 역사와 사회는 20세기 들어서서 서구 이성의 영향을 받게 되었다. 조선 후기 천주교의 전래 이후 구한말부터 기독교가 유입되면서 서구의 문화가 한국의 교육과 사회에 영향을 미치기 시작한 것이다. 서구의 근대화를 모범으로 삼아 근대화를 시작한 일본이 한국을 강점하면서 서구적 의식과 사고가 한국에 간접적으로 유입되었고, 해방 후에는 미국 문화가 남한에 거주하는 한국인들의 삶에 결정적 영향력을 행사하였다. 미국과 유럽에서 서구의 사고 방식을 배운 유학생들도 한국 대학에서의 담론과 지식 생산에서 큰 역할을 담당하였을 뿐만 아니라 정책 결정에도 간여하였다. 20세기에 들어서서 서구의 이성은 한국인들의 삶에도 영향을 미친 것이다. 서구 이성이 민주화, 경제 성장 등 한국 사회의 발전에 기여하였음을 부인하기는 어렵다. 그러나 서구 이성이 갖고 있는 부정적 측면인 지배성과 도구성이 한국 사회에서도 부정적으로 작용했다고 볼 수 있다. 자연 친화적·순환적·비과학적·비합리적 특징을 갖는 한국 문화에 자연 지배적·인과율적·과학적 특징을 지니는 서구 문화가 혼합되면서 한국 문화는 동서양 혼합 문화로 변질되었다. 이 과정에서, 대상을 대상 자체로 인식하고 대상 친화적인 전통을 갖는 한국인의 의식이 대상을 지배하고 대상으로 수단으로 이용하려는 의식으로 일부 변질되었다고 볼 수 있다. 1960년대 이후 시작된 한국의 산업화가 성공하면서 물질적 풍요를 위해서는 대상을 수단으로 이용해도 된다는 의식이 구조화되었으며 동시에 사물화가 한국인들의 의식에 깊게 뿌리를 내리게 되었다. 아도르노가 지적한 도구적 이성이 한국인들의 의식과 사고에도 부정적 영향을 미친 것이다. 한국 사회에서 도구적 이성은 왜, 어떻게 발원하였으며, 그 구체적 형태는 어떤 모습으로 출현하며, 그것이 한국 사회에 미친 해악은 어느 정도이고, 해악을 극복하는 방법과 대안은 어떻게 모색할 수 있는가 하는 문제들을 논구하는데 도구적 이성에 대한 아도르노의 이론이 줄 수 있는 도움이 적지 않을 것이다. 더 나아가, 대상을 사고에 동일화시키는 동일화 사고도 한국인들의 사고와 한국 사회에서 일상적으로 발생하는 병리적 현상이다. 인식하는 주체의 이해 관계에 따라 대상을 주체에 동일화시키는 인식은 군사 독재의 시기에는 개인과 권력의 관계에서 주로 발생하였고, 시장과 자본의 권력이 다른 권력보다 우위를 점하는 현재의 상황에서는 개인과 자본의 관계에서 출현한다. 아직도 정당 권력과 언론 권력은 대상을 인식 주체의 이해 관계에 동일화시키는 폭력의 행사를 완전히 배제시키고 있지 않다.

나치즘, 파시즘, 스탈린주의, 동구권 사회주의를 체험한 아도르노는 전체주의와 사회주의에 대한 가장 강력한 비판자였다. 전체에 의한 개인의 억압과 말살 또는 개인의 절멸을 특징으로 하는 전체주의는 한국 사회에서도 적지 않은 폭력을 행사하였다. 아시아의 대표적인 전체주의였던 일본 군국주의는 한국인들에게 개인의 절멸을 강요하였으며, 해방 후 남한에서도 군사 독재에 의한 개인의 억압이 자행되었으나, 억압에 대한 저항의 결과 한국 사회는 현재에는 개인이 인정되는 수준으로 발전하였다. 북한은 지구상에 몇 안 되는 현실 사회주의 국가들 중의 하나며, 북한에서 개인이 자기 주장을 펼치기에는 아직도 요원하다. 한국에서 발생한 전체주의와 사회주의에 대한 분석, 이것들이 자행한 폭력, 그 폭력으로부터 해방될 수 있는 조건과 가능성을 탐색하는 데 아도르노의 전체주의 및 사회주의 비판은 이론적으로 도움을 줄 수 있다. 자행된 폭력에 대한 인식과 성찰을 통해 폭력 없는 사회를 꿈꾸는 것은 아도르노의 꿈이었지만 한국인들의 꿈이기도 하기 때문이다.

아도르노가 자본주의를 통렬하게 비판한 것은 자본주의에서 도구적 이성, 동일화 사고, 교환합리성, 사물화, 이데올로기가 총체적으로 구조화된다고 보았기 때문이다. 자본주의에서는 아도르노가 비판한 '잘못된 삶(falsches Leben)'이 반복될 뿐이며, 그가 주장한 '올바른 삶(richtiges Leben)'은 실현되지 않는다. 자본주의는 아도르노에게는 '잘못된 삶'을 동일하게 재생산하는 사회 경제 질서다. 그렇다고 해서 아도르노가 마르크스처럼 자본주의의 대안으로 사회주의를 옹호한 것은 절대 아니다. 그의 사회주의 비판은 자본주의 비판보다 더욱 혹독하다. 사회주의 역시 인간을 전체에 종속시키면서 전체를 위한 도구로 관리할 뿐이다. 자본주의에서 올바른 삶이 가능해지려면 자본주의의 부정적 요소를 영구히 부정함으로써 부정적 요소를 없애는 방법밖에 없다. 아도르노에게 헤겔처럼 긍정적 의미의 종합은 없기 때문이다. 사회주의에서도 역시 올바른 삶이 가능해지기 위해서는 부정적 요소를 영구적으로 없애는 수밖에 없다.

17세기 공장제 수공업이 발달하면서 서구 유럽에서 전개된 자본주의는 18세기 초반 영국에서 시작된 산업혁명과 맞물리면서 그 위력을 배가시켰다. 산업화와 결합된 자본주의는 19세기에는 자유방임주의의 형식으로 서부 유럽과 미국을 지배하였고 제국주의와 야합하면서 식민 침략에도 연루되었다. 20세기 초반 자본주의는 국가독점자본주의의 형식으로 국가 권력과 야합하면서 대규모 전쟁, 살상, 이민족 침탈 등의 부정적 측면을 노출시켰다. 자본주의는 19세기 초반 이미 인간 가치를 시장의 지배에 놓이게 하여 노동의 상품화와 인간의 자기 소외를 구조화시켰고 계급 갈등을 유발하였다. 인간 가치의 상품화는 인간을 목적으로 대하지 않고 수단으로 관리하여 교환 가치에 종속시켰다. 실제로는 동일하지 않으나 동일한 것처럼 관리하여 교환하는 원리인 교환합리성은 모든 인간을 다른 것과 교환 가능한 대상으로 전락시켰다는 것이 아도르노의 시각이다. 인간 가치의 총체적 도구화, 인간 가치의 총체적 상품화가 마침내 교환합리성에 의해 실현되었다는 것이 아도르노 사회학이 매개하는 핵심적 인식이다. 더욱 부정적인 것은 자본주의가 국가독점자본주의, 후기자본주의로 전개 또는 발전되면서 교환합리성은 더욱 심화되었다는 사실이다. 만약 아도르노가 급서하지 않고 최소한 1990년대를 살면서 모든 것이 시장과 효율성, 이윤 극대화의 원리에 의해 관리되는 신자유주의를 경험하였다면, 그는 신자유주의적 세계 질서를 도구적 이성과 교환합리성의 완결이라고 비판하였을 것이다. 신자유주의가 위력을 발휘하는 한국 사회에서 교환합리성은 총체적으로 구조화되어 있다. 개인이 보유한 지식과 기술은 물론이고 주체와 경험까지도 그것들을 필요로 하는 것과 교환되지 않으면, 신자유주의에서의 생존은 불가능하다. 한국 사회에서의 교환합리성의 발원, 전개, 심화, 구조화에 대해 분석하는 데에서 아도르노의 통찰은 유용하다. 아도르노는 동일화 사고로부터 빠져나오는 모든 대안들을 『부정의 변증법』에서 제시하였으며 이것은 동일화 사고와 친족 관계에 놓여 있는 교환합리성에도 적용된다. 아도르노는 교환합리성을 사회에서 필연적으로 나타나는 가상(假像)인 이데올로기와 동일시하였다. 그는 이러한 이데올로기에 대항하는 주체의 자기 자각을 강조하였다. 한국 사회에서 현실화되어 있는 교환합리성의 부정성을 극복하는 대안을 아도르노가 제시한 대안을 참조하되 그것을 구체적으로 발전시킨 수준에서 모색하는 것도 한국 사회의 발전을 위해 긴요하다.

마르크스와 루카치를 거치게 되면서 학문적으로 인식된 사물화(Verdinglichung, Fetischism) 현상은 루카치에게는 인간의 의식이 상품 구조에 종속되는 현상을 의미하였으나 아도르노에 이르러 모든 사회적 연관 관계들에 총체적으로 뿌리를 내린 현상으로 파악되었다. 현대 자본주의 사회에서 발생하는 모든 사회적 연관 관계들의 근원에는 사물화가 놓여 있다는 것이다. 모든 사회적 연관 관계들에서 인간의 의식이 상품처럼 변질된 현상은 한국 사회에서도 그 위력을 과시하고 있다. 신자유주의에서 사물화는 그것의 완성을 위력적으로 시위하고 있다.

모든 가치가 이윤 극대화와 효율성에 종속되고 돈을 위해서 부동산 투기를 일삼는 등의 행위는 사물화의 총체적 완결 형식이다.

　인간의 의식과 모든 사회적 연관 관계들이 상품 구조가 갖는 메커니즘에 종속되어 인간과 인간이 구성한 사회가 시장과 자본에 종속된 것이다. 사물화에 의해 형성된 시장과 자본은 인간의 의식과 모든 사회적 연관 관계들을 사물화에 종속시키면서 사물화의 강도를 높여가는 것이다. 사물화를 거부하는 개인은 자신의 자기 보존을 유지할 수 없게 되었다. 필자는 한국 사회의 모든 사회 병리 현상 중에서 사물화가 단연코 가장 심각하다고 생각한다. 한국 사회에서의 사물화의 발생, 전개, 심화, 총체적 구조화의 과정을 분석하고 사물화의 병리에서 한국 사회가 벗어날 수 있는 방안을 모색하는 데 아도르노의 사물화 이론은 절대적으로 중요하다.

　『계몽의 변증법』에 의해 최초로 그 개념이 드러난 문화 산업은 1970년대와 1980년대를 거치면서 가치 중립적으로 변모되었다. 문화 산업은 미국의 경우 군수 산업과 더불어 미국 경제를 지탱하는 2대 산업이 되었으며, 일본, 영국, 프랑스 등 선진국들뿐만 아니라 우리나라도 국가 차원에서 문화 산업을 적극적으로 육성하려고 하고 있다. 문화 산업이 21세기의 최대 산업이 될 것이라는 예측은 일반적으로 인정되고 있는 실정이다. 그러나 문화 산업이 21세기 경제와 사회에서 이처럼 중요한 비중을 차지하고 있다고 해서 『계몽의 변증법』의 문화 산업 비판이 통용성을 상실한 것은 아니다. 오락 산업으로서의 문화 산업은 인간의 의식을 상품성 · 오락성 · 일회성 · 소비성 · 대체 가능성 · 유용성 · 동일한 것의 반복성에 묶어두면서 인간으로부터 비판 의식을 탈취함으로써 사회가 인간을 지배하는 데 공범이 되고 있다는 인식은 아직도 유효하다.

문화 산업은 노동 시간 외의 한국인의 일상을 거의 지배하다시피 하는 위력을 발휘한다. 텔레비전 드라마는 단적인 예다. 우연의 얽히고 설킴의 연관 관계를 반복적으로 재생산함으로써 시청자들로 하여금 궁금증을 유발시키는 이야기는 아도르노가 비판한 문화 산업의 전형이다. 오로지 상업적 목적만을 추구하는 대중 문화의 확대 재생산도 역시 한국 사회에서 나타나는 문화 산업의 전형적 모습이다. 한국 사회는 경제적으로 볼 때 비약적으로 발전하였는데, 왜 이것이 정신적 의미의 진보로 이어지지 않을까 하는 물음에 대한 답이 문화 산업에 들어 있다는 것이 필자의 생각이다. 문화 산업은 문화 산업 소비자들의 의식이 진보하는 것을 방해하는 특징을 지니고 있기 때문이다. 한국 사회에서의 문화 산업의 발생, 전개, 심화, 총체적 구조화에 대해 분석하고 문화 산업이 나아갈 긍정적 방향을 모색하는 것은 한국 사회의 진보를 위해 매우 중요하다. 아도르노의 문화 산업 비판은 이런 관점에서 한국 사회가 받아들여야 할 인식이다.

20세기 이후 한국인들의 삶은 불교·유교 중심의 가치 질서에서 불교·유교에 서구의 근대 문화가 혼합된 형태로, 농촌 경제와 농촌 사회 중심에서 자본주의적 사회 경제 질서와 도시 중심의 삶으로 변모되었다. 이 과정에서 한국인들은 서구 문화가 준 선물인 경제적 풍요와 개인의 자유를 얻었으나 사고와 의식의 도구화, 수단의 목적화, 인간 가치의 상품화, 사물화, 문화 산업처럼 서구 문명에 내재하는 부정적 요소들을 극복해야 하는 처지에 놓이게 되었다.

아도르노의 철학과 사회학, 미학, 문화 비판은 한국 사회가 자유로운 개인들이 대립하지 않고 화해하면서 성취해야 할 이성적인 사회의 실현을 희구하는 한 한국 사회에도 소중한 정신적 자산들이다.

변증법적 예술 이론의 현재적 의미
— 환경 위기 시대에서 루카치 · 아도르노 이론의 상호 보완 가능성

1. 의식의 탈역사화 또는 변증법적 예술 이론의 종언?

한스 로베르트 야우스(Hans Robert Jauss)는 1960년대 말 콘스탄츠대의 교수 취임 강연[1]에서 생산자로서의 작가와 생산물로서의 작품이라는 양각 관계의 기본 구조를 유지시켜오던 종래의 생산 미학적(Produktionsästhetik) 관점을 근본적으로 변화시키는 수용 미학(Rezeptionsästhetik)의 태동을 알림으로써 예술을 보는 시각에 새로운 장을 열었다. 야우스는 작가-작품-독자라는 삼각 관계를 새로이 근거세우고, 특히 독자에 의한 작품의 수용을 작품의 질과 가치를 결정짓는 요소로 파악함으로써 독자의 역할에 새로운 의미를 부여하였다. 야우스는 작품이 내보이

---

1) Cf. H. R. Jauss, *Literaturgeschichte als Provokation der Literaturwissenschaft*, 6.Ed., Frankfurt / M, 1979, pp.144 ff.

는 세계관, 좀더 구체적으로 표현하자면 작품의 역사성 또는 사회성은 작품의 생산 과정에서 형성된다는 생산 미학적 관점을 부인하고, 작품의 역사성도 독자의 수용에 따라 결정된다는 주장을 제기한 것이다.

이는 예술 작품의 역사성에 관한 시각에서 실로 충격적인 주장이라 아니 할 수 없다. 야우스의 수용 미학이 유발한 충격이 미처 가시기도 전에 페터 뷔르거(Peter Bürger)는 1971년『아방가르드의 이론(*Theorie der Avandtgarde*)』[2]에서 예술 작품에 대한 기존의 모든 시각을 전면적으로 바꿀 것을 요구하고 나섰다. 뷔르거는 자신 이전의 모든 이론가는 예술 작품을 유기적으로 조직된 하나의 독립된 완결체, 즉 그 자체로서 조직된 하나의 전체로서 출현하는 제도(Institution)로 이해함으로써 예술 작품을 실제의 삶(Lebenspraxis)으로부터 유리시키는 과오를 면할 수 없었다고 주장하면서 예술 작품이라는 개념에 더 이상 집착할 필요가 없음을 역설하였다. 초현실주의, 다다이즘 등과 같은 아방가르드 예술의 경우처럼 전체와 연관을 맺지 않고 부분적으로 나타나는 개별 표지들(Einzelzeichen) 그 자체가 의미를 표현하고 있으며 바로 이 표지들이야말로 사회를 가리키고 있다는 것이다. 말하자면 작품이 그 자체로서 하나의 닫혀진 전체로서 존립해서는 안 되고 실제의 삶에 들어가서 자신을 없애 가져야 (aufheben)[3] 된다는 점을 뷔르거는 주장하고 있는 셈이다. 루카치(Georg Lukács)와 아도르노(Theodor W. Adorno)가 작품을 그 자체로서 하나의 완결된 전체로서 파악하고, 이 전체에서 사

---

2) Cf. P. Bürger, *Theorie der Avantgarde*, Frankfurt / M, 1971.
3) 이 용어에 대한 간단한 해설은 글쓴이의 책『아도르노의 사회 이론과 예술 이론』(서울, 문학과 지성사, 1993, p.193의 각주 94)을 참조할 것.

회가 표현되고 있는 것으로 보아 예술 작품의 사회성 및 역사성을 논의하고 있는 것 자체가 뷔르거의 시각에서는 무의미할 뿐이다. 20세기 서구의 예술 이론에서 예술사회학적 입장을 대표한다고도 볼 수 있는 두 이론가가 작품 내부로 들어가서 작품의 내용을 논의한 결과는 작품 자체에 환원될 수밖에 없다는 시각을 뷔르거는 가지고 있기 때문이다.

야우스의 수용 미학과 뷔르거의 아방가르드 이론이 불러일으킨 충격과 신선함에도 불구하고 1970년대에도 루카치, 벤야민(Walter Benjamin), 아도르노에 그 근원을 두는 변증법적 · 마르크스주의적 예술 이론은 서유럽 및 미국에서[4] 꾸준한 영향력을 보유하였다. 그러나 1980년대에 들어서면서 프랑스의 후기 구조주의가 내세운 담론 이론 및 해체 이론이 예술 또는 문학 이론에도 영향을 미치기 시작하여 변증법적 예술 이론은 구시대의 유물이 되거나 시대 상황에 맞지 않는 이론으로서 자리매김을 강요당하는 감마저 들 정도가 되었다. 프랑스의 후기 구조주의를 대표하는 미셸 푸코(Michel Foucault), 자크 데리다(Jaque Derrida) 그리고 자크 라캉(Jaques Lacan) 등의 이름이 서유럽 및 미국에 이르기까지 관심의 전면에 부상되면서 담론 분석, 시니피에(signifie)와 시니피앙(signifiant)의 관계 분석, 해체적 방법 등과 같은 용어들이 문예학과 같은 분야에도 유입되었다.[5] 르네상스 이후의

---

4) 특히 6 · 8 학생 운동의 여파로 독문학 연구의 의의, 사회적 기능, 연구방법론 등에 관한 논쟁이 격렬해지면서 이른바 예술사회학 또는 문학사회학적 경향이 서유럽에서 중심을 이루게 되었으며(Cf. W. Solms, Methodologisierung der Literaturwissenschaft, in : F. Nemec / W. Solms(ed.), *Literaturwissenschaft heute*, München, 1979, pp.9-50), 미국에서도 프레드릭 제임슨 등이 변증법적 예술 이론의 입장을 견지하였다.

5) Cf. J. Fohrmann / H. Müller(hrsg.), *Diskurstheorien und Literaturwissen-*

서구 문명사를 담론의 생산 및 재생산 체계로 파악한 푸코[6]가 작가도 담론의 질서 속에서 존재하며 또한 담론의 질서에 대하여 담론을 제기한다는 시각을 보인 것이나, 서구 사상사는 논리중심주의(Logozentrismus)의 전개에 지나지 않는다고 비판하면서 기호와 기호들의 체계의 관계에서 현실에 대한 경험이 가능하다고 주장한 데리다가[7] 기호의 사용의 이해, 바꿔 말해 기호학적 과정의 이해를 통해서만 예술적 경험[8]이 성립될 수 있다는 입장을 보인 것은 인간과 사회, 인간과 자연의 관계의 역사적 전개에서 예술을 보는 루카치나 아도르노의 역사철학적 성찰에 중점을 두는 이론과는 커다란 차이를 보이고 있다.

이러한 추세에서 보면 루카치나 아도르노의 문학 또는 예술이론은 이제 용도 폐기의 위기에 직면해 있는 것으로 판단될 수도 있는 듯이 보인다. 야우스는 작품을 누가 어떻게 왜 생산하는

---

schaft, Frankfurt / M, 1988.

6) 이 문제를 푸코는 그의 주저작 『사물의 질서(*Die Ordnung der Dinge, Les mots et les choses*)』에서 일반 문법학, 생물학, 경제학, 심리학 등에서 생산된 지식들이 철학적 담론과 연결되는 구조를 분석함으로써 해결하려고 하였다. 상세한 내용은 다음의 책을 참조 : M. Foucault, *Die Ordnung der Dinge*. Eine Ärchologie der Humanwissenschaften, Frankfurt / M, 1980. 담론의 생산 체계 및 그 기능에 관한 푸코의 농축된 사고는 그의 College de France 취임 강연에 잘 표현되어 있다(cf. Die Ordnung der Diskurse(L'ordre du discours). Inauguralvorlesung am college de France - 2. Dezember 1970. München, 1974). 이 문제에 대한 최근의 논의는 다음의 책을 참조 : F. Erwald / B. Waldenfels (ed.), *Spiele der Wahrheit*. Michel Foucaults Denken, Frankfurt / M, 1991).

7) 이 생각은 그의 주저작들인 『문법학(*Grammatologie*)(*De la grammatologie*)』(Frankfurt / M, 1974)과 『문자와 차연(*Die Schrift und die Differenz*) (*L'ecriture et la difference*)』(Frankfurt / M, 1972)에서 기호, 문자 및 언어와의 관계 분석을 주된 대상으로 삼는 과정에서 전개되고 있다.

8) 예컨대 아도르노에게서는 철학적 해석(philosophische Interpretation)을 통하여, 야우스에게서는 수용(Rezeption)에 의해 예술적 경험이 가능하다.

가 하는 두 이론가의 집요한 물음에 결정적 반격을 가하였으며, 뷔르거는 작품 개념의 파기를 요구함으로써 그 자체로서 하나의 완결된 세계를 보유하는 것으로서의 작품의 존재 가치에 큰 비중을 두는 두 이론가의 입장을 무효화시키는 주장을 제기하였다. 후기 구조주의자들은 루카치와 아도르노에게 최대 관심사인 예술과 사회의 관계에 대한 논의가 무의미함을 알리고 있을 정도다. 야우스, 뷔르거 그리고 후기 구조주의자들에게 공통점으로 드러나는 것은 문학 또는 예술 작품의 고찰에서 역사철학적 입장의 거부다. 야우스 및 후기 구조주의자들에게서는 예술가에 의하여 생산된 예술 작품에서, 즉 생산 미학적 관점에서 세계 변혁의 가능성을 보려고 노력하는 루카치나 아도르노의 입장이 그 통용성을 인정받을 수 없음이 주장되고 있는 것이기도 하다. 후기 구조주의자들에게서도 명백히 드러나고 있듯이, 현재의 문학 이론적 또는 예술 이론적 동향은 언어의 현상 등에 주목하는 미시적 이론에 기울어 있는 듯이 보이며, 그것은 다름아닌 역사와 현실을 문제 삼는 거대 이론의 거부이기도 하다.

그렇다면 인간과 역사, 인간과 사회, 인간과 자연 등과 같은 거대한 물음은 종언을 고하였으며, 예술 작품의 생산 및 수용 그리고 문학 텍스트의 해석에서도 실증주의자들이 주장하고 있듯이 위와 같은 거대한 물음은 논의의 대상에서 제외되어야 하는가? 인간의 의식은 합리적으로 근거지워질 수 없는 것에 지나지 않기 때문에 예술 작품의 생산 및 수용에서도 의식의 역할에 관한 논의 자체가 무의미한 것인가? 인간이 세계를 인식하고 경험하며 그것을 개선 또는 변화시키려고 할 때 항상 문제되는 것은 그러나 인간의 의식이다. 역사적으로 새로운 것을 찾으려는 모든 시도조차도 권력과 지식을 생산하면서 특정 체계를 유지하는 담론이 보유하는 담론의 재생산 체계에 종속될 뿐이라는 푸코의 주장은 그의 '인간은 죽었다'는 진단과 일치하지만, 경험적으로 확인 가능하도록 진행되고 있는 역사가 엄연히 존재하는 한에서는 모순에 가득 찬 주장이기도 하다. 인간의 종언이라는 충격적 진단으로 푸코가, 의도하였든 또는 의도하지 않았던 간에 독자들에게 전달하려는 의미도 결국은 인간의 의식에 역사에 대한 인식을 매개하려는 역사철학적 차원을 내포하지 않는 것만은 아니다. 이러한 점에서 보았을 때 역사에 대한 적극적 성찰을 지향하는 변증법적 세계관은, 변증법에 대해 부정적 입장을 보였던 푸코에게서조차 내포되어 있는 것을 부인하기 힘들기도 하다. 이성 개념의 완전한 해체, 탈주관성, 탈역사성, 역사와 문명의 종언 등으로 특징지워질 수 있는 현재의 시대 정신이야말로, ─ 이것이 이성에 의하여 관리되어온 역사, 즉 다양한 문화의 다양한 전개 가능성을 억압해온 역사를 극복하고 그 어떤 기준이나 척도에도 인간을 얽매이게 하지 않음으로써 인간에게 완전한 자유를 실현시켜준다는 이념을 함유하고 있다고 하더라도 ─ 역사에의 의식에 대한 성찰의 필연성과 당위성을, 역으로 요구하고 있는 상황이기도 하다. 추구하는 이상이 실현되었다고 판단되는 그 순간에도 실현되어야 할 이상은 존재하기 때문이다.

이러한 인식은 인간의 역사가 있는 곳에 항상 함께 존재하는 예술에도 해당된다. 예술은 지나간 역사를 우리에게 경험하게 하는 정신적 유산이자, 현재의 역사에 동참하여 현재의 현실을 경험하게 해주며, 역사에의 이 같은 참여를 통해 미래적 의미까지 획득한다. 단적으로 말해서 예술은 역사적 의미를 지닌다. 예술 작품의 존재 가치에 미래적 의미를 적극적으로 부여하는 것은 미래의 역사를 적극적으로 구축하겠다는 의지이기도 하며,

인류는 그 역사의 전개 이래 이 의지를 포기한 적이 없다. 따라서 인간이 역사를 포기하지 않는 한, 그리고 지금까지 진행된 역사보다는 더 나은 역사를 추구해야 한다는 당위성이 그 통용성을 완전히 상실하지 않는 한에서는 루카치와 아도르노가 예술 또는 문학 작품의 생산에 관하여 변증법적 사고의 도움을 빌어 이론적 근거로 세워놓은 카테고리들은 그 유효성을 인정받을 수밖에 없다.

　이 논문은 이러한 인식 관심에서, 예술 작품의 생산에서 예술과 사회적 현실의 관계를 집중적으로 분석함으로써 예술의 역사적 의미를 이론적으로 성찰한 루카치와 아도르노의 예술 또는 문학 이론을 구성하는 핵심적 내용을 검토해보고, 그들이 남겨놓은 중요 카테고리들, 특히 루카치에게서 '반영(Widerspiegelung)'과 아도르노에게서의 '미메시스(Mimesis)'가 어떻게 하면 향후 예술 작품의 생산에서 발전적으로 전개될 수 있을까 하는 가능성을 타진해보려고 한다. 이 논문은, '반영'은 객관적이라는 루카치의 사고에 내재하는 기계적이고도 도식적인 한계[9]와 예술은 사회주의의 건설에 참여하여야 된다는 정치적 당위성이 예술 이론을 특정 이데올로기의 실현에 종속시키는 부정적 결과를 유발하고 만 경험을 극복할 수 있는 가능성을 아도르노의 '미메시스' 개념 및 그에게서 예술 작품의 계몽적 기능과 연관시킴으로써 탐색해보고, 예술이 보유하는 '미메시스'는 충동에 의한 것이며 거의 자연 발생적이라는 아도르노의 사고에 내재하는 약점, 이를테면 예술 작품은 현실을 어떻게 하면 객관적으로 인식할 수 있을까

---

9) 『역사와 계급 의식(*Geschichte und Klassenbewusstsein*)』이전의 초기 저작에는 해당되지 않는다. 이 논문이 다루려고 하는 것은 『역사와 계급 의식』이후에 전개된 루카치의 이론이며, 특히 그의 리얼리즘론이 될 것이다.

하는 문제에 대한 구체적인 답변 가능성의 결여 및 예술 작품이 매개하는 경험은 철학적 해석을 통해 이루어져야 한다는 아도르노의 주장이 야기하는 — 예술 작품의 미래적 의미라는 차원에서의 — 한계를 루카치의 '반영'과 '전망'에서 보이는 요소를 일부 인정함으로써 극복해보려고 한다. 1957년 루카치가 발표한 「리얼리즘을 오해한 것에 대한 반박(Wider den missverstandenen Realismus)」[10]이라는 논문에 대하여 아도르노가 1958년에 「강요된 화해(Erpresste Versöhnung)」라는 논문을 통해 반박을 가함으로써 벌어진 이론적 논쟁[11]에서 양 이론가의 극단적 대립이 확인되었다. 이 같은 대립이 발생하게 된 것은 사회적 현실 인식에 대한 양 이론가의 많은 공통점에도 불구하고 '반영'과 '미메시스'라는 개념[12]에서 그 핵심을 찾을 수 있는, '예술적 의미의 현실 인식'에 대한 상이점이 존재하기 때문이다.

---

10) 루카치의 전집을 출판한 루흐터한트(Luchterhand) 판본에는 「비판적 리얼리즘의 현재적 의미(Die Gegenwartsbedeutung des kritischen Realismus)」라고 명명되어 있으며, 이 논문에서는 위의 명칭을 사용하기로 한다.

11) 리얼리즘 문학 및 이와는 상이한 특성을 지니는 아방가르드 계열의 문학에 대한 평가를 두고 벌이는 이 논쟁에 대하여 문학 이론적으로 상세한 설명을 가하는 것이 이 논문의 목적이 아니다. 이에 대해서는 글쓴이의 책 『아도르노의 사회 이론과 예술 이론』, pp.260-267 참조.

12) 용어상의 혼란을 피하기 위하여 다음 사항이 미리 언급되어야 한다. 루카치는 1930년대 초반부터 1950년대 후반까지 발표된 리얼리즘에 관한 논문들에서는 '반영'이라는 용어를 일관적으로 사용하나, 그의 예술 이론적 주저작인 『미학(Die Eigenart des Ästhetischen)』에서는 일상에서의 반영과 예술에서의 반영이 보편적으로 통용 가능한 범주라는 것을 이론적으로 근거세우는 과정에서 예술적 의미의 반영이 보유하는 특수한 점을 미메시스라고 명명하였다. 이 논문이 분석 및 검토 대상으로 삼는 것은 『미학』 이전에 루카치가 사용하던 '반영'이라는 개념이다. 아도르노에게서 미메시스라는 개념은 인간학적·인식론적·역사철학적·사회 이론적·예술 이론적 차원을 지니나 이 논문에서는 주로 예술 이론적 의미에 국한된다.

2. 역사철학적 현실 인식과 이론 구성

루카치와 아도르노의 문학 또는 예술 이론을 논의할 때 부딪히는 첫 번째 물음은, 왜 이들 두 이론가가 세계관 또는 세계 인식에서 공통점을 지니고 있음에도 불구하고 전적으로 상이한 예술 이론을 구성하였느냐 하는 점이다. 두 이론가는 우선 역사적으로 전개되는 사회적 현실을 전체(das Ganze)로서 작동하는 메커니즘으로 파악하고 있다. 루카치는 특히 물자의 교환을 통해 작동되는 자본주의적 체계의 철저한 합리화(Durchrationalisierung) 및 그 결과로 나타난 인간 의식의 사물화(Verdinglichung)가 하나의 총체성을 형성하면서 이에 따라 인간의 소외(Entfremdung)도 총체적으로 된다고 보고 있다.13) 아도르노는 사회적 현실을 도구적 이성(instrumentelle Vernunft)의 결과로 나타난 동일화 사고(Identitätsdenken)와 교환 법칙이 결합하면서 야기하는 총체적 현혹의 연관 관계(Universaler Verblendungszusammenhang)로 파악하면서 사회를 가상의 총체적 체계로 이해한다.14) 이처럼 그 내용에서 별로 차이가 없는 진단의 결정적 공통점은 사회적 현실을 부정적 의미의 전체로서 파악하고 있으며 대립주의(Antagonismus)로 이해하고 있다는 점이다. 그러나 루카치가 특히 자본주의에 대한 비판에 중점을 두어 대립주의의 본질을 규정하는 데에서 인간과 인간 간의 대립, 구체적으로 말하면 계

---

13) Cf. G. Lukács, *Geschichte und Klassenbewusstsein*. Neuwied / Berlin, 1970, pp.170~209.

14) 이 생각은 아도르노의 모든 저작에 걸쳐 에세이 형식의 비체계적 서술을 통해 표현되어 있다. 이에 대한 가장 최근의 체계적 재구성은 앞에서 언급한 글쓴이의 책을 참조할 것(pp.79~87).

급간의 대립에 초점을 맞추고 있는 데 비하여 아도르노는 대립의 근원을 인간과 자연의 관계에서 일단은 도출하고, 이에 근거하여 인간과 인간간의 대립도 이론적으로 설명하려는 입장을 취한다. 루카치에게서 가장 중요한 것은 인간의 총체적 사물화와 소외를 유발하는 자본주의적 현실을 변혁시킴으로써 위와 같은 부정적 의미의 총체성이 더 이상 존재하지 않는 사회의 실현이었다. 그는 이러한 가능성이 체계의 물리적 변화를 통해 실현 가능하다고 보며, 그 주체는, 부르크하르트 린드너가 잘 정리하고 있듯이, — 루카치에 의하면 역사상 최초로 현실적 가능성으로 대두한 — 주체와 객체의 동질성을 실현시킬 수 있는 프롤레타리아에 있다고 진단한다.15) 이를테면 루카치는 프롤레타리아의 역사적 계급적 의식에서 주체와 객체의 변증법적 통합의 가능성을 모색하고 있는 것이다. 그는 자본주의에 필연적으로 내재하기 마련인 계급적 대립주의가 프롤레타리아의 혁명적 잠재력에 의하여 없어지게 되면서 이와 동시에 소외와 사물화가 사라지는 현상인 주체와 객체의 변증법적 통합에 도달할 수 있다고 보고 있다.16) 자본주의적 현실의 모순을 실제로 객관적으로 확인 가능한 역사적 힘인 프롤레타리아의 계급 의식을 통하여 해결 가능하다는 논리를 펴고 있는 루카치의 사고에서 특히 주목되는 것은 현실의 모순을 체계의 변혁을 통해 해결하려는 그의 의지다. 자본주의적 현실에는 계급적 대립주의가 객관적 및 법칙적으로 존재하며, 이러한 모순은 객관적 방법, 즉 혁명을 통해 해결

---

15) Cf. B. Lindner, >>Il fâut étre absolument moderne<<. Adornos Ästhetik : Ihr Konstruktionsprinzip und ihre Historizität. In : Ders. / M. Lüdke (hrsg), *Materialien zur ästhetischen Theorie Th. W. Adornos.* Konstruktion der Moderne. Frankfurt / M, 1980. pp.264 ff.

16) Cf. G. Lukács, *Geschichte und Klassenbewusstsein.* Op. cit. pp.267 ff.

가능한 것이라는 시각이 루카치의 세계관의 이해에 핵심이 된다. 우리가 여기에서 특히 주목해야 되는 내용은 루카치가 자본주의를 기계적, 체계적, 객관적, 법칙적으로 작동하는 메커니즘으로 파악하고 있으며, 사물화와 소외도 따라서 객관적이라는 시각을 갖고 있다는 점이다.

그는 이처럼 부정적인 현실은, 이미 위에서 언급하였듯이 객관적으로 변혁 가능하다고 확신한다. 체계적이고 객관적인 특색을 지닌 루카치의 사고가 프롤레타리아와 같은 집단적 요소에 중점을 두었으며, 인간의 불행을 자본주의적 체계에 귀속시켜 고찰하였다면, 아도르노는 그의 사고를 자본주의적 체계가 야기하는 부정적 요소에 한정시키지 않고 서구 문명사의 전반을 검토하여 서구 문명사가 도구적 이성이 부정적으로 진보를 거듭해 온 역사라고 주장한다. 말하자면 아도르노는 서구 문명사에서 대립주의를 보편사적으로 근거 세우려고 시도한 셈이다.[17] 아도르노는 우선 인간과 자연과의 관계에 주목하여, 자연의 위력 앞에서 무기력한 인간이 자신을 보호시키기 위하여 자기 자신에 고유하게 내재하는 주체를 포기하는 것에서 대립주의의 근원을 도출하려고 한다. 원시 시대의 인간은 자연에 자기 자신을 비슷하게 함으로써 자연을 달래려고 시도하는 과정에서 원시 제전을 발생시켰으며,[18] 이 제전이 점차 조직화되면서 인간과 인간의 상호 의존 관계가 발생하며 또한 지배 관계도 형성된다는 것이다.[19] 자연의 위력에 대처하여 자기 자신을 지키려는 인간의 의

---

17) 이하 설명되는 내용은 아도르노의 역사관과 사회관을 핵심적으로 이해하는 데 필수불가결한 것으로, 그 요체만을 최대한 축약하여 서술될 것이다. 자세한 내용은 글쓴이의 책『아도르노의 사회 이론과 예술 이론』, 제II장을 참조.
18) Cf. M. Horkheimer / T. W. Adorno, *Dialektik der Aufklärung. Philosophische Fragmente*, Frankfurt / M, 1971, pp.12 ff.

지에서 인간과 자연의 대립주의가 발생하며, 제전의 진행 과정에서 인간과 인간의 대립주의도 필연적으로 형성된다고 보는 시각이다. 인간과 인간의 대립주의의 구체적 실현태가 아도르노에서는 사회며, 이 사회가 인간에게 가하는 권력 앞에서 개인이 살아남는 길은, 개인이 자기 자신에게 고유한 주체를 스스로 포기하는 일이다.[20] 원시 제전에서 이미 싹튼, 대상을 대상 그대로 인식하지 않고,[21] 사고에 종속시키는 사고는 그 부정적 진보를 거듭하여 마침내는 대상이 사고에 의하여 전적으로 규정되고 마는 동일화 사고에 이르게 되고 이 단계에서 사고는 완전히 사물화되고 만다. 나치즘, 스탈린주의, 동구권 사회주의에서처럼 개인이 전체주의적 지배 체제에 의하여 총체적으로 동일화되는 현실을 아도르노는 20세기의 폭력적 현실로 진단하였으며, 이러한 타락에 이르게 되는 근원을 바로 인간과 자연의 대립주의, 이로 인한 인간과 인간의 대립 및 인간의 자기 주체의 자기 포기로부터 도출하고 있는 것이다. 이와 같은 시각에서 볼 때 아도르노가 특히 부정적 현실로 진단한, 위에서 본 바와 같은 폭력적 체계는 동일화 사고가 총체적으로 실현된 하나의 닫혀진 전체다. 이곳에서는 서로 연관 관계를 형성하면서 빈틈없이 작동하는 기능의 메커니즘만이 존재할 뿐이며,[22] 이 메커니즘은 사회의 구성원인 개인의 의사와는 무관하게 작동된다. 문명사를 인간 의식의 타락사로서의 보편사로 구성하려고 시도한 아도르노에게서는, 루

---

19) Ibid, pp.22 ff.

20) 이에 대한 연구는 글쓴이의 책을 참조(pp.98-100).

21) 여기에서 아도르노 사상의 이해에 결정적으로 중요한 개념인 가상(Schein)이 발생한다. 왜냐하면 인식되어야 될 대상이 대상 그대로 참되게 인식되지 않으므로 그 결과 대상의 자기동질성이 파괴되기 때문이다.

22) Cf. T. W. Adorno, *Soziologische Schriften I*, Frankfurt / M, 1980, pp.365 ff.

카치와는 달리 그가 극복되어야 될 모순으로 본 '총체적 현혹의 체계'의 형성에서 인간의 사고와 행위에 많은 책임이 부여되고 있음을 알 수 있다. 총체적 가상으로 등장한 전체를 극복하는 데 그에게 중요한 것은 따라서 프랑크푸르트학파가 그 이념으로 내놓은 '이성스런 사회의 이성스런 형성'에 절대적으로 필요한 인간 이성의 자기 자각이며, 이러한 자각을 통해 인간과 자연 및 인간과 인간이 화해를 모색하는 일이다. 아도르노는 위에서 언급한 기능의 총체적 작동 체계에서는 인간의 자기 주체의 자기 포기 현상도 총체적으로 되어 계급 개념조차 사라질 정도라고 진단하고 있기 때문에,[23] 루카치의 경우처럼 객관적으로 확인 가능한 자본주의의 모순을 체계적으로 극복하는 것을 시도하는 일은 그에게는 의미가 없다. 루카치와 아도르노는 현실을 부정적으로 본 공통적 출발점에서 시작하여 현실을 사물화, 소외, 가상의 총체성이 지배하는 현장이라는 인식 결과에 공통적으로 이르게 될 뿐만 아니라, 부정적 현실을 극복하여 유토피아를 실현하는 목표에서도 일치한다. 이를테면 현실의 인식과 변혁이라는 큰 테두리에서는 공통점을 지니고 있는 셈이다. 그러나 부정적 현실의 원인 진단에서는 루카치가 계급의 대립성을 가장 결정적인 요소로 보고 자본주의적 현실에서의 모순의 발생은 자본주의적 체계, 즉 집단적인 면에 그 책임이 크다고 주장하고 있는 반면에, 아도르노는 인간의 사고와 행위의 도구성에서 부정적 현실의 원인을 찾고 있다. 이와 같은 현실 인식 및 분석에 근거하여 루카치는, 이미 언급한 대로 프롤레타리아에 의한 자본주의적 질서의 붕괴에서, 그리고 아도르노는 이성의 자기 자각에서 부

---

23) Cf. Ibid., pp.373 ff.

정적 현실 극복의 대안을 제시하고 있다. 간과되어서 안 될 점은, 루카치가 체계적 변혁을 확신하였던 반면에, 아도르노는 어떤 특정 사회상에 이데올로기적으로 이상을 설정하고 이에 상응하여 가능해지는 것으로 판단한 변혁은 특정 사회상의 이념이 이데올로기에 지나지 않기 때문에, 그 자체로서 거짓인 "잘못된 전체"[24]를 생산할 뿐이라고 주장한다는 사실이다.

이상에서 고찰한 루카치와 아도르노의 현실 인식관 및 현실 변혁관은 그들의 예술 이론의 구성에 결정적 요인으로 작용한다. 이것은 또한 현대 예술 또는 문학을 보는 양 이론가의 시각이 첨예하게 대립되는 원인을 제공한다. 루카치는 잘 알려진 대로 발자크, 스탕달, 고리키, 토마스 만 등 리얼리즘에 충실한 작가들이야말로 전형적 주인공들을 창조함으로써 객관적 현실의 계급적 모순을 독자에게 인식시켜줄 뿐만 아니라 더 나아가 미래에 대한 전망까지 제시하고 있다고 본 반면에, 아도르노는 조이스, 프루스트, 카프카, 베케트처럼 리얼리즘 문학에서 보이는 것과는 전혀 다른 표현 형식과 기법을 구사한 작가들이 비로소 가상이 총체적으로 장막을 형성하고 있는 현대의 사회적 현실을 인식시켜준다는 반론을 펴고 있다. 루카치가 주목하는 바는 계급적 의식을 가진 전형의 창조를 통하여 전망을 제시하는 것인 데 비해, 아도르노는 이미 객관적으로 인식 불가능할 정도로 철저히 닫혀진 전체로서 작동하는 '잘못된 전체'를 충격적으로 인식시켜주는 것은 리얼리즘 계열의 작가들이 아니고 아방가르드적인(avantgardistisch)[25] 작가들이라는 입장을 견지한다. 아도르

---

24) Cf. T. W. Adorno, *Minima Moralia*, Reflexionen aus dem beschädigten Leben, Frankfurt / M, 1970, p.57.
25) 아도르노가 이해하는 아방가르드 개념에 대해서는 글쓴이의 책 282쪽의

노는 이데올로기적으로 어떤 특정 사회를 이상향으로 설정하지 않았듯이 작품이 수용되는 과정에서 독자를 특정 상(Bild)의 형성에 이르게 하는 것을 거절한다. 그가 다만 의의를 부여하는 것은 아방가르드적인 작품들이 보여주는 충격적 효과가 그 자체로서 계몽으로 작용하고 있다는 점이다. 우리는 이제 이 문제를 좀 더 자세히 논의해보려고 한다.

3. 현실 인식과 미학적 카테고리들

『역사와 계급 의식』에서 자본주의적 현실이 사회 이론적으로 총체적으로 인식 가능하다고 보았던 루카치는 이 시각이 예술 및 문학 작품에 의한 현실 인식에도 적용 가능하다고 생각하였다. 이 같은 가능성의 근거에는 루카치가 ― 헤겔, 신칸트주의 그리고 생의 철학을 결합하여 ―『소설의 이론』으로 대표되는 그의 초기 단계에서 현실을 그 속에서 인간의 영혼이 고향을 잃고 방황하는 현실로 진단하면서 "존재하는 것으로서의 현실과 마땅히 존재해야 될 당위로서의 이상의 연결될 수 없는 간극"[26]을 극복하는 것을 목표로 삼아 주체와 객체, 자아와 세계의 변증법적 통합을 의도하다가, 『역사와 계급 의식』을 기점으로 해서『소설의 이론』에서 보이는 초월적이며 이상주의적 의미에서 추구하는 총체성을 마르크스주의의 현실 분석에서 모색해보려는 의도와 더불어 자신의 사고 세계를 변환시켰다는 배경이 놓여 있

각주 24번을 참조할 것.

26) G. Lukács, *Die Theorie des Romans*, Berlin / Neuwied, 1971, p.68.

다. 초기 루카치의 이상주의적 색채를 띠는 역사철학적, 형이상학적 및 유토피아적 사고는 마르크스주의와 접목되면서, 자본주의적 현실은 정치 경제학적으로 객관적으로 인식 가능한 법칙성을 갖는다는 유물론적인 경향으로 변모하는 것이다. "모든 사회의 생산 관계는 하나의 전체를 형성한다"[27]는 마르크스의 인식을 수용하여 루카치는 닫혀진 연관 관계의 작동 체계로서의 자본주의적 총체성을 하나의 법칙적 현실로서 파악하고 있다. 그렇다면 이러한 객관적 현실이 어떻게 하여 작품에 객관적으로 표현될 수 있는가 하는 물음이 제기된다. 이에 대해 루카치는 "자본주의의 표면들은 자본주의적 경제 체계의 객관적 구조의 결과로 인해 '균열된' 듯이 보이며, 이러한 구조는 스스로 독자적으로 되는, — 객관적이고도 필연적으로 — 모멘트로 구성되어 있다. 이것은 자본주의적 사회에서 살고 있는 인간들의 의식, 시인과 사상가들의 의식에도 반영되어 있을 수밖에 없다"[28]고 주장하면서 객관적 현실이 인간의 의식에 객관적으로 반영될 수 있음을 강조하고 있다. 이렇게 하여 그는 그의 문학 또는 예술 이론에서 핵심적 카테고리가 되는 반영론(Widerspiegelungstheorie)을 이론적으로 근거 세우려고 시도한다. 루카치는 위 인용문에서 예를 들어 철학자, 사회이론가, 역사가 등을 포함하는 개념으로 볼 수 있는 사상가, 그리고 시인이라는 표현을 사용함으로써 현실에 대한 철학적 및 사회 이론적 인식이 학문적으로 나타난 결과

---

27) 다음 논문에서 재인용함 : G. Lukács, *Probleme des Realismus I*, p.316.
28) Ibid. p.316. 위의 인용문은 그러나 슈미트(H. J. Schmitt)가 편저한 『표현주의 논쟁(*Die Expressionismusdebatte*)』(Frankfurt / M, 1973)에 실린 루카치의 「리얼리즘이 문제다(Es geht um den Realismus)」를 기준으로 해서 번역한 것이다. 이 판본이 루카치의 생각을 더 정확하게 표현할 수 있는 단어들을 사용하고 있는 것으로 생각되기 때문이다.

와 현실에 대한 작가의 인식이 작품으로 형성되어 이루어지는 인식이 동일한 것이라는 것을 인정하고 있다. 그는 이러한 논리를 전개하면서 작가에게 현실에 대한 객관적 인식 가능성을 원칙적으로 부여하고 있는 시각을 보인다.29) 현실에 대한 학문적 의미에서의 객관적 인식 가능성이 학문 및 그 방법론에 관한 이론의 논의 과정에서 매우 다양하게 전개되어온 반면에,30) 예술 또는 문학에서의 현실 인식의 객관성에 대한 논의가 상대적으로 미약한 형편에서 루카치는 마르크스의 정치경제학적 이론을 예술에 적용함으로써 반영론의 태동을 알리고 있는 것이다.

자본주의적 구조가 작가의 의식에도 반영될 수 있다는 논리의 배경에는 뷔르거가 상세히 분석한 대로 예술 작품은 자본주의적 현실의 모순을 보여주는 것이라는 레닌의 주장이 놓여 있다.31) 반영론에는 이 같은 정치적 입장이 직접적으로 개입되어 있음에도 불구하고 현실에 대한 작가의 인식 가능성을 이론적으로 근거세우는 데 실패하고 있는 것으로 보이지는 않는다. 그 핵심에 반영론이 자리잡고 있는 루카치의 리얼리즘론이 이러한 판단에 설득력을 부여할 수 있는 근거가 될 수 있기 때문이다. 이 논문의 결론 부분에서 검토되겠지만, 루카치가 반영론을 발판으로 삼아 '전망'이라는 개념을 제시하여 예술 또는 문학 작품을 특정 이데올로기의 실현에 종속시켜 고찰하는 근거를 확보하고 더 나아가 예술을 수단화시키는 과오를 범하고 있음에도 불구하고, 작품

---

29) 이 문제를 우리는 뒤에서 아도르노와 연관시켜 좀더 자세히 다루게 될 것임.
30) 이에 대해서는 예를 들어 다음의 책을 참조 : H. Seiffert, *Einführung in die Wisssenschaftstheorie 1, 2*, München, 1974.
31) Cf. P. Bürger, *Vermittlung-Rezeption-Funktion*, Ästhetische Theorie und Methodologie der Literaturwissenschaft. Frankfurt / M, 1979, pp.23-30.

생산에서 그 과정을 이론적으로 설명하는 틀로서의 반영론은 학문적으로 근거가 세워진 이론으로 볼 수 있다. 이러한 전제 조건 아래 우리는 루카치의 리얼리즘을 검토할 수가 있는 것이다. 1932년에 「경향 또는 당성(Tendenz oder Parteilichkeit)」을 발표한 이래 1957년의 「비판적 리얼리즘의 현재적 의미(Die Gegenwartsbedeutung des kritischen Realismus)」에 이르기까지 루카치는, 현실을 올바르게 반영하고, 단순히 현상에 대해 서술하는 것(Beschreiben)이 아니고 본질을 이야기하며, 르포르타주나 몽타주의 경우처럼 묘사의 대상이 되는 요소를 단순한 구성 원칙(Konstruktionsprinzip)에 의해 조립하는 것에 머무르지 않고 "세계와의 구체적인 관계에서 구체적인 인간들에 대한 구체적인 묘사"[32]를 가능하게 하는 형상화 원칙(Gestaltungsprinzip)에 도달하며, 현상의 본질로부터 유리된 표면적 현상만을 주관적으로 늘어놓음으로써 '작품 내부에 세계가 없는 것(Weltlosigkeit)'에 빠져들게 되어 작품 내에서 무엇이 서술되고 있는가가 명확하게 되지 않는 결과에 이르게 되지 않고 객관적 현실에 대한 구체적 통찰을 가능하게 함으로써 '전망'을 제시하는 리얼리즘이야말로 진정한 문학이라고 주장한다. 그는 이 시각을 기준으로 삼아 낭만주의, 자연주의 및 표현주의 문학, 그리고 조이스 이후의 아방가르드적인 요소를 지니는 현대 문학을 비난하고 나선다. 루카치의 이 같은 논리에서[33] 우리가 일관적으로 확인할 수 있는 것은 객관적 현실의 본질을 사실 그대로, 그리고 총체적으로 인식

---

32) G. Lukács, *Probleme des Realismus I*, p.474.
33) 루카치의 리얼리즘에 관한 논의가 이 논문의 목적이 아니기 때문에, 앞에서 전개된 논의에서는 그의 리얼리즘론의 핵심을 가능한 한 짧게 요약하는 데 그칠 수밖에 없었다.

하는 것에 문학 작품의 의미가 존재한다는 그의 시각이다. 객관적 현실의 본질적 및 총체적 반영 가능성을 성립시키는 요소는, 위대한 또는 중요한 리얼리즘 작가들이 해낼 수 있다고 하는 이중적 작업(doppelte Arbeit)이다. 객관적 현실의 법칙성이 리얼리즘 작가들에 의하여 본질적으로 파악되어 문학적 형상화를 거친 후, 위의 현실을 객관적으로 인식 가능하게 하는 일반화(Abstraktion)에 이르는 과정에서 현실이 작품에 총체적으로 반영된다는 것이다. 이에 대한 루카치의 자세한 설명을 들어보면 다음과 같다 : "모든 중요한 리얼리스트는 — 일반화의 수단을 통하여 — 객관적 현실의 법칙성, 그리고 더욱 깊숙이 놓여 있고, 감춰져 있으며, 매개되고, 직접적으로 인지할 수 없는 것들이 사회적 현실의 연관 관계들에 성공적으로 도달하기 위하여 그가 접하게 되는 체험의 소재를 다루어서 이 소재에 형식을 부여한다. 위의 연관 관계들은 표면에는 직접적으로 놓여 있지 않고, 위의 법칙성들은 서로 매우 얽히고 섥켜 있으며, 동일한 양상을 거의 보이지 않고, 또한 경향에 따라 그 통용성이 획득되기 때문에 중요한 리얼리스트에게는 특별한 작업, 즉 예술가적 및 세계관적으로 행하는 이중적 작업이 성립되게 된다 : 첫 번째로는, 사회적 현실의 연관 관계의 감춰진 모습을 사고적으로 드러나게 하고 예술적으로 형상화시켜 보여주는 작업이다. 두 번째로는, 첫 번째 작업과 분리됨이 없이, 특수한 것으로부터 일반적인 것을 획득하는 형식으로 다루어진 사회적 연관 관계를 예술적으로 위에서 행한 작업의 위에 올려놓는 일이다. 이것은 특수한 것으로부터 일반적인 것을 끌어냈던 작업을 예술적으로 없애 가짐을 의미하는 것이다. 이와 같은 이중적 작업을 통하여 새로운, 형상화의 원칙에 의하여 매개된 직접성이 성립된다(…)."34) 이중적 작업이 성공적으로 진행되면 "본질과 현상의 예술적 변증법"[35] 이 성립되며, 그 결과로 나타난 작품은 현실에 대한 상(像)을 제 공하게 되는데, 이 상에서는 "현상과 본질, 개별적 경우와 법칙, 간접성과 개념 등의 대립적 상이함이 해체된다."[36] 자본주의 사 회의 객관적, 법칙적 현실이 리얼리스트의 이중적 작업을 통하 여 작품에서 본질적으로 반영된다는 논리다. 이상의 논의에서는 반영론이 성립되기 위한 전제 조건, 즉 자본주의 사회는 하나의 닫혀진 전체로서 작동하는 연관 관계며 따라서 객관적 및 법칙 적으로 인식 가능하다는 조건과 반영론의 기능이 성립되기 위한 조건, 즉 리얼리스트들의 이중적 작업에 기초를 둔 리얼리즘 문 학이 반영의 결과를 작품화할 수 있다는 조건이 명백하게 드러 났다. 이 문제를 사회적 현실의 역사적 진행이라는 조건에서 보 면, 반영론은 자본주의 사회가 진행된다는 조건과 객관적 모순 을 유발하는 사회 체제라는 조건 하에서만 검토 가능하며, 예술 에 의한 사회적 현실의 인식이라는 관점에서 보면, 리얼리즘 계 열에 속하지 않는 모든 아방가르드 문학 또는 예술을 배제시키 는 조건 하에서만 반영론의 향후 존재 가치를 거론할 수 있다는 문제를 남겼다.

루카치가 현실과 작품 생산의 관계를 반영론을 통하여 설명하 려고 시도한 반면에, 아도르노는 위의 관계를, 인식 주체가 인식 의 대상인 객체에게 자기 자신을 비슷하게 함으로써 주체-객체 관계에서 주체가 객체를 일방적으로 규정함으로써 발생하는 결 과인 객체에 대한 주체의 폭력[37]을 방지하여 객체가 객체 그대

---

34) G. Lukács, *Probleme des Realismus I*, pp.323-324.

35) Ibid., p.324.

36) Ibid., p.616.

로 인식되게 하는 가능성으로 그가 생각한 미메시스라는 개념을 도입하여 설명하려고 한다. 루카치의 리얼리즘론을 태동시키는 역사철학적 및 사회 이론적 성찰이 주로 마르크스가 계급적 대립주의로 파악한 자본주의의 구조에 근거하여 이루어졌다면, 아도르노는 『계몽의 변증법』에서 헤겔-마르크스-베버-루카치로 이어지는 합리주의적 전통과 쇼펜하우어-니체로 이어지는 비합리주의적 전통 및 프로이트의 정신분석학을 종합하여 서구 문명사를 그에게는 하나의 보편사로 통용되는 타락의 역사로 재구성하는 시도에서 예술과 사회의 관계를 미메시스라는 개념을 통해 이론적으로 근거 세우려고 한다. '미메시스와 합리성의 변증법'에 대한 전반적 이해를 요구하는 이 시각을 상세히 분석하는 것이 이 논문의 목적은 아니다.38) 그러므로 여기에서는 이 논문의 결론에서 검토하게 될 미메시스 개념의 발전적 전개 가능성의 논의에 필요한 최소한의 내용만을 언급하려고 한다. 아도르노에 의하면 예술의 발생 근거가 되는 원시 제전에서의 주술이 진행되면서 발생하는 경험적 현실, 즉 제전의 조직, 실행, 제물의 희생 등의 경험적 현실의 진행에 예술이 동참하여 이 결과를 인식시켜준다. 그에 의하면 서구 문명사는 인간의 인식 주체가 대상을 자신의 목적에 종속시켜 인식함으로써 사고가 도구화되는 타락의 역사며, 이 도구성은 종교 및 학문 그리고 기술의 진보에 상응하여 진보되어 왔기 때문에 문명의 발달과 더불어 그 정도

---

37) 주체-객체 관계에서 주체가 객체를 일방적으로 규정하면, 이는 아도르노에게는 곧바로 폭력이 된다.

38) 이 변증법의 이해를 위해서는 아도르노 사상의 전모를 파악해야 한다. 글쓴이는 아도르노의 이론 체계를 전체적으로 고려하면서도 그 핵심을 최대한 축약하여 이 변증법을 검토한 바 있다. 이에 대해서는 이 책에 들어 있는 논문인 「아도르노의 '예술 이론'에 있어서 미메시스와 합리성의 변증법」을 참조할 것.

가 심화된다. 이러한 타락의 역사에서 예술은, 앞에서 이미 간단히 언급하였듯이, 대상에게 자신을 비슷하게 하는 대상에의 친화력을 보유함으로써 대상을 대상 그대로 참되게 인식하는 능력을 보유하고 있다는 것이다. 그 근원에 도구성이 놓여 있는 개념적 인식[39]에서와는 달리, 예술에서의 인식은 대상을 있는 그대로 표현하지 않고는 못 견디는 충동인 미메시스적 충동(mimetischer Impuls)에 근거하는 인식이기 때문에 참된 인식이라는 주장을 아도르노는 제기한다. 우리가 여기에서 주목해야 될 점은, 예술이 인식 대상으로 삼는 대상이 바로 사회적 현실이라는 사실이다. 말하자면 아도르노는 개념을 수단으로 삼는 인식에서보다도 미메시스적 충동에 근거하여 비개념적으로 현실을 인식하는 예술적 인식에서 현실 인식에의 참된 가능성을 찾고 있는 셈이다. 루카치에게는 예술가가 자신의 주체를 통하여 객체인 현실을 인식하는 것이지만, 아도르노에게는 객체, 즉 사회적 현실이 예술 작품에 미메시스적으로 표현되어 인식에 이르게 된다. 전자에서는 인식을 행하는 주체의 의도, 바꾸어 말해 현실의 모순을 표현하겠다는 의도가 현실 인식에서 결정적 요소가 되는 반면에, 후자에서는 표현하지 않고는 견딜 수 없는 충동이 작품에 나타난 결과가 바로 현실 인식이 된다. 그렇다면 인식 주체로서의 예술가의 존재는 무엇인가? 아도르노는 이 물음에 대하여, 예술가가 보유하는 주체는 사회적인 현실의 저변에 놓인 집단적인 흐름을 대변하며,[40] "객관적인 것으로서의 언어에 자신을 헌사하듯이 내놓는

---

39) 간단히 말해서 아도르노는 개념이 대상을 지배적으로 인식한다고 보고 있다. 따라서 개념적 인식은 그에게는 가상을 생산하는 인식에 지나지 않는다. 대상이 대상 그 자체로 동일성을 확인 받는 인식이 아니기 때문이다.

40) Cf. T. W. Adorno, *Ästhetische Theorie*, Frankfurt / M, 1980, 68 ff. Cf. T. W. Adorno, *Noten zur Literatur*, Frankfurt / M, 1980, pp.58 ff.

주체가 자기 자신을 스스로 잊어버리는"41) 능력을 보유하는 주체이기 때문에 사회적인 전체 주체가 된다는 답변을 제공한다. 이 점에서 예술가는 전체 사회적인 주체의 대리인이자 대변자다 : "예술 작품을 담지하는 자로서의 예술가는 예술 작품을 산출하는 각각의 개별적 개인이 아니고 그의 작업, 다시 말해 수동적 능동성(passive Aktivität)을 통하여 사회적 전체 주체의 대리인이 된다. 예술가는 예술 작품이 생산되는 필연성에 자기 자신을 헌신적으로 바침으로써 예술가 자신이 원래 가지고 있는 것인 개별화의 우연성에 단순히 기인될 수 있을 것 같은 모든 요소를 예술 작품에서 제거시킨다. 예술가가 사회 전체의 주체를 이렇게 대변하는 것에서는 (…) 동시에 어떤 상태가 함께 생산되는데, 이 상태는 맹목적인 개별화의 운명을 제거하여 그곳에서 전체 주체가 사회적으로 마침내 실현된다."42) 이 과정에서는, 미메시스적 충동에 의하여 획득된 대상 인식의 성과가 그대로 작품에 표현되는 것을 가능하게 해주는 원리인 '구성(Konstruktion)' 및 이렇게 하여 하나의 작품으로 되는 것을 의미하는 것인 '객체화(Objektivation)'가 사회적 전체 주체의 표현을 가능하게 해주는 요소다. 루카치에게서 이중적 작업과 비교하여 검토될 수 있는 개념인 '구성'은 "외부 세계의 현실 및 그것을 구성하는 요소들과 이 요소들이 예술에 의하여 인식되어서 작품 속에서 하나의 완결된 모습을 보이는 것으로서의 작품 속에서의 현실 및 그 구성 요소들 사이를 논리적 및 인과율적으로 매개하는 기능을 담당한다."43) 구성을 통하여 도달된 객체화는 그러나 일시적으

41) T. W. Adorno, *Noten zur Literatur*, Op. cit., p.56.
42) Ibid., p.126.
43) 이 책에 들어 있는 논문인 「아도르노의 '예술 이론'에 있어서 미메시스와

로만 존재할 뿐이다. 왜냐하면 외부 세계의 변화에 상응하여 미메시스적 충동, 구성 그리고 객체화도 변증법적 운동을 계속하기 때문이다. 이 변증법적 운동을 계속해온 역사가 아도르노에게는 예술의 역사인 셈이다. 여기에서 중요한 것은, 아도르노가 이러한 모든 과정이 어떤 특정한 계획이나 의도 또는 특정의 예술 형식에 맞춰서 진행되어서는 안 된다는 점을 강조하고 있다는 사실이다. 지금까지 고찰한 내용을 약간 극단적으로 정리한다면 다음과 같다 : 인식 주체로서의 예술가는 현실을 그의 시각에 맞춰 인식하는 것이 아니고, 현실이 작품에서 인식된다. 현실은, 그것이 역사적으로 진행되는 과정에서 이 과정을 표현하지 않고는 견딜 수 없는 욕구인 미메시스적 충동에 의하여 예술 작품에 역사적 경험으로서 퇴적된다는 것이다. 이렇게 보았을 때 아도르노에게서 예술은 문명사에 대한 미메시스며, 문명사는 타락을 거듭하면서 부정적으로 진행되기 때문에 예술도 현실 부정적인 특성을 지닐 수밖에 없다 : "예술은 자신의 형식을 통하여, 자신이 존재함으로써 비판하는 것인 문명에 참여한다."[44] 이 같은 시각을 갖고 있는 아도르노는 표현 기법 및 예술적으로 표현된 세계에서 리얼리즘 계열의 작가들과는 판이하게 다른 극단적 양상을 보이는 보들레르, 조이스, 프루스트, 카프카, 베케트와 같은 작가들이야말로 현실의 부정성을 제대로 인식하였을 뿐만 아니라 현실을 올바로 표현하였다고 보고 있다. 현실의 총체적 부정성은 이들 작가에게서처럼 충격적인 표현 수단을 통해서 인식되는 것이지, 루카치가 주장하는 것처럼 현실을 있는 그대로 묘사해보아야 그것은 결국 현실의 표피만을 서술

합리성의 변증법」을 참조(152쪽).

44) T. W. Adorno, *Ästhetische Theorie*, Op. cit., p.216.

할 뿐이라는 것이다.

현실 변혁관은 현실 인식관에 그 기초를 둔다. 인류 역사를 계급 투쟁의 역사로 파악한 마르크스의 입장을 직접적으로 수용한 루카치는 자본주의 사회에 필연적으로 내재하기 마련이라는 계급적 대립주의 및 그가 총체적 현상으로 진단한 사물화와 소외를 극복하는 대안을 이미 언급한 바와 같이 프롤레타리아의 의식에서 찾는다. 예술 작품의 생산에도 이 논리가 적용되어 출현한 개념이 잘 알려진 대로 '당성(Parteilichkeit)'과 '전망(Perspektive)'이다. 루카치는 「경향 또는 당성」이란 논문에서 19세기의 부르주아지 작가들에게서는 추구해야 될 이상과 그들이 실제로 가진 의식 사이의 모순에 피할 수 없는 이데올로기적 한계가 존재한다고 주장한다.[45] 그러나 프롤레타리아에서는 이상(Ideal) 그 자체가 의식이다. 프롤레타리아에서 비로소 주체와 객체가 변증법적으로 통합되기 때문이다. 이렇게 보았을 때, 프롤레타리아 의식은 현실의 역사적 진행과 일치하게 되므로 작가가 "현실을 변증법적으로 올바르게 모사하고 현실을 작품을 통하여 형성하는 일은 작가 자신의 당성을 전제로 한다."[46] 루카치가 현실에 대한 변증법적 객체화로 파악한 '당성'은 "현실의 전체적 진행 과정의 인식과 형성을, 이러한 진행 과정을 참되게 추진해가는 힘이 요약된 총체성으로서, 그리고 이 진행 과정에 근원으로 놓여 있는 변증법적 모순을 더욱 고양시켜서 재생산하는 것으로서 가능해지도록 해준다."[47] 루카치는 당성의 개념을 도입하여 주관적 의지

---

45) Cf. G. Lukács, *Probleme des Realismus I*, p.32.

46) Ibid., p.33.

47) Ibid., p.33.

나 의도의 객체화가 가능하다는 논리를 제기하고 있는 것이다. 그는 현실 변혁의 구체적 가능성을 「비판적 리얼리즘의 현재적 의미」에서 그 내용을 본격적으로 드러낸 '전망'이라는 개념을 통하여 근거 세우려고 한다. 루카치에 의하면 문학은 자본주의적 모순을 인식하고 이 모순을 극복하려는 의지를 지닌 주인공을 창조함으로써 '전형의 창조(Typenschaffen)'에 도달할 수 있으며, 이렇게 함으로써 미래에 대한 전망을 제시하게 된다. 그는 그 인식론적 근거를 문학이 "전형 창조를 진행함과 동시에 사회적인 규정들에서 발생하는 모순의 강화, 자기 자신을 완전히 제거시킨 개인에게서 인식되는 모순들을 유기적이면서도 해체 불가능한 연관 관계 내부로 들어가게"[48] 한다는 것이다. 이 같은 인식에 근거하여 루카치는 "작가는 인간 유형의 중심적 또는 국지적, 비극적 또는 희극적 유형 등을 작가에 의하여 형성된 모사상(Abbild)이 차후에 진행되는 역사적 전개에 의하여 확인되도록 반영"[49]함으로써 전형 창조는 미래적 의미를 획득한다고 주장한다. '전망'은 따라서 사회적 현실의 역사적 진행에서 이 현실이 어디로(Wohin) 전개되어야 할 것인가 하는 객관적 필연성을 제시해주는 카테고리다. 루카치는 잘 알려진 대로 '어디로'가 구체적으로 지향하는 목표를 사회주의로 보았으며, 따라서 문학도 사회주의의 건설에 한 역할을 담당해야 된다는 사회주의적 리얼리즘을 주장하였다. 이것은 문학 이론이 — 그 자체로서, 속박에 의하여 하나의 닫힌, 완결된 총체성을 형성하면서 정치적 폭압 체계로 둔갑하고 만 — 현실 사회주의라는 특정 이데올로기에 종속되고 마는 결과를 초래하였으며, 바로 이 점이 아도르노의

48) Ibid., p.482.
49) Ibid., p.512.

극도로 격렬한, 비판을 넘어선 비난의 정도까지 상승하는 반박을 유발하게 되었다. 극단적 비판의 결정적 한 예를 들어보면, 아도르노에게는 "사회주의적 리얼리즘을 운운하는 것보다는 차라리 예술이 없는 편이 낫다"[50]는 정도인 것이다. 나치 체제를 경험하였을 뿐만 아니라, 이어서 파시즘을 극복한 체제라고 스스로 선전했던 스탈린 및 동구권 사회주의 체제의 폭압성을 경험한 아도르노에게는 현실 변혁에의 구체적 대안을 제시하는 것 자체가 어떤 특정 폭력 체계에서 다른 특정 폭력 체계로의 전이를 의미할 뿐이다. 특정 이념을 설정하거나 특정 상(Bild)을 표상하는 것 자체가 그 이념과 상에 인간을 종속시키는 결과를 낳을 뿐이기 때문에 '특정 상의 표상을 거부(Bilderverbot)'한 아도르노에게는, 도구적 합리성이 총체적으로 매개된 억압의 메커니즘이기 때문에 필연적으로 부정적일 수밖에 없는 사회적 현실을 영구히 부정하는 것만이 유일한 대안이다. 그에게서 예술은 따라서 원시 제전에서 최초로 출발했던 사회적 현실이 야기하는 부정성을 미메시스적 충동을 통해 부정적으로 나타나는 예술적 상으로 보여준 이래 현재에 이르기까지 문명의 진보에 상응하여 부정성만 진보적으로 전개시킬 뿐인 사회적 현실을 비판하고 부정함으로써만 그 존재 가치를 인정받는다. 사회적 현실의 부정성을 미메시스적으로 표현함으로써 예술 수용자에게 위의 부정성을 인식시켜주는 것이 예술의 기능이 되는 것이다. 아도르노에게는 체계는 곧바로 폭력이 되기 때문에 어떤 특정 체계에서 다른 특정 체계로 이행되는 데에서 예술이 어떤 역할을 담당해야 된다는 논리는 예술이 체계의 폭력에 동참하는 것에 다름이

---

50) T. W. Adorno, *Ästhetische Theorie*, Op. cit., p.85.

아니다. 이 논리를 우리는 다음의 역설적인 표현에서 명백하게
확인할 수 있다 : "예술 작품으로부터 사회적 기능이 술어적으로
표현될 수 있다고 하는 한, 그것은 예술이 기능을 갖지 않는다는
점에서 표현될 수 있을 뿐이다."[51] 체계적 차원에서의 예술의 기
능 및 특정 체계 형성에의 작용 가능성을 전면 부인한 아도르노
에게서 예술이 현실 변혁에 그 작용력을 행사할 수 있는 유일한
가능성은 그가 예술적 부정성에 부여한 계몽의 기능이다. 예술
은 마치 카프카나 베케트의 경우처럼 독자의 의식에 충격을 주
어 의식의 가장 깊은 내부에서 의식이 움직이게 하여 독자도 작
품에서 일어나는 일에 함께 관련이 되어 있다[52]는 간접적 경험
을 유발함으로써 '지금까지 진행되어온 사회적 현실의 역사적
전개가 미래에는 그렇게 전개되어서는 안 된다'는 예술적 인식
을 인간의 의식에 매개한다는 것이다. 예술이 현실 변혁에서 가
능한 역할을 인간의 의식에 환원시켜보고 있는 셈이다.

4. '반영'에서의 특정 이념의 해체 및 '미메시스'에서의 구체적 객관성의 고양

우리는 이제까지 루카치와 아도르노에게서 문학 및 예술 이론
적 카테고리들의 역사철학적·사회 이론적 배경을 논의하였으
며, 이어서 그러한 카테고리들의 내용과 특징을 살펴보았다. 이
제 지금까지의 논의를 기초로 해서 두 이론가에게서 예술 이론

---

51) Ibid., p.336.
52) 아도르노는 이것을 Erschütterung 및 Betroffenheit로 표현한다(Cf. *Ästhetische Theorie*. p.363).

적 카테고리들의 강약점을 분석하여 상호 보완 가능성을 검토할 차례가 되었다. 검토의 의의는 변증법적 예술 이론의 현재적 및 미래적 의미를 모색하는 데서 획득될 수 있다.[53] 루카치와 아도르노의 변증법적 예술 이론의 현재적 의미에서의 존속 가능성에 정당성을 부여하기 위해서는, 두 이론가의 이론 구성에서 공통적 요소로 나타나는 특징들이 사회적 현실의 현재적·미래적 진행과 예술 작품의 생산이라는 상호 연관 관계를 성찰하는 데 유용한 것들이라는 조건이 전제되어야 한다.

루카치와 아도르노의 예술 이론 구성에서 가장 결정적 특색은, 그들이 생각하는 역사관 및 사회를 보는 시각과 예술에 대한 고찰이 일치되고 있다는 사실이다. 역사를 결정짓는 요소가 있다고 하는 결정론적 사고 방식과 더 나은 역사의 실현이라는 당위성의 전제가 예술 이론적 카테고리의 형성에 기초가 된 것이다. 역사는 인간이 의도하는 방향으로 진행되어야 한다는 필연성 및 체계에 의한 필연성의 실현 가능성(루카치의 경우, 사회주의의 실현)과, 과거의 역사는 부정적으로 진행되어 왔기 때문에 미래는 더 나은 역사가 되어야 한다는 희망(아도르노의 경우, '확연한 부정')이 두 이론가의 예술을 보는 시각을 규정하고 있다. 예술은 유토피아의 실현에 기여해야 된다는 입장을 두 이론가는 공유하고 있는 셈이다. 여기에서 우리는, 예술이 미래의 역사를 구축하는 데에서 어떤 역할을 담당할 수 있는 가능성을 인정하는 근거를 일단 확보할 수 있다. 두 번째로 지적할 수 있는 특색

---

53) 이 논문은 루카치와 아도르노가 남긴 카테고리들을 상호 보완할 수 있는 가능성을 다만 예술 작품의 생산이라는 관점에서 검토하는 목적을 지니고 있기 때문에, 예술 작품의 수용, 사회적 기능과 작용 등의 문제는 상세히 거론하지 않는다.

은, 예술 작품에서 사회가 전체(das Ganze)로서 출현한다는 입장을 두 이론가가 견지하고 있다는 사실이다.[54] 사회가 '그것 자체로서 닫힌 하나의 전체'인 것처럼 예술 작품도 '자체로서 닫힌 하나의 전체'라는 것이다. 이것은 예술 작품에서 전체로서 출현하는 사회에 대한 성찰 가능성을 우리에게 매개시킬 수 있는 요소다. 이 요소가 미래적 의미를 획득할 수 있음은 자명한 일이다. 미래에의 성찰은 과거와 현재의 현실에 기반을 두어야 하기 때문이다. 세 번째, 두 이론가는 예술에 인식 기능을 부여하고 있다. 루카치는 학문적 인식과 예술적 인식이 질에서 거의 동일한 인식인 것으로 생각한다. 필연적으로 실현되어야 할 가치가 학문에서 추구될 수 있는 것처럼 예술에서도 시도될 수 있다는 입장을 갖고 있는 셈이다. '반영'과 '전망'은 따라서 필연성의 카테고리들이 된다. 아도르노는 학문적 인식과 예술적 인식을 엄격하게 구분한다. 그는 두 인식을 '철학적 해석'을 통하여 매개시키는 가능성을 근거 세우고 있다. '표현하지 않고는 견딜 수 없는 충동'인 미메시스적 충동이나 '예술 작품에서 표현된 내용에 독자도 당사자가 되어 있다는 충격적 경험'은 '철학적 해석'을 통하여 개념적 인식으로의 변환이 가능하다는 것이다. 아도르노에 따르면, 그러나 예술적 인식에는 필연성이 개입될 수 없다. 예술적 인식과 학문적 인식을 보는 두 이론가의 시각에서 우리는 예술에서 획득된 인식이 독자에게 개념적으로 매개될 수 있다는 가능성을 발견할 수 있다. 이 같은 가능성이 사회적 현실에 대한

---

54) Cf. B. Lindner, >>Il fâut étre absolument moderne<<. Adornos Ästhetik : Ihr Konstruktionsprinzip und ihre Historizität. In : Ders. / M. Lüdke(hrsg.), *Materialien zur ästhetischen Theorie Th. W. Adornos*, Konstruktion der Moderne, Frankfurt / M, 1980, p.268.

독자의 인식과·행위에 영향을 미칠 수 있다는 전제에서 '반영', '전망', '미메시스', '당사자가 되어 있다는 경험'의 카테고리들이 개념적 차원에서도 미래적 의미를 획득할 수 있다. 네 번째, 두 이론가에게서 예술 이론적 카테고리들은 '어느 시대에나 통용되는(überzeitlich) 카테고리'들로서 구성되고 있다는 사실이다. 그러나 루카치의 '반영'과 '전망'은 자본주의가 존속되는 한에서는 필연적으로 통용되는 카테고리들인 반면에, 아도르노의 '미메시스'와 '당사자가 되어 있다는 경험'은 모든 역사에 보편적으로 통용되는 카테고리들이다. 여기에서 우리는 이들 카테고리들의 — 미래적 차원에서의 — 상호 보완 가능성을 모색할 수 있다. 이상에서 거론한 루카치와 아도르노의 예술 이론의 전체적 특징에서, 우리는 일단 두 이론가의 예술 이론은 — 예술 작품의 생산이라는 관점에서 — 현재와 미래에도 통용될 수 있는 발전적 전개 가능성을 지닌 이론이라는 점을 주장할 수 있게 되었다. 우리는 이제 이 문제를 현실 인식적 차원과 현실 변혁적 차원에서 좀더 구체적으로 검토할 차례에 이르게 되었다.

글쓴이는 먼저 루카치의 '반영'을 현실 인식적 차원에서, '전망'을 현실 변혁적 차원에서 검토해보려고 한다. '반영'에는, 작품은 '현실을 반영한다(widerspiegeln)'는 적극적 논리가 명백하게 보이고 있다. 루카치는 객관적 반영의 가능성을 확신하고 있는 셈이다. 실현되어야 할 필연적 가치가 강요하는 "결정에의 강제성"55)이 반영의 객관성을 근거 세워줌과 동시에 경직성을 수반하게 하는 요소가 된다. 예술 작품에서의 현실 인식이 필연적으

---

55) P. Bürger, *Vermittlung - Rezeption - Funktion*, Op. cit., p.21.

로 실현되어야 할 특정 세계관에 종속됨과 더불어, 이런 인식은 특정 세계의 실현을 개념을 이용하여 학문적으로 시도하는, 즉 학문적 의미에서의 현실 인식과 동일한 본질을 갖는 인식이 된다. 이미 언급했듯이, '반영'의 카테고리는 자본주의의 모순이 지속되는 한 어느 시대에나 통용된다.

'반영'에 내재하는 강점은 첫째로, '반영'이 예술 작품의 생산에서 작품과 현실의 관계를 구체적이고도 객관적으로 근거 세울 수 있다는 점이다. 둘째로, '반영'은 자본주의의 모순을 독자로 하여금 객관적으로 인식 가능하게 할 뿐만 아니라 모순을 극복하려는 의지를 독자에게 매개할 수 있는 강점을 지니고 있다. '반영'은 그러나 특정 정치적 이념을 독자에게 강요하는 문제점을 내포하고 있다. 예술 작품이 정치적 이념의 희생물로 전락할 우려가 있는 것이다. '반영'에 의한 현실 인식은 또한 기계적·도식적 차원에 머무르고 마는 약점을 갖고 있다.

'전망'에는 자본주의의 거부를 통한 특정 이념을 실현하려는 강력한 의지가 표현되어 있다. 이상(理想)은 체계의 변혁을 통해 실현 가능하다는 논리가 적극적으로 개진되고 있는 것이다. '전망'에는 현실 변혁에의 구체적 가능성이 구체적으로 제시됨으로써 모순과의 투쟁 의지를 고양시켜주는 강점이 내재되어 있다. 현실 변혁에의 가능성이 객관적으로 인식됨과 더불어 실제로 변혁될 수 있는 가능성이 확대될 수 있는 것이다. 그러나 '전망'은 실현되어야 할 이상을 특정 이념에 고정시키는 강제성을 지니고 있다. 성취된 이상이 '기존의 것'에 내재하는 부정적 요인을 지양시킨다는 보장이 없는 것이다.

아도르노의 '미메시스'에는 현실 인식적 차원에서 '예술 작품에서 현실이 보인다(sich widerspiegeln)'는 입장이 개진되고 있다. 예술 작품은 실현되어야 할 가치나 이념을 의도적으로 표현할 수는 없다는 것이다. 아도르노는 또한 개념을 매개로 하는 학문적 인식을 주체가 객체를 일방적으로 인식하는 폭력적 인식으로 보기 때문에, 예술에서의 현실 인식이야말로 인식 대상을 제대로 인식한다고 생각한다. '미메시스'의 카테고리는 앞서 언급한 대로 서구 문명사 전체에 통용된다. 통용의 근거는 현실에 대한 부정에 기인한다.

'미메시스'의 강점은 예술적 현실 인식에의 다양한 가능성을 보장할 뿐만 아니라, 현실의 부정성을 절박하게 표현할 수 있다는 점에 있다. 이를테면 현실 인식이 기계적, 도식적 차원에 머무르고 말 우려가 없는 것이다. '미메시스'는 표현하지 않고는 견딜 수 없는 충동에서 유래하기 때문이다. '미메시스'는 또한 예술적 주체가 특정 이념에 종속되지 않게 하는 강점을 지니고 있다. 그러나 '미메시스'에는, 작품에서 표현된 세계와 실제의 현실 사이의 연관성이 — 예컨대 아도르노가 높게 평가하는 조이스, 카프카, 베케트의 경우처럼 — 구체적으로 인식되는 데에서 어려움이 있다는 약점이 내포되어 있다. 표현하지 않고는 견딜 수 없는 충동에 의한 현실 인식이면서도 작품에 나타난 결과는 수용자에게 인식되는 데에서 많은 문제점을 지니고 있는 것이다. 이러한 약점은 수용자에게 미치는 영향력의 감소를 불러일으킬 수 있는 요소가 된다.

아도르노의 '당사자가 되어 있다는 경험'에는 현실 인식적 차원에서 '기존의 것'에 존재하는 부정적 요소가 예술 수용자에게 충격적으로 인식됨으로써 수용자의 의식 변화에 의한 '더 나은 것'의 실현이라는 의지가 포함되어 있다. 특정 이념의 실현을 거부하면서도 '기존의 것'보다는 '더 나은 것'을 성취시키려는 의지를 포기하지 않고 있는 것이다.

'당사자가 되어 있다는 경험'은 현실의 부정성을 수용자의 의식에 충격적으로 매개할 수 있는 강점을 가지고 있다. 이 개념은 또한 특정 이념을 강요하지 않기 때문에 비폭력성을 지닌다. 개인의 의식의 변화를 유도함으로써 '기존의 것'을 부정하는 의식에 개인이 자율적으로 도달하도록 설득하는 것이다. 그러나 '당사자가 되어 있다는 경험'은 현실 변혁에의 가능성을 개인의 의식에 의존하고 있을 뿐이라는 약점으로부터 자유롭지 못하다. 실현되어야 할 이상이 구체적으로 설정되어 있지 않기 때문에 실제적 변화 가능성에의 기대치가 상대적으로 낮을 우려가 있다.

지금까지의 분석을 기초로 해서 우리는 루카치와 아도르노에게서 예술 이론적 카테고리들이 생산 미학적 관점에서 상호 보완될 수 있는 가능성을 논의할 수 있겠다. '반영'은 정치적 가치 결정의 필연성으로부터 유래하는 개념이다. 이 같은 필연성을 제거함으로써 수용자를 작가가 일방적으로 제기하는 의도로부터 자유롭게 해주어야 한다. 이는 또한 작품을 생산하는 데에서 작가의 의도가 특정 이념이나 체계가 강요하는 가치로부터 해방될 수 있는 가능성을 열어주기도 한다. '반영'에 내재하는, 특정 가치가 강요하는 폭력성을 '미메시스'를 통해 극복할 수 있다. '미메시스'는 부정적 현실에 대한 절박한 인식, 즉 그것을 표현하지 않고는 견딜 수 없는 충동의 결과다. 그러나 아도르노가 옹호하는 아방가르드적인 예술 작품에서 드러나듯이, 부정적 현실이 작품으로 형상화된 결과가 표현의 구체성을 결여하고 있으면 부정적 현실이 구체적이고도 객관적으로 인식되는 효과가 감소될

우려가 있다. 이 같은 약점은 구체적이고도 객관적인 표현을 강조하는 '반영'에 의해 극복될 수 있다. 부정적 현실을 표현하지 않고는 견딜 수 없는 충동을 구체적이고도 객관적으로 서술할 수 있는 가능성을 '미메시스'와 '반영'의 강점을 결합시킴으로써 획득할 수 있는 것이다. 이렇게 하면, 특정 이념을 수용자에게 강요하지 않기 때문에 수용자의 저항을 불러일으키지 않으면서도 표현하지 않고는 견딜 수 없는 충동이 더욱 구체적이고 객관적으로 형상화에 이르게 되어 부정적 현실에 대한 인식이 수용자에게 더 절박하고 구체적으로 매개될 것이다. 인류는 20세기 전반부에 체계와 이데올로기의 대립에 의한 대재난을 경험하였다. 그러나 인류가 지금 당면한 대재난은 바로 환경의 대위기다. 이것은 확연한 부정적 현실이다. 인류에게 공통으로 다가오는 환경 위기 시대에서 환경 파괴의 부정적 현실을 미메시스적 충동에 의하여 절박하게 표현하되, 좀더 구체적이고도 객관적으로 작품으로 형상화함으로써 수용자에게 루카치가 의도하는 객관성과 아도르노가 중시하는 충격성을 동시에 매개할 수 있는 예술 작품의 생산이 '반영'과 '미메시스'의 결합에 의해 가능해질 것이다. 현실 변혁 차원에서의 '전망'과 '당사자가 되어 있다는 경험'도 서로 보완될 수 있다. 후자는 현실의 부정성을 수용자에게 충격적으로 매개할 수 있으면서도 특정 이념을 강요하지 않는 비폭력성을 지닌 강점을 지니고 있다. 수용자도 환경 파괴라는 부정적 현실의 당사자가 되어 있다는 사실을 수용자 스스로 극복해야 되겠다는 의식의 변화를 '당사자가 되어 있다는 경험'이 유도할 수 있는 것이다. 충격에 의한 의식의 자율적 변화에의 유도는 '당사자가 되어 있다는 경험'에서 확보하되, '기존의 것'에서 확연히 드러나는 부정적 요소들은 필연적으로 극복되어야 된다는 투쟁에의 의지는 '전망'에서 받아들일 수가 있다. 환경 위기를 극복하는 것은 환경 파괴에 대한 투쟁에의 의지까지 요구하기 때문이다.

5. 변증법적 예술 이론의 시대적 당위성

'반영'과 '미메시스'에서 그 핵심을 찾을 수 있는 루카치와 아도르노의 문학 또는 예술 이론은 특히 20세기 전반에 정점에 다다른 역사적 비극과 밀접한 연관을 갖고 있다. 확연히 부정적인 현실에 대한 역사철학적·사회 이론적 진단과 처방이 예술 이론에 이입된 것이다. 과거의 대재난은 직접적으로 확인 가능한 폭력으로서의 부정적 현실이었으나, 환경의 대위기는 인류 문명이 점진적으로 종국과 파멸에의 길로 들어서고 있음을 보여주는 부정적 현실이다. 지구의 모든 지역에 걸쳐 보편적으로 확산되고 있는 환경 파괴와 같은 부정적 현실에서, 예술은 미래의 역사에 대한 관심을 포기해서는 안 될 것이다. 인류 문명의 존폐 여부는 이제 환경 위기를 극복하겠다는 인간의 의식적 의지에 달려 있기 때문이다. '반영'에서의 특정 이념의 지양과, '미메시스'에서 좀더 구체성을 갖는 서술 방식의 고양을 결합시키는 시도는 환경의 위기로 집약될 수 있는 현재의 인류 문명이 처한 상황에서 예술 작품의 생산이 나아갈 방향을 제시해줄 수 있는 가능성이 될 수 있다. 현실 인식과 현실 변혁에 근거하여 루카치와 아도르노가 예술 이론적 차원에서 성찰한 예술의 역사철학적 가치는 따라서 아직도 상실되지 않고 있는 것이다. 이것은 또한 예술 이론의 구성에서 예술 이론적 카테고리들의 기능을 역사적으로 변전 가능하도록 하는 작업이 새롭게 요청되고 있음을 말해주기도 한다. 우리가 현실의 부정적 요소를 극복하고 미래의 역사를 적극적으로 구축하겠다는 의지를 포기하지 않는 한, 변증법적 예술 이론이 남겨놓은 카테고리들은 그 유효성을 인정받을 수밖에 없다. 표현하지 않고는 견딜 수 없는 충동에 근거하여 자연 파괴의 부정적 현실을 표현할 수 있는 작품, 부정적 현실을 좀더 객관적이며 구체적으로 표현함으로써 더욱 광범위한 수용자를 확보할 수 있을 뿐만 아니라 자연 파괴와의 투쟁 의지를 수용자에게 의식적으로 매개할 수 있는 작품, 바로 이러한 작품의 생산이 '미메시스'와 '반영'의 결합에 의하여 가능해질 것이다. 부정적 현실은 극복되어야 된다는 '전망'은 제시하되 특정 이데올로기에 종속되어서는 안 될 것이며, 부정적 현실의 '당사자가 되어 있다는 경험'은 매개하되 좀더 구체적이고도 객관적으로 인간의 의식에 설득함으로써 환경 파괴라는 부정적 현실과의 투쟁 의지가 고양되어야 될 것이다. 이는, 인간이 미래의 역사를 포기하지 않는 한, 시대가 예술에 부여한 역사철학적 소명이기도 하다. 루카치와 아도르노는 "역사철학적으로 설정된 목적론이라는 공통성"56)에서 그들의 예술 이론을 전개시켰는 바, 바로 이런 공통성은 그들이 남겨놓은 카테고리들을 환경 위기의 시대라는 상황에서 상호 보완시킴으로써 예술 작품의 생산에 유용하게 변환시키는 작업에 의하여 새롭게 역사철학적 의미를 획득할 수 있을 것이다.

---

56) D. Kliche, Kunst gegen Verdinglichung. Berührungspunkte im Gegensatz von Adorno und Lukács, in : B. Lindner / M. Lüdke(hrsg.), *Materialien zur ästhetischen Theorie Th. W. Adornos*, Op. cit., p.246.

테크놀로지 시대에서의 예술적 계몽력
— 전통적 표현 수단에 기초한 예술 작품들의 위기와 기회

1. 시대 정신을 특징짓는 중심 개념어로서의 테크놀로지

정보 통신 공학·컴퓨터 공학·유전자 공학·원자력 공학과 같은 첨단 공학들은 인류의 삶의 체계·구조·질을 근본적으로 변화시키고 있다. 이러한 변화의 근원에 공통적으로 놓여 있는 기초 개념을 우리는 테크놀로지라고 부르며, 테크놀로지가 이 시대의 중심에 위치해 있음을 부인하기 힘들다. 테크놀로지는 그것이 생성되는 분야인 학문과 기술의 영역뿐만 아니라 일상 생활의 거의 모든 분야에 걸쳐 이미 구조적 요소로서 자리를 잡았기 때문이다. 찜머리(Walther Ch. Zimmerli)는 우리 시대의 이 같은 특징을 테크놀로지의 시대라고 정리하고 있다 : "'학문과 기술이 지배하는 시대'[1]는, 학문과 기술의 상호 작용이 없었더라면

---

1) 작은따옴표는 원문의 필자가 붙인 것임.

분리된 채 존재할 사회의 여러 부분 체계들을 상호 작용시킨다
는 특징을 지니고 있다. '학문과 기술이 지배하는 시대'는 학문,
기술, 생활 세계, 사회, 정치의 각 영역들이 상호간에 파고들게
하는 자리를 마련해주며, 우리는 이처럼 각 영역들이 서로 파고드
는 현상을 '테크놀로지 시대'라고 표시할 수 있겠다."[2] 특히 컴퓨터
산업의 비약적 발전과 궤를 같이 하는 정보 통신 테크놀로지가 차지
하는 비중이 정치 · 경제 · 사회 · 문화 · 학문 등의 분야뿐만 아니라
개별 인간들의 일상 생활에서 급격히 상승됨으로써[3] 이 시대의 문
화 자체가 "기술적 문화(Technische Kultur)"라는 진단에까지 이르
게 되어 "테크놀로지는 문화과학(Kulturwissenwissenschaft)"[4]
이라는 주장까지 제기되고 있다. 테크놀로지는 이제 문화라는
개념, 다시 말해 삶의 형식의 총체이자 인간이 역사적으로 이루
어낸 모든 내적 · 외적 산물의 총체로서 이해되는 문화라는 개념
과 비견되는 단계에 도달한 것이다.

　그러나 테크놀로지의 비약적 발전은 인간의 문화 발전과 가장
밀접한 관련을 맺고 있는 전통 예술, 예컨대 문학 예술 · 전통 회
화 · 순수 음악과 같은 예술 분야의 위기를 불러오고 있다. 컴퓨
터 · 비디오 · 영화 · CD롬 · 멀티 미디어처럼 테크놀로지에 바

---

2) W. Ch. Zimmerli, Einleitung. in : ders.(hrsg.), *Technologisches Zeitalter oder
Postmoderne*, München, 1988, S.8.
3) Vgl. G. Ropohl, *Technologische Aufklärung*, Beiträge zur Technik-
philosophie. 1. Aufl., Frankfurt / M, 1991, S.144-166.
4) Vgl. Ebd, S.198 ff. 로폴은 문화과학으로서의 테크놀로지에 대해 다음과 같
은, 많은 관심을 끄는 주장을 펴고 있다 : "일반적인 테크놀로지는 학문 프로그
램이며, 이러한 프로그램은 기술을 문화로서 서술하고 이해하는 것을 시도한
다. 일반적인 테크놀로지가 기술학(Technikwissenschaft)의 기초 학문과 응용
된 문화과학을 동시에 표현함으로써 '두 문화', 즉 기술과 문화 사이의 연계 고
리가 될 수 있다"(S.214).

탕을 두는 대량 전달 매체가 대량성·신속성·복제성·상업성·오락성·소비성 등의 특징에 힘입어 예술 작품의 생산과 수용 형식을 근본적으로 변화시키면서 전통적 표현 수단에 기초한 예술의 입지를 약화시키고 있기 때문이다. 이러한 인식 관심에서, 이 논문은 테크놀로지 시대에서 전통 예술이 처한 위기는 예술이 그것의 발생 이래 고유한 기능으로서 담지해온 예술적 계몽력의 지속적 유지와 발전을 통해 극복 가능하다는 입장을 개진하고자 한다. 테크놀로지는 특히 서양의 자연과학과 결합된 기술의 산물이다. 따라서 테크놀로지와 예술적 계몽력의 관계를 논의하려면 우리는 우선 기술(Technik)의 발전과 예술의 상호 연관성을 먼저 검토해야 한다.

2. 기술의 발전과 예술 작품의 생산·수용 형식

기술은 일반적으로 인간이 대상을 자신의 의도에 따라 이용하는 행위의 방식으로 이해된다. 기술은 "무엇을 관철하고, 성취하며, 작업을 통해 달성하는 종류와 방식이다. 인간의 활동이 앞서서 발견된 것, 주어진 것을 인간이 필요로 하는 욕구와 희망에 상응하게 변화시키는 것을 지향하려 하는"[5] 활동인 것이다. 기술은 그러므로 좀더 편안하고 안전하며 효율적인 삶에의 소망을 지닌 인간의 의지와 결합되어 지속적으로 발전을 거듭해온 역사를 갖고 있다. 서구에서 근대가 시작된 이후 자연과학의 비약적 발전과 궤를 같이 하면서 학문과 직접적 상호 연관성을 맺게 된

---

5) G. Schischkoff(hrsg.), *Philosophisches Wörterbuch*, 21.Aufl., Stuttgart, 1982, S.771.

기술은, 앞에서 논의하였듯이 이제 테크놀로지라는 문화로서 구조화되면서 인간의 삶에 결정적 영향을 미치는 요소가 되었다. 인류는 특히 20세기에 들어서서 기술이 자신의 운명을 결정하는 가장 중요한 요소라는 사실을 두 차례에 걸친 세계대전을 통해 경험하였으며, 제2차 세계대전 후에도 핵전쟁의 공포 및 환경 위기와 같은, 즉 자신의 장래를 결정짓는 중대한 문제가 기술과 깊은 연관 관계를 맺고 있음을 인식하게 되었다. 원래 인간의 삶을 편안하게 하는 데 기여하는 기능을 갖고 있었던 기술은 이제 자기 스스로 작동될 수 있는 메커니즘이 되면서 인간을 기술에 종속시키는 능력을 갖게 되었다.6) 인간이 대상을 장악하는 수단으로 개발한 기술은 이제 인간을 장악함으로써 인간을 기술의 지

---

6) 독어권에서 기술에 대한 논의는 1950년대에 특히 아놀트 겔렌에게서 본격적으로 시작되었다. 그는 기술의 역할을 비교적 긍정적으로 평가하였다(vgl. A. Gehlen, *Die Seele im technischen Zeitalter*, Sozialphilosophische Probleme in der industriellen Gesellschaft. Reinbeck, 1957). 그러나 1960년대에 헬무트 셸스키가 기술이 인간을 지배한다는 분석을 내놓은 이래(vgl. H. Schelsky, *Der Mensch in der wissenschaftlichen Zivilisation.* Köln / Opladen, 1961), 이 견해는 허버트 마르쿠제와 위르겐 하버마스의 기술 및 테크놀로지에 대한 비판적 분석을 통해 거듭 강화되었다(vgl. H. Marcuse, *Der eindimensionale Mensch*, Neuwied / Berlin, 1967, vgl. J. Habermas, *Technik und Wissenschaft als >Ideologie<.* Frankfurt / M, 1968). 기술의 지배력은 1970년대와 1980년대에는 오토 울리히(vgl. O. Ulrich, *Technik und Herrschaft. Vom Hand-Werk zur verdinglichten Blockstruktur industrieller Produktion.* Frankfurt / M, 1979), 울리히 벡(Ulrich Beck) 등 여러 사회학자들에 의해 더욱 강력하게 증명되었으며, 벡은 『위험 사회(*Risikogesellschaft*)』(Frankfurt / M, 1986)에서 기술에 의해 구조적으로 조작될 뿐만 아니라 통제되는 산업 사회는 더 이상 인간의 의지에 따라 조종될 수 없는 사회라는 주장을 제기한다. 1990년대에 들어서는 기술과 계몽, 테크놀로지와 계몽, 기술과 윤리 등에 대해 활발한 논의가 이루어지고 있다(vgl. G. Ropohl, *Technologische Aufklärung.* a.a.O., vgl. H. Hastedt, *Aufklärung und Technik.* Frankfurt / M, 1994., vgl. G. Ropohl, *Ethik und Technikbewertung.* Frankfurt / M, 1996).

배력으로부터 자유롭지 못한 존재로 만들었으며, 특히 기술・지식・정보를 종합적으로 장악하는 테크놀로지는 인간의 삶을 총체적으로 지배할 수 있는 능력을 보이고 있는 것이다.[7] 테크놀로지는 이제 시대 정신이자 문화가 되었다.

인간 생활의 모든 부분에 걸쳐 보편적인 영향력을 갖게 된 기술은 또한 비개념적・감각적 대상 인식의 수단으로서 인간과 인간, 인간과 자연, 인간과 사회 사이의 상호 인식 및 의사 소통에 기여해온 예술의 형식에도 결정적 영향력을 행사한다. 예컨대 인쇄술의 발달은 문학 작품의 확산과 수용에, 색채술의 발달은 미술 작품의 생산에, 음향 기기의 발달은 음악 작품의 생산과 수용에, 사진술의 발달은 사진과 영화의 진보에 기여한 바 있다. 그러나 기술이 과거에는 예술의 각 장르에 걸쳐 비교적 독립적으로 영향을 미치면서 예술 작품의 생산과 수용에 변화를 야기하였다면, 현재의 테크놀로지는 문자・음향・화면을 효율적으로 종합할 수 있는 능력을 지닌 영상 매체를 예술 작품의 생산과 수용에서 가장 중요한 요소로 출현시키는 위력을 발휘하고 있다. 제2차 세계대전 후 본격적인 발전에 들어선 영상 기술은 뒤따라 등장한 컴퓨터 기술과 접목되면서 인간의 지각과 경험 세계를 신속성(Schnelligkeit)・동시성(Spontaneität)에 묶어두면서 인간이 예술 작품을 수용하는 형식을 혁명적으로 변화시킨 것이다. 전통적 예술 작품의 존재 가치는 ① 작품의 생산 ② 동시대의 수용자에 의한 수용 및 다양한 해석을 통한 역사적 의미의

---

7) 이러한 견해는 앞서 간단히 언급한 마르쿠제와 하버마스에게서 이미 제기된 바 있다. 이 문제에 대한 가장 정평 있는 분석은 유럽의 사회과학계에서 많은 주목을 받았던 오토 울리히의 저서 『기술과 지배』에서 시도되고 있다(vgl. O. Ulrich, *Technik und Herrschaft*. a.a.O., S.151 ff.).

수용 ③ 수용자에게 인식을 제공 ④ 역사적 가치를 인정받은 작품이 제공하는 교육·계몽 효과로 정리될 수 있겠다. 여기에서 중요한 것은 예술 작품의 대상 인식이 감각적 지각에서 출발하지만 종국적으로는 철학적 인식이 의도하는 최종 목표인 진리 내용과 동일한 질을 매개한다는 사실이다.8) 어느 시대를 기준해서 공시적, 그리고 통시적으로도 가치 있는 진리 내용을 인간에게 매개하는 것이야말로 예술이 가진 전통적 기능이었던 것이다.

그러나 영상 매체가 인간의 지각·경험 세계에서 차지하는 비중이 절대적 우위를 점하면서 위에서 본 전통적 의미에서의 예술 작품의 생산·수용 관계가 바뀌게 되었다. 이미 다양한 통신 기능을 갖추고 문학·음악·미술이 매개할 수 있는 예술적 내용을 동시에 전세계적으로 전파할 수 있는 능력을 보이는 컴퓨터, 화상 화면을 통해 인간에게 가장 빠른 속도로 정보를 매개하는 비디오·텔레비전 같은 매체들9)에 인간의 지각 활동이 종속되는 시간이 많아지면서 대상에 대한 인간의 지각 및 인식 구조도 변하게 된다. "개인들이 전세계적으로 미디어를 통하여 서로 접속되어 있다는 것, 그리고 이런 사실과 더불어 근거 세워지는 것,

---

8) 이는 테오도르 아도르노가 주장한 내용이며, 글쓴이는 이 주장에 전적으로 동의하고 있다.

9) 언론학자인 클라우스 오이리히(Claus Eurich)는 이런 매체들이 예술 작품의 생산과 분배 구조를 종합화(Synthetisierung), 합리화(Rationalisierung), 상업화(Kommerzialisierung)하는 결과를 초래한다고 분석하고 있다. 그에 의하면 새로운 매체들은 예술가들의 작업 과정을 재료적 차원에서 뿐만 아니라 정신적 차원에서도 합리화시키고, 일상 세계 및 예술가들이 작품을 창조하여 생산에 이르게 하는 과정에 접근하는 것을 합리화시킴으로써 결국은 문화를 동종화(Homogenisierung)에 이르게 한다. 새로운 매체들은 예술 작품의 생산과 분배를 분절되면서도 동시에 상업화되는 체계로 몰아넣기 때문이라는 것이다(vgl. C. Eurich, *Computer, neue Medien und Kultur*. Informationstechnologien in den publizistischen und künstlerischen Berufen. Hamburg, 1988, S.129-143).

즉 발생하는 일 및 이것의 지각이 장소를 가리지 않고 동시에 이루어진다는 것은 발생하는 일에 대한 조망을 부여하지 않고 현실적인 것과 가공적인 것, 체험된 것과 사고된 것의 구분을 불명료하게 한다."[10] 이 현상은, 인간의 지각 및 경험 구조가 — 영상 매체가 주도하는 시대에 적응하는 과정에서 — 전통적 의미에서의 예술 작품의 수용 형식을 점점 수용하기 어려운 형태로 변모될 수 있음을 보여주고 있다. 예술 작품이 영상 매체에 의해 동시적·대량적으로 수용될 때 전통적 의미에서의 예술 작품 수용 형식이 더 이상 가능하지 않으리라는 판단은 따라서 그 타당성을 주장할 수 있다. 이러한 상황에서 문제되는 것은 전통적 의미에서의 예술 작품의 존재 가치다 : 예술 작품이 인류 역사와 더불어 인간에게 끊임없이 매개해온 기능, 즉 인간·사회·역사에 대한 인식력 제공 및 이에 따른 계몽력·선취력·교육 기능 제공은 이제 그 위상을 근본적으로 위협받게 되었다. 테크놀로지의 눈부신 발전은 예컨대 체르노빌 사태가 극명하게 시위한 대로 인류의 생존 자체를 언제든지 파괴할 수 있는 가능성을 열어놓았다.[11] 이와 같은 테크놀로지의 부정적 작용력은 또한 인간의 역사와 더불어 항상 자신의 고유한 존재를 지키면서 문화 형성과 발전의 견인차 역할을 수행했던 예술의 전통적 위상을 약화시킨 것이다. 동서양을 막론하고 통용되었던, 역사적으로

---

10) J. Huber, Vorwort. in : ders(hrsg.), *Wahrnehmung von Gegenwart*. Basel / Frankfurt / M, 1992, S.7 ff.

11) 예를 들어 울리히 벡은 과학 기술 문명 체계에 의해 작동되는 산업 사회는 자체로 움직이는 체계로서 인간이 더 이상 통제할 수 없는 체계라고 보고 있다. 인간이 산업 사회라는 체계에 전적으로 의존되어 있기 때문에 산업 사회는 사멸할 가능성도 없으며, 인간에 대해 아무런 책임도 지지 않는다(vgl. U. Beck, *Gegengifte*. Die organisierte Unverantwortlichkeit. Frankfurt / M, 1988).

검증 받은 위대한 작품이 갖는 교육과 계몽의 기능은 이제 역할의 감소를 피할 수 없게 되었으며, 다가오는 역사에서도 끊임없이 새롭게 해석되면서 인간에게 다양한 인식의 지평을 제공할 수 있는 예술 작품이 생산될 수 있는 가능성도 줄어들었다. 순수 예술은 분명 위기를 맞고 있는 것이다. 그러나 예술은 자신이 갖는 계몽력과 교육 기능 제공 능력을 통해 위기를 극복해야 하며, 이는 또한 존재 가치의 확인을 위한 기회로도 이해되어야 한다.

기술의 발전에 힘입어 등장한 영상 매체가 예술 작품의 수용자들에게 미칠 수 있는 영향을 예술 이론 분야에서 본격적으로 인식을 시도한 사람은 20세기의 가장 뛰어난 예술이론가로 평가받는 발터 벤야민이었다. 그는 영화라는 새로운 예술 형식이 파시즘에 의해 "정치를 예술화"[12]시키는 도구로 사용되는 현실을 보면서, 영화를 통해 대중을 계몽시킬 수 있는 가능성을 모색하였다. 그는 전통적 표현 수단을 사용하는 예술 형식보다 훨씬 많은 사람들에게 수용될 수 있는 가능성을 갖고 있었던 영화에서 되도록 많은 예술 수용자들을 계몽시킬 수 있는 가능성을 찾아나섰던 것이다.

3. 예술 작품의 대량적 복제·수용 가능성과 예술적 계몽력의 확산 가능성 : 발터 벤야민의 경우

예술이론가로서의 벤야민이 성취한 가장 결정적이고도 중요

---

12) W. Benjamin, Das Kunstwerk im Zeitalter seiner technischen Reproduzierbarkeit. in : Gesammelte Schriften I.2., hrsg. von R.Tiedemann und H. Schweppenhäuser. Frankfurt / M, 1980, S.508.

한 업적은 예술 작품의 생산과 역사·사회적 현실의 상호 연관
성을 그의『독일 시민 비극의 원천』에서 알레고리(Allegorie)라
는 개념을 통해 설명할 수 있었다는 데 있다. 벤야민은 알레고리
에서 예술과 역사가 서로 만나게 되며, 알레고리로서 존재하는
예술의 형식 자체가 이미 역사를 서술하고 있는 것을 의미하며
이는 곧 자연사(Naturgeschichte)가 된다는 인식을 우리에게 제
공하였다.[13] 그는 이렇게 해서 예술이 역사를 인식하고 비판하
는 기능을 갖는다는 사실을 우리에게 인식시켜줌과 동시에 예술
이 역사적 의미의 계몽력을 획득할 수 있음을 이론적으로 설명
할 수 있었다. 여기에서 의미하는 계몽력은, 수수께끼적 형상에
서 역사의 비극과 재난을 담은 채 출현하는 알레고리가 예술 수
용자인 인간에게 부단히 다가오면서 인간으로 하여금 비극과 재
난의 의미를 되새기게 하는 것에 근거를 둔 계몽에의 능력이다.
따라서 문학에서는, 이런 수수께끼의 의미를 문예학적으로 해석
하는 행위를 통해 문학 작품이 제공하는 인식의 계몽력이 근거
세워질 수 있다. 벤야민의 이 같은 생각은 추후 아도르노에 의해
철학적 해석(philosophische Interpretation)이라는 개념을 통해
학문적으로 더욱 정리되며, 철학적 해석에 의해 획득된 인식은

---

13) 위에서 핵심적으로 요약한 내용은 3개의 중요 부분 중 맨 마지막 부분인
「알레고리와 시민 비극」의 전편에 걸쳐 서술되고 있다. 예컨대 "시민 비극에
의해 무대 위에 올려진, 자연·역사가 알레고리적으로 용모를 드러내는 것은
정말로 현재적인 것이며 폐허로서 출현한다. 역사는 알레고리적인 모습과 더불
어 자신을 감각적으로 보여주는 전시장으로 이동된 것이다. 역사는, 이런 모습
으로 형성된 채 영원한 삶의 과정으로서가 아니라 그칠 줄 모르는 타락의 진행
으로서 그 모습을 선명하게 드러내는 것이다"와 같은 내용은 예술이 역사 인식
의 심급(Instanz)이 됨을 명백하게 서술하고 있다(vgl. W. Benjamin, *Ursprung
des deutschen Trauerspiels*, in : Gesammelte Schriften I.1., hrsg. von R.
Tiedemann und H. Schweppenhäuser. Frankfurt / M, S.353).

바로 역사에 대한 인식으로서 예술 수용자를 계몽시키는 능력을 갖게 된다. 벤야민은 『독일 시민 비극의 원천』에서 예술이 그것의 발생 이래로 유지해온 계몽력을 가장 근본적으로 설명한 뛰어난 이론가였던 것이다.

벤야민은 그러나 1930년대에 들어 마르크스의 사상에 관심을 갖게 된 이래로 예술을 생산력과 생산 관계의 변증법적 운동이 규정하는 하부 구조가 산출해내는 상부 구조의 한 형식으로 본 마르크스의 이론을 받아들이며, 그 결과 기술의 발전이 예술 작품의 생산과 수용에 미치는 영향을 최초로, 그리고 가장 구체적으로 논의한 기념비적 논문인 「기술 복제 시대의 예술 작품(Das Kunstwerk im Zeitalter seiner technischen Reproduzierbarkeit)」을 내놓는다. 벤야민이 『독일 시민 비극의 원천』에서는 수용자 개인의 의식에 들어오는 예술적 진리 및 이것의 계몽적 가치를 중시하였다면, 「기술 복제 시대의 예술 작품」에서는 대중에 의한 대량적 수용에 중점을 둔 대량적 의미의 계몽 가능성을 모색하였다. 나치즘이 그것의 폭력성을 명백하게 드러내고 있었던 시기인 1935년부터 1936년에 걸쳐 쓰여진 이 논문은 이미 머리말에서 "현재의 생산 조건이 갖고 있는 변증법은 경제의 영역에 못지 않게 상부 구조 속에서도 뚜렷이 나타나고 있다. 그렇기 때문에 예술의 발전 경향의 테제가 지니는 투쟁적 가치를 과소 평가해서는 안 된다"[14]는 주장을 개진한다. 벤야민은 예술 작품을 생산하는 기술의 발전이 파시즘의 이데올로기에 대항하여 투쟁할 수 있는 예술적 기능을 획득할 수 있으리라는 테제를 설정하고 있는 것이다. 그는 이러한 기능을 담당하는 예술 형식으로서

14) Ebd., S.473.

대량적으로 복제가 가능하며 대중에 의해 대량적으로 수용이 가능한 것인 사진과 영화를 들고 있다. 사진과 영화가 성취할 수 있는 계몽적 작용력을 그는 이 논문의 전편에 걸쳐 긍정적으로 평가하고 있으며, 특히 영화가 대중의 현실 인식과 현실 변혁 능력을 고양시키는 기능을 갖고 있음을 강조하였다. 다시 말해, 예술 작품의 생산에서 복제 기술의 발전이 벤야민에게는 대중과 현실의 관계를 새롭게 정립시키는 계기가 된다 : "현실이 대중에 적응하고 대중이 현실에 적응하는 것은 사고뿐만 아니라 직관에 대해서도 무한한 영향력을 갖는 하나의 진행 과정이다."[15)

벤야민은 예술 작품의 복제 기술이 예술에 미치는 영향을 우선 그가 진품의 유일무이한 현존성으로 이해한 아우라(Aura)가 붕괴되는 것으로 파악하고자 하였다. 아우라의 붕괴는 벤야민에게 긍정적 현상으로 이해되며, 이는 아우라의 와해로 말미암아 대중이 "사물을 공간적으로, 그리고 인간적으로 자신에게 좀더 가까이 끌어오고자 하는" 욕구를 충족시킬 수 있을 뿐만 아니라 "복제를 통하여 모든 사물의 일회적 특징을 극복하려는 경향"[16) 도 만족시킬 수 있기 때문이다. 기술적 복제 가능성이 존재하지 않았던 시대에서는 예술의 수용 주체로서의 각 개인이 명상적 태도에서 아우라를 일회적으로 경험하였던 반면에, 기술 복제 시대에서는 대중이 수용 주체가 됨과 동시에 예술 작품에서 경험된 내용이 동일한 의미로 다가오게 되었다는 것이다.[17) 그에 의하면, 예술 작품의 진품성이 기술적 복제 가능성에 의해 와해 되면서 예술 작품의 가치도 의식적 가치(Kultwert)에서 전시 가

15) Ebd., S.480.
16) Ebd., S.479.
17) Vgl. Ebd., S.478-480.

치(Ausstellungswert)로 변모되며, 이는 종교 의식적인 기능을 주로 담당하던 예술의 기능이 정치에 근거를 두는 사회적 실천 기능으로 바뀌었음을 뜻한다.[18] 벤야민은 아우라의 붕괴를 상징적으로 확인시켜주고 있는 영화와 같은 예술 형식이 대중을 예술에 좀더 가깝게 함으로써 예술의 사회적 작용력을 고양시킨다고 보고 있는 것이다.

영화의 사회적 작용력을 긍정적으로 평가하는 벤야민의 입장에는 영화가 현실의 지각 및 인식을 심화시키는 능력을 갖고 있다는 것이 근거로서 놓여 있다. 벤야민은 영화의 관중이 연극의 관중과는 달리 화면에서 제공되는 연기를 시험하는 자세를 취할 수 있으며, 마치 프로이트의 정신분석학이 인간의 무의식의 깊은 세계를 분석할 수 있는 가능성을 열어주었듯이 영화도 시각과 청각의 세계에 걸쳐 지각의 심화를 가져다주었다는 주장을 제기한다.[19] 영화야말로 카메라를 통하여 현실을 좀더 깊게 분석할 수 있으며, 영화의 관중은 영화에 의해 더욱 심층적으로 포착된 현실을 비판적으로 인식할 수 있다는 것이다. 영화는 이 같은 분석력을 갖고 있기 때문에 학문과 예술의 상호 침투를 촉진시키는 기능을 가지며, 이 기능이 벤야민에게는 예술 형식으로서의 영화가 갖는 가장 중요한 혁명적 능력이다.[20] 혁명적 능력은 관중이 예상하지 못했던 공간을 영화가 인식시켜주는 것에 근거한다 : "영화는 확대 촬영을 ─ 이것은 여러 상품 목록을 갖고 있다 ─ 통해서, 그리고 우리에게 익숙한 필수적인 사물들에 놓여 있는 숨겨진 세부 사항들을 강조함으로써, 또한 카메라의

---

18) Vgl. Ebd., S.481-483.

19) Vgl. Ebd., S.488, 498-499.

20) Vgl. Ebd., S.499.

뛰어난 선도 아래 진행되는 진부한 환경들에 대한 천착을 실행
함으로써 한편으로는 우리의 삶을 지배하는 강제성에 대한 통찰
력을 증가시키고 다른 한편으로는 우리가 전혀 예측하지 못했던
커다란 공간을 우리에게 확보해주는 것이다."[21] 영화에서 보이
는 "재생산 수단은 더욱더 복합적이 되는, 사회적으로 발생되는
것에 대한 회상력을 창출할 뿐만 아니라 개별적인 경험의 조건
들에 의해 이전에 이미 여과되고 왜곡된 현실의 복합성에 대해
학문적으로 분석하는 것을 가능하게 한다."[22]

벤야민은 이처럼[23] 영화가 대중의 의식을 변혁시킬 수 있는
가능성을 확신하였다. 그는 기술적 발전에 의해 새로이 나타난
종합 예술인 영화가 현실에 대한 좀더 깊은 인식 가능성을 매개
하는 능력을 보임으로써 대중이 현실을 비판적으로 인식하는 데
기여할 수 있다고 보았던 것이다. 영화는 따라서 대중 운동에도
매우 유용한 수단이다 : "대중 운동의 가장 강력한 매체는 영화
다. 영화의 사회적 의미는 또한 대중 운동의 가장 적극적인 형상
에서도 생각될 수 있다. 바로 이런 형상에서 영화의 — 파괴적인
면까지도 포함하여 — 카타르시스적인 면, 즉 문화적 유산에 남
아 있는 전통적 가치의 청산이 모색될 수 있다."[24] 벤야민은 대
중이 영화를 대량적으로 수용할 수 있다는 것을 긍정적으로 평
가하였을 뿐만 아니라, 영화를 통해서 대중 운동이 더욱 강력한

---

21) Ebd., S.499.
22) B. Lindner, Brecht / Benjamin / Adorno - über Veränderungen der
Kunstproduktion im wissenschaftlich-technischen Zeitalter. in : *Text + Kritik
Sonderband.* Bertold Brecht. hrsg. von H. L. Arnold. München, 1978, S.28.
23) 그는 물론 서구 영화가 자본에 종속되어 부정적 방향으로 흐르는 점도 인식
하고 있었으며, 이것을 비판하는 것도 잊지 않았다(vgl. Ebd., S.494).
24) Ebd., S.478.

사회적 의미를 획득할 수 있다고 본 셈이다. 기술의 발전은 따라서 벤야민의 시각에는 예술적 계몽력의 향상을 뜻한다고 말할 수 있겠다.

4. 예술 작품의 대량적 수용에 대한 전면 부정과 예술적 계몽력 : 테오도르 아도르노의 경우

벤야민이 영화처럼 기술에 의해 매개되는 예술 형식을 대중 운동의 매체로까지 생각하였던 반면에, 아도르노는 대중에 의한 예술 작품의 대량적 수용을 예술 작품에 내재하는 진리 내용의 파괴 및 예술적 계몽력의 상실로 파악하였다. 아도르노는 예술 작품이 수용자에 의해 적극적으로 수용되는 것 자체를 전혀 인정하지 않았다 : "예술 작품에 대한 인간의 반응들은 옛날부터 극도로 매개되어 있다. 다시 말해서 이 반응들은 예술 작품에 직접적으로 연관되어 있지 않을 정도다. 이것은, 오늘날의 경우에는 사회 전체적인 현상이 되고 말았다. 예술 작품의 영향에 관한 연구는 사회적인 것으로서의 예술이라는 예술의 질에 상응하는 것에 도달하지 못한다."[25] 아도르노는 사회 자체가 관리된 사회로서 존재할 뿐만 아니라, 이런 사회에서는 인간의 의식도 교환 합리성(Tauschrationalität)에 의해 매개되어 있기 때문에 예술 작품을 수용하는 인간의 의식도 사회에 의해 이미 매개되어 있다는 주장을 펼친다. 총체적 현혹의 연관 관계(universaler Ver-

---

25) T. W. Adorno, *Ästhetische Theorie.* hrsg. von G. Adorno und R. Tiedemann. 5.Aufl., Frankfurt / M, 1981, S.339.

blendungszusammenhang)로 작동되는 사회에서는 인간들 자체가 이미 이데올로기가 된다는26) 견해를 갖고 있는 아도르노가 예술 작품의 수용자에게 적극적 역할을 부여하는 것을 반대하는 것은 따라서 자명한 일이다. 서구 문명사의 타락 과정을 일반적인 것(Allgemeines)이 특수한 것(Besonderes)을 점점 배척하고 지배한 역사로도 해석하고 있는 아도르노의 시각에는 예술의 계몽력은 이런 역사의 진행 과정에서 예술 작품이 '특수한 것'27)으로서 존재하면서 잘못된 역사를 부정하고 비판하는 것에 근거한다. 아도르노가 볼 때, 일반적인 것이 총체적으로 작동되는 기능의 상호 연관 관계로서 실현된 형태인 사회에 의하여 이미 일반적인 것으로 균등화된 대중을 영화처럼 대량적으로 수용되는 예술 형식을 통해 계몽시키려는 노력은 "일반적인 것과 특수한 것의 잘못된 동일성"28)의 형태로 출현하면서 문화를 소비하는 인간의 의식을 교환 원리에 종속시키는 문화 산업(Kulturindustrie)의 메커니즘에 빠져들 뿐이다. 예술 작품이 매개하는 경험은 따라서 일반적인 것이 모든 것을 모든 것과 매개시키면서 그것의 절대적인 지배력을 보이는 곳29)에서도 특수한 것으로서 존재하는 예술이 특수하게 제공할 수 있는 경험이어야 하며, 아도르노는 이런 경험을 예술적 계몽력으로 인식하였다. 그는 특수한 사물

26) Vgl. T. W. Adorno, *Soziologische Schriften I.* 1.Aufl., Frankfurt / M, 1979, S.18.

27) 작은따옴표는 글쓴이가 임의로 붙인 것임.

28) M. Horkheimer / T. W. Adorno, *Dialektik der Aufklärung.* Philosophische Fragmente. Frankfurt / M, 1971. S.108.

29) Vgl. M. Horkheimer / T. W. Adorno, *Dialektik der Aufklärung.* a.a.O., S.15. 이런 주장은『부정의 변증법』과『사회학 논문집』에서도 전편에 걸쳐 반복적으로 제기되고 있다.

로서 출현하는 예술 작품이 수용자에게 순간적으로 제공하는 경험, 즉 수용자도 작품에서 전개된 내용의 당사자가 된 느낌에서 예술적 계몽력이 발원한다고 보았다 : "당사자가 된 느낌 (Betroffenheit)은 순간에 속할 뿐이며, 중요한 작품들에서 수용자는 자기 자신을 잃어버리고 작품 속에서 자기 자신이 사라진다 : 그것은 수용자의 가장 깊은 내부에서 움직임이 일어나는 순간이다. 수용자는 발 밑에서 바닥을 잃을 정도로 내적으로 움직이게 된다 ; 예술적 형상에서 구체화되는 진실의 가능성은 수용자에게 수용자의 육체가 된 듯한 느낌이 들도록 한다."30) 수용자에게 순간적으로 충격을 매개해서 수용자의 의식이 그것의 가장 깊은 내부에서부터 움직이게 하는 힘이 아도르노에게는 바로 예술적 계몽력이다. 그는 보들레르, 카프카, 베케트, 첼란처럼 독자를 충격 · 당혹 · 낯섦 · 비정상의 세계로 끌고 들어가는 작가들이야말로 예술적 계몽력을 예술 수용자에게 가장 강력하게 제공하고 있음을 주장한다. 아도르노는 수용 주체로서의 각 개인이 순간적으로 갖게 되는 충격적 경험을 강조함으로써 기술적 복제 수단에 의해 대량적으로 생산되는 예술 작품이 대중에게 미칠 수 있는 작용력을 원천적으로 부정한 것이다. 그의 시각에는, 대량으로 생산되는 예술 작품을 대중으로 하여금 적극적으로 수용하게 하는 것은 문화의 물량화를 의미할 뿐이며, 특수한 것을 일반화시키는 것에 기초를 두는 사회의 지배 구조를 더욱 확고하게 다지는 데 기여할 뿐이다. 『계몽의 변증법』에서 이미 대중에 의한 문화의 대량적 수용은 대중을 기만시키는 작용을 한다는 주장을 편 아도르노는 『예술 이론(미학)』에서 벤야민의 재생산

---

30) T. W. Adorno, *Ästhetische Theorie*. a.a.O., S.363.

이론을 구체적으로 비판한다. 그는 재생산 이론이 다음과 같은 결점을 갖는다고 주장하고 있다 : "(…) 이 이론에서 사용된, 극단적으로 양분된 카테고리들31)은 예술의 근저에 이르기까지 탈이데올로기화된 예술에 관한 생각과 예술적 합리성이 '대중에 대한 약탈과 지배에 오용되는 것'32)을 구분하는 것을 불가능하게 한다."33) 아도르노는 예술 작품이 기술적 복제 가능성에 의해 대량으로 생산되고 수용되는 현상은 예술적 계몽력이 대중에게 좀더 광범위하게 작용력을 확대하는 계기가 되기보다는 대중에 대한 사회의 지배력을 오히려 강화시키는 부정적 요소가 될 뿐이라는 결론을 갖고 있는 것이다. 테크놀로지의 진보는 그에게는 인간이 기술에 지배당하는 것을 의미할 뿐이므로,34) 예술 작품의 기술적 생산 및 수용 가능성은 예술적 계몽력의 파괴로 이어진다.

---

31) 아도르노는 이 인용문의 바로 앞쪽에서 "아우라적인 작품과 대량적으로 재생산되는 작품 사이의 단순한 반대 테제"(vgl. Ästhetishe Theorie. S.89)라는 표현을 사용하고 있다. 이 내용은 부르크하르트 린드너의 해석을 보면 더욱 명확해진다. 그는 벤야민의 재생산 이론이 상호 반대되는 카테고리들, 즉 일회적인 것(가까이 접근하기 어려운 것, 아우라)과 재생산되는 것(대량적인 것, 동일한 것), 그리고 의식적 가치(감추기)와 전시 가치(분산시키기)의 반대적 관계에 근거하여 테제들을 전개하고 있다고 해석한다(vgl. B. Lindner, Brecht / Benjamin / Adorno - über Veränderungen der Kunstproduktion. a.a.O., S.29).

32) 작은따옴표는 독자의 편의를 위해 글쓴이가 임의로 첨부한 것임.

33) T. W. Adorno, *Ästhetische Theorie*. a.a.O., S.90.

34) 아도르노는 1968년 독일 사회학회에서 행한 강연인 「후기 자본주의 또는 산업 사회(Spätkapitalismus oder Industriegesellschaft?)」에서 테크놀로지는 사회적 제반 관계들과 서로 얽히는 것을 통해, 즉 그것의 총체적 팽창을 통해 인간을 사회 체계에 종속시키는 기능을 갖는다고 보았다(vgl. T. W. Adorno, *Soziologische Schriften I*. S.362 ff.).

5. 테크놀로지 지배 시대에서의 예술의 존재 가치 : 예술적 계몽력과 교육 기능의 유지·발전

벤야민은 영화처럼 기술에 의해 생산되고 수용되는 예술 형식에서 현실을 좀더 깊게 인식할 수 있는 가능성을 주장하였다. 그러나 이런 가능성은 아도르노에게는 예술적 계몽력의 파괴를 의미할 뿐이다.[35] 앞서 언급했듯이, 예술 작품이 성취하는 의사 소통 형식에 가장 특징적인 것은 그러한 의사 소통이 감각적·비개념적으로 이루어진다는 사실이다. 예술 작품이 수용자에게 최종적으로 매개하는 것은 감각성(Sinnlichkeit)에 기초한 경험이며, 이러한 경험이 개별 수용자에게서 공감을 불러일으킬 때 예술 작품의 진리 내용이 결정(結晶)될 수 있다. 영화를 통해서 더욱 많은 수용자, 즉 대중의 현실 인식 능력을 고양시키겠다는 벤야민의 구상은 영화가 전달하는 내용이 수용자에게 거의 동일한 내용으로 수용되는 것을 전제로 하고 있으며, 이런 시각은 예술 작품에 고유한 감각성과 개별적 수용자가 개별적으로 획득하는 예술적 경험이 기술적 복제와 수용에 의해 물량화될 위험성을

---

35) 아도르노가 생각하는 예술적 계몽력은 바로 벤야민이 『독일 시민 비극의 원천』에서 제공한 인식에 근거한다. 그는 벤야민의 초기 예술 이론에서 자신의 모든 이론적 기초를 찾았다. 벤야민이 기술의 진보를 주목하고 자신의 입장을 일부 바꾼 데 비해, 아도르노는 벤야민의 초기 예술 이론을 예술을 고찰하는 데에서 이론적 전범으로 삼았다. 벤야민에게는 파시즘 같은 대재난에 대항하는 데 예술도 역할을 담당해야 된다는 필연성이 우선적으로 고려되고 있다. 그가 예술 작품의 대량적 수용을 주장하면서 영화가 대중 의식을 집단적으로 계몽시킬 수 있는 가능성에 집착했던 반면에, 아도르노는 예술 작품의 수용도 수용자의 자기 주체가 자기 자각하는 것에서 그 효과를 기대할 수 있다고 본 것이다. 아도르노는 벤야민의 초기 이론과 미국에서의 경험에 근거한 문화 산업의 이론을 기초로 해서 벤야민의 재생산 이론을 비판한 셈이다.

간과하고 있다는 비판으로부터 벗어나기 힘들다. 이런 위험성의 구체화는 예술 작품의 수용에서 독립적인 수용 주체가 되는 개별 인간이 예술 작품이 매개하는 감각성에서 세계에 대한 경험과 인식을 획득해온 전통과의 단절을 의미한다. 이는 또한 예술 작품을 통한 세계 인식이 단순화 · 물량화 · 균등화에 빠져들 우려가 있음을 포함하고 있다. 영화와 같은 예술 형식에 특징적인 "기술적 매체(Medien)들의 역사는 감각적 · 신체적 자기 경험이 지속적으로 제거되는 역사다. 이처럼 제거되는 것이 바로 기술적인 영상 매체들에서 — 비유적으로 — 활용되고 있는 것이다."[36] 오늘날 대중의 일상 생활에 가장 많은 영향을 미치는 요소들 중의 하나인 영상 매체는 감각적 경험의 제거를 활용하면서 자신의 생명력을 유지하고 있는 셈이다. 더구나 영화 · 텔레비전 · 비디오 · CD롬 등의 다양한 영상 매체들이 대량으로 생산해내는 생산물들은 제대로 소비되기도 어려울 정도로 공급되고 있는 형편이다. 테크놀로지의 발전과 비례하는 이런 현상은 — 영화를 통해 더 많은 사람들을 계몽시키겠다는 벤야민의 기대와는 극단적으로 상치되면서 — 예술 수용자로부터 예술에 고유한 요소인 감각적 경험을 탈취하고 있는 것이다.

기술이 현실을 지배하는 시대는 대상을 기술을 통해 처리하고 지배하려는 속성을 갖는다. 기술 지배 시대에서는 따라서 기술화(Technisierung)가 지속적으로 진행된다.[37] 그러나 기술화의 결과

---

36) H. U. Reck, Medientheorie und -technologie als Provokation gegenwärtiger Ästhetiken. in : J. Huber(hrsg.), *Wahrnehmung von Gegenwart.* a.a.O., S.175.

37) 베르너 람머르트(Werner Rammert)는 서구에서 플라톤 이래 전개된, 즉 기술을 실체론적 및 존재론적으로 파악하는 시각을 대체하는 시각으로서 기술을 과정적(prozessual) 및 관계적(relational) 개념으로 파악하는 기술화(Technisierung)라는

는 "탈의미화(Entsinnlichung), 권능의 상실(Kompetenzverluste), 판단 능력의 수축"38)을 수반한다. 기술화는, 의미 매개(Sinnvermittlung)와 의미 형성(Versinnbildlichung)을 통해 자신의 존재 가치를 확인해온 예술이 그것의 계몽적 기능을 상실하는 것을 가속시키는 요소가 된다. 감각적 차원에서의 의미 매개 및 의미 형성의 위기는 테크놀로지가 지배하는 시대에 특징적 현상인 사고의 도구적 합리화·사물화·상품화에 대해 성찰을 요구할 수 있는 가능성이 점점 소멸되고 있음을 의미한다.

이러한 시대 상황에서 전통적 표현 수단들에 토대를 둔 예술 작품들의 계몽력이 더욱 요청되는 것은 예술의 존재 가치를 확인하는 데 필연적이다. 영화와 같은 매체들은 벤야민의 기대에 전혀 상응되지 못한 채 상업성의 메커니즘에 종속되고 말았다. 그런 매체들은 그러므로 수용자에게 예술적 계몽을 거의 매개하지 못한다. 테크놀로지가 자신의 지배력을 가속시키는 것을 도처에서 시위하는 오늘날, 전통적으로 내려오는 예술 형식은 기술에 의해 총체적으로 매개되어 있는 메커니즘의 밖에도, 즉 테크놀로지의 총체적 작동 체계에 종속되어 있지 않은 예술의 세계에서도 세계와 삶의 본질이 더욱 깊게 인식될 수 있음을 보여주어야 되는 책무를 떠맡게 되었다. 예술은 계몽력을 통한 교육

개념을 제안하고 있다. 이런 시각은 기술의 발전을 사회적 과정으로 이해하는 것을 가능하게 하며, 매체 기술들처럼 사회 체계와 밀접한 관계에 놓여 있는 기술들을 사회적 체계들의 변화 과정으로서 파악할 수 있도록 한다(vgl. W. Rammert, Technisierung und Medien in Sozialsystemen. Annährungen an eine soziologische Theorie der Technik. in : P. Weingart (hrsg.), *Technik als sozialer Prozess.* Frankfurt / M, 1989, S.129 ff.).

38) B. Jörges, Gerättechnik und Alltagshandeln. Vorschläge zur Analyse der Technisierung alltäglicher Handlungsstrukturen. in : ders.(hrsg.), *Technik im Alltag.* Frankfurt / M, 1988, S.20.

기능을 회복함으로써 예술적 감각성의 위기 시대에 자신의 존재 가치를 존속시켜야 하는 것이다. 이를 위해서는 예술이 물량화 · 기능화 · 사물화 · 상업화 · 무차별적 대상화로 치닫고 있는 세계의 진행 과정에 대하여 좀더 치열하고도 모든 수용자에게 절박하게 다가오는 인식을 — 비록 감각적이고 비개념적 차원에 머물러 있지만 — 예술적 형상물에서 창출해야 한다. 테크놀로지가 진보되면 될수록 예술적 계몽력은 더욱 강조되어야 한다. 예술적 계몽력의 상실은 인류가 장구한 기간에 걸쳐 보존시켜온 비폭력적 의사 소통 수단으로서의 예술의 위기를 뜻하며, 이는 또한 인간에게 세계와 자신에 대한 성찰의 계기를 — 어떤 특정 가치나 이념도 강요하지 않은 채 — 제공함으로써 인류의 교육에 기여한 예술의 소멸을 의미하기 때문이다.

□ 참고 문헌

Adorno, Theodor W., *Ästhetische Theorie*. hrsg. von G. Adorno und R. Tiedemann. 5.Aufl., Frankfurt / M, 1981.

Ders., *Soziologische Schriften I*. 1.Aufl., Frankfurt / M, 1979.

Beck, Ulrich, *Risikogesellschaft*, Frankfurt / M, 1988.

Ders., *Gegengifte*. Die organisierte Unverantwortlichkeit. Frankfurt / M, 1989.

Benjamin, Walter, Das Kunstwerk im Zeitalter seiner technischen Reproduzierbarkeit. in : Gesammelte Schriften I.2., hrsg. von R. Tiedemann und H. Schweppenhäuser. Frankfurt / M, 1980, S.471-508.

Ders., *Ursprung des deutschen Trauerspiels*. in : Gesammelte Schriften I.1., hrsg. von R.Tiedemann und H.Schweppenhäuser. Frankfurt / M, 1980.

Eurich, Claus, *Computer, neue Medien und Kultur*. Informations- technologien in den publizistischen und künstlerischen Berufen. Hamburg, 1988.

Gehlen, Arnold, *Die Seele im technischen Zeitalter*. Sozialphilosophische Probleme in der industriellen Gesellschaft. Reinbeck, 1957.

Habermas, Jürgen, *Technik und Wissenschaft als >Ideologie<*. Frankfurt / M, 1968.

Hastedt, Heiner, *Aufklärung und Technik*. Grundprobleme einer Ethik der Technik. Frankfurt / M, 1994.

Horkheimer, Max / Adorno, Theodor W., *Dialektik der Aufklärung*. Philosophische Fragmente. Frankfurt / M, 1971.

Huber, Jörg, Vorwort. in : ders.(hrsg.) : *Wahrnehmung von Gegenwart*. Basel / Frankfurt / M, 1992.

Jörges, Bernward, Gerättechnik und Alltagshandeln. Vorschläge zur Analyse der Technisierung alltäglicher Handlungsstrukturen. in : ders.(hrsg.), *Technik im Alltag*. Frankfurt / M, 1988.

Lindner, Burkhardt : Brecht / Benjamin / Adorno - über Veränderungen der Kunstproduktion im wissenschaftlich-technischen Zeitalter. in : *Text + Kritik Sonderband*. Bertold Brecht. hrsg. von H. L. Arnold. München, 1978.

Marcuse, Herbert, *Der eindimensionale Mensch*. Neuwied / Berlin, 1967.

Rammert, Werner, Techniserung und Medien in Sozialsystemen. Annährungen an eine soziologische Theorie der Technik. in : P. Weingart(hrsg.), *Technik als sozialer Prozess*. Frankfurt / M, 1989.

Reck, Hans Ulrich, Medientheorie und -technologie als Provokation gegenwärtiger Ästhetiken. in : J. Huber(hrsg.), *Wahrnehmung von Gegenwart*. Basel / Frankfurt / M, 1992.

Ropohl, Günther, *Technologische Aufklärung*. Beiträge der Technikphilosophie. Frankfurt / M, 1991.

Ders., *Ethik und Technikbewertung*. Frankfurt / M, 1996.

Schelsky, Helmut, *Der Mensch in der wissenschaftlichen Zivilisation*. Köln / Opladen, 1961.

Schischkoff, Georgi(hrsg.), *Philosophisches Wörterbuch*. 21. Aufl., Stuttgart, 1982.

Ulrich, Otto, *Technik und Herrschaft*. Vom Hand-Werk zur ver dinglichten Blockstruktur industrieller Produktion. 1.Aufl., Frankfurt / M, 1979.

아도르노의 『예술 이론』에서
미메시스와 합리성의 변증법
— 원리, 문제점, 발전적 전개 가능성

1. 예술의 역사적 운동 원리

1920년대에 이미 음악 비평을 통해 예술에 대한 집중적 관심을 보인 테오도르 아도르노(Theodor W. Adorno)는 1932년 프랑크푸르트에서 행한 강연인 「자연사의 이념(Die Idee der Naturgeschichte)」에서, 게오르크 루카치(Georg Lukács)의 『소설의 이론(*Die Theorie des Romans*)』이 제기한 내용, 즉 자아와 세계, 주체와 객체, 존재와 당위가 균열되어 선험적인 고향 상실(transzendentale Heimatlosigkeit)에 빠진 현실[1]에서 이러한 균열이 변증법적으로 통합될 수 있음을 보여주는 것이 예술이라는 점과 발터 벤야민(Walter Benjamin)의 『독일 시민 비극의

---

1) 『소설의 이론』이 문제삼는 현실은 중세의 종교적 총체성이 붕괴된 후 전개된 역사적 과정이라고 볼 수 있으며, 특히 소설이 중요 장르로서 본격적 모습을 드러내기 시작한 19세기 이후의 현실로 이해될 수 있다고 본다.

원천(*Ursprung des deutschen Trauerspiels*)』이 주장한 내용, 즉 예술 작품에서 보이는 알레고리(Allegorie)에는 역사적 경험이 퇴적되어 있다는 인식을 수용함으로써 그의 예술 이론이 전개될 방향을 암시하였다. 아도르노는 이후 30여 년간 『바그너 시론(試論)(*Versuch über Wagner*)』 등과 같은 음악 비평, 『새 음악의 철학(*Philosophie der neuen Musik*)』, 『불협화음(*Dissonanz*)』, 『음악사회학(*Einleitung in die Musiksoziologie*)』 등으로 대표되는 음악철학적 및 음악사회학적 저술, 그리고 『문학론(*Noten zur Literatur*)』에서의 문학 비평 및 문학 이론적 성찰을 통하여 예술 현상 전반에 관한 광범위하고도 심도 있는 논의의 수준을 보여주었다. 이 논의에서 아도르노가 일관적으로 견지한 입장은, 예술은 현실을 비판하고 이를 통하여 현실의 부정성(Negativität)을 예술 수용자에게 인식시킴으로써 인간과 자연, 인간과 사회 및 인간과 인간이 화해될 수 있는 가능성을 인간에게 매개한다는 점이었다. 이처럼 장기간에 걸친 예술에 대한 아도르노의 관심이 이론적으로 집약되어 농축적인 문체로 표현된 저작이 그의 대표작이자 20세기 예술이론 분야에서 가장 중요한 업적으로 평가받는[2] 『예술 이론(*Ästhetische Theorie*)』[3]이다.

---

2) 이는 아도르노 미학이 이상주의적(idealistisch) 미학에 머무르고 있기 때문에 아방가르드 예술 운동에서 보이는 것처럼 현대의 예술을 결정적으로 특징짓는 예술 현상을 파악할 수 없는 한계를 지니고 있다는 비판을 가하는 페터 뷔르거 (Peter Bürger)도 인정하고 있다(vgl. Ders., *Zur Kritik der idealistischen Ästhetik*. Frankfurt / M, 1983, S.11).

3) 지금까지 통상 『미학 이론』 또는 『미학』으로 번역된 이 용어를 글쓴이가 『예술 이론』으로 개칭하는 것을 제안하는 근거는, 전자는 '미학에 관한 이론'으로도 해석될 수 있는 위험을 내포하고 있으며, 후자는 체계성을 혐오하였던 아도르노가 의도적으로 미학(Ästhetik)이라 하지 않았기 때문에, 번역상 오류는 아니지만, 저자의 의도를 살려주었으면 하는 생각 때문이다. 더 자세한 내용

아도르노의 타계 후 1970년에 출판된 미완성 저작인『예술 이론』은 학문사적으로는 일단은, — 마치 그의 철학적 주저작인『부정의 변증법(Negative Dialektik)』이 그에 의하면 칸트에게서 비역사적인 차원에 머물러 있는 개념인 '경험'이 헤겔의 변증법적 사고의 강점을 빌어 칸트가 제시한 카테고리에 환원되어 성찰되는 것을 극복함으로써 '경험'이 더욱 생동감 있는 개념이 되도록 하며, 헤겔에게서 대상을 학문적으로 동일화(Identifizierung)시키는 위험을 칸트를 통해 극복하려는 시도로 읽힐 수 있듯이,4) — 미학적 카테고리들의 역사화에 성공하여 내용 미학(Inhaltsästhetik)을 정립시켰으나 예술에서 특징적이며 고유한 정신의 산물인 예술적 경험이 주관적으로 경직된 헤겔 철학의 체계에 종속되는 결과를 야기할 수 있다고 아도르노가 비판한 헤겔 미학과, 예술을 '목적 없는 목적성(zwecklose Zweckmässigkeit)'으로 파악하여 "즉자적이며 그 내부에서 목적을 충만시키는 이념"5)의 담지자로 보아 예술적 경험의 고유성과 특수성을 인식시켜줄 수 있는 강점을 지니고 있으나 미학적 카테고리들이 정체에 머무름으로써 형식 미학(Formästhetik)에 그치고 말았다고 그가 역시 비판한 칸트 미학을 통합시키려는 시도로 해석되었다.6)

은 글쓴이의 책『아도르노의 예술 이론과 사회 이론』(문학과 지성사, 1993), 23쪽 각주 1번을 참조할 것.

4) Vgl. z. B. U. Müller, *Erkenntniskritik und Negative Metaphysik bei Adorno. Eine Philosophie der dritten Reflektiertheit.* Frankfurt / M, 1988, S.7-11.

5) T. W. Adorno, *Ästhetische Theorie.* Frankfurt / M, 1981, S.166.

6) Vgl. W. Köpsel, *Die Rezeption der Hegelschen Ästhetik im 20. Jahrhundert.* Bonn, 1975. G. Figal, *Theodor W. Adorno. Das Naturschöne als spekulative Gedankenfigur.* Zur Interpretation der >>Ästhetischen Theorie<< im Kontext philosophischer Ästhetik. Bonn, 1977.

그러나 그의 사상에서 특히 『계몽의 변증법(*Dialektik der Aufklärung*)』이 차지하는 비중이 상대적으로 강조되면서『계몽의 변증법』과『예술 이론』의 상관 관계에 대한 인식이 중요하고, 『계몽의 변증법』에서 집중적으로 비판된 도구적 이성이라는 개념의 올바른 이해를 위해서는 이 논문에서 그 핵심을 최대한 요약하여 다루게 될 미메시스(Mimesis)[7]라는 개념의 이해가 필수적이며, 따라서 이 개념은『예술 이론』의 해석에서도 중심적 위치를 차지한다는 견해가 광범위한 설득력을 획득하게 되었다.[8] 『예술 이론』의 해석에서 이러한 견해가 주류를 형성하면서, 1970년대에는 그 원리가 완전히 파악되지 않았으며 분석에서도 오류를 유발하였던 '미메시스와 합리성의 변증법'은 1980년대 이후 그 내용이 더욱 정확하게 연구되었다. 이러한 결과 이 변증법의 원리를 파악하는 것이『예술 이론』을 올바르게 이해하는 데 가장 중요한 요소라는 인식이 정착된다.[9] 이와 같은 맥락에서, 다

---

7) 이 개념에 대한 광범위하고 거의 완벽에 가까운 연구는 최근 요셉 프뤼흐틀 (Josef Früchtl)이 성취하였다. 그는 이 책에서 플라톤 이후 이 개념이 의미상으로 변전해온 역사를 인간학적, 언어철학적, 예술 이론적 및 인식론적 시각에서 분석하였으며, 이러한 연구 결과 미메시스의 계보를 완성하였다. 그는 이렇게 함으로써 아도르노의 철학에서 중심 개념인 미메시스를 좀더 종합적으로 볼 수 있는 시각을 제공하였다(vgl. Ders., *Mimesis : Konstellation eines Zentralbegriffs bei Adorno*. Würzburg. u.a. 1986).

8) Vgl. T. Baumeister / J. Kulenkampff, Geschichtsphilosophie und philosophische Ästhetik : Zu Adornos "Ästhetischer Theorie." In : *Neue Hefte für Philosophie*. H.5. 1973, S.74-104. M.de la Fontaine, *Der Begriff der künstlerischen Erfahrung bei Theodor W. Adorno*. Frankfurt / M, 1977. H. Scheible, Geschichte im Stillstand. In : *Text und Kritik. Adorno Sonderband*. München, 1977, S.92-118. M. Zenk, *Kunst als begriffslose Erkenntnis*. Zum Kunstbegriff der ästhetischen Theorie Theodor W. Adornos. München, 1977. W. M. Lüdke, *Anmerkungen zu einer >>Logik des Zerfalls<<*. Frankfurt / M, 1981.

음에 논의되는 바는 '미메시스와 합리성의 변증법'의 이론적 차원을 그것의 생성 근거가 되는 아도르노의 인식론, 역사철학 및 사회 이론과의 연관 관계에서 가능한 한 간략하게 분석하고(II), 1970년대 이래 분석에 중점을 두었던 여태까지의 논의에서 거의 거론되지 않았던 내용들인 '미메시스와 합리성의 변증법'의 문제점, 이 변증법이 서구 예술 이론에 가져온 성과, 그리고 향후의 예술 이론적 작업에서의 이 변증법이 응용될 수 있는 가능성에 대해 간단히 언급하는 것을(III) 주된 내용으로 한다.

『예술 이론』의 중심 주제를 이루는 것은 예술과 사회의 관계다. 이 책이 획득한 일차적 성과는 특히 샤를르 보들레르(Charles Baudelaire) 이후 특징적으로 전개되는 예술적 현대(künstlerische Moderne)에서 예술과 사회와의 관계를 설득력 있게 설명하는 데 있다.10) 그러나 이 논문의 서두에서 이미 암시되었듯이, 『예술 이론』을 더욱 상세히 고찰해보면, 아도르노가 그에게서 예술의 발생11) 및 사회의 형성의 기원12)이 되는 원시 시대의 주술적

---

9) Vgl. A.Wellmer, Wahrheit, Schein, Versöhnung. In : L. v. Friedeberg / J. Haberrmas(hrsg.), *Adorno-Konferenz.* Frankfurt / M, 1983. S.139-147. R. Kager, *Herrschaft und Versöhnung.* Einführung in das Denken Theodor W. Adornos. Frankfurt / M, New York, 1988. S.189-234. N. Zimmermann, *Der ästhetische Augenblick.* Theodor W. Adornos Theorie der Zeitstruktur von Kunst und aesthetischer Erfahrung. Frankfurt / M, 1989, S.17-48. B. H. Mun, *Intentionslose Parteinahme.* Zum Verhältnis der Kunst und Literatur zur Gesellschaft im Bann der Naturbeherrschung und Rationalisierung. Frankfurt / M, 1992. S.129-140.

10) Vgl. B. Lindner / W. M. Lüdke, Kritische Theorie und ästhetisches Interesse : Notwendige Hinweise zur Adorno-Diskussion. In : Dies., *Materialien zur ästhetischen Theorie Th. W. Adornos.* Konstruktion der Moderne. Frankfurt / M, 1980, S.27-33.

11) Vgl. T. W. Adorno, *Ästhetische Theorie.* a.a.O., S.86.

제전(magisches Ritual) 이래 예술과 사회가 어떻게 중개되어 있는가를 이론적으로 보여 줌으로써 서구 문명사에서 예술의 역사적 운동 원리를 해명하려 들고 있음을 확인할 수 있다. 다시 말해서 그는 예술의 역사성에 대한 보편적 이론의 틀을 구성하는 것을 목표로 하였으며, 이 틀은 서구 예술의 전 역사에 그 통용성이 가능하다고 주장한다. 이러한 주장의 근거는 무엇인가? 아도르노에 의하면 예술은 대상에 대한 인식 능력을 보유하고 있으며, 이 능력은 주술적 제전 이래 전개된 사회의 인식에도 해당되므로 예술은 사회적 현실의 역사적 전개를 인식할 수 있다는 것이다.

이 주장이 설득력을 획득하기 위해서는 예술은 사회와의 관계에서 어떻게 생산되는가 하는 문제의 해결이 선행되어야 한다. 이 관계를 예술과 사회의 중개에 관한 방법적(methodisch) 문제로 이해한 아도르노는, 이 문제를 실제 사회적 영역에서의 생산 방식과 예술 작품의 창조 과정에서의 생산 방식에서 보이는 유사점에 착안하여 마르크스의 경제 이론에서 유래하는 개념들인 생산력(Produktivkräfte)과 생산 관계(Produktionsverhältnis)의 상호 작용 관계를 예술 작품의 창조 과정에 적용함으로써 해결하려고 하였다. 여기에서 생산력이라 함은 사회적 노동으로 볼 수 있는 예술가의 노동을 의미하며 생산 관계는 예술가가 작품을 생산하는 데 예술가에게 조건으로서 작용하게 되는 경제적 및 이데올로기적 조건들을 의미한다.13) 사회적인 노동의 담지자로서의 예술가는 위의 조건들과 관련되어 존재하게 되는 소재들

---

12) 이에 대한 가장 최근의 자세한 논의는 다음을 참조할 것 : B. H. Mun, *Intentionslose Parteinahme*. a.a.O., S.58-61.

13) Vgl. T. W. Adorno, *Einleitung in die Musiksoziologie*, Zwölf theoretische Vorlesungen. In : Gesammelte Schriften 14. Frankfurt / M, 1973, S.422-423.

(Stoffe)을 예술적으로 다루는 능력인 기술(Technik)을 통해 작품으로 생산한다. 이러한 생산 과정을 거쳐 어떤 예술가가 어느 특정 역사적 시점에서 예술적으로 성취시켜놓은 상태를 아도르노는 재료(Material)라고 명명한다. 이렇게 하여 성취된 재료는 곧바로 생산 관계가 되어 다른 예술가에게 영향을 미치게 되는 것이다. 바로 이 재료라는 개념을 통해 예술 작품의 생산에서 개별 작품과 사회의 중개에 관한 문제는 해결되었다고 아도르노는 보고 있다. 위에서 설명한 절차에 따라 이루어진 중개에는, 예술가의 인식 주체가 단순히 개인적인 것이 아니고 사회적인 것이기 때문에 사회적인 전체 주체(gesellschaftliches Gesamtsubjekt)가 표현되어 있다는 것이 그의 견해다.

우리는 이제 예술은 대상을 인식할 수 있으며 따라서 사회적 현실도 인식 가능하다는 아도르노의 논리를 논의하는 문제로 되돌아올 수 있게 되었다. 예술은 사회적 현실을 역사적으로 인식할 수 있다는 주장을 가능하게 하는 결정적 카테고리로서 아도르노가 제시하고 있는 것이 미메시스와 합리성(Rationalität)이라는 개념이다. 뒤에서 요점적으로 분석하게 될 양 개념의 변증법적 운동을 통하여 예술은 사회적 현실을 부정적으로 인식하고 비판함으로써 진리 내실(Wahrheitsgehalt)을 획득한다고 아도르노는 강조한다. 그가 주목한 것은, 예술은, 대상을 있는 그대로 참되게 인식하지 않고 대상을 인식 주체의 인식 목적에 종속시켜 개념에 동일화시킴으로써 가상(Schein)만을 생산할 뿐인 동일화 사고(Identitätsdenken)[14])에서처럼 대상을 도구적으로 파

14) 아도르노의 인식론의 핵심을 이루는 이 개념에 대한 자세한 연구는, 다음에 그 요체를 언급하겠지만, 다음 문헌들을 참조 : U. Guzzoni, *Identität oder nicht. Zur kritischen Theorie der Ontologie.* Freiburg / München, 1981, S.9-127. H.

악하는 것이 아니고, 대상에게 자신을 비슷하게, 친화력 있게 그리고 동일하게 함으로써 대상을 참되게 인식할 수 있는 능력을 함유하고 있다는 사실이다. 그에게서 예술에서의 인식은 따라서 비개념적 인식(begriffslose Erkenntnis)이며 참된 인식이 되는 것이다. 그 근원에 이러한 생각이 놓여 있는 '미메시스와 합리성'의 변증법을 문제에의 도입적 접근을 위해 포괄적으로 요약하면 다음과 같다. 예술은 자신에게 내재하는 미메시스적 충동(mimetischer Impuls)을 통하여 대상을 인식 주체의 도구로서만 파악하는 도구적 합리성을 비판하면서 인식에서 목적과 수단이 일치한다는 전제 하에서 가능한 것인, 즉 참된 의미에서의 합리적 처리 방식(rationale Verfahrensweise)의 가능성을 보여준다. 말하자면 비합리적인 것인 도구적 합리성을 비판하면서 참된 합리성을 구출하는 것이다. 예술의 이러한 능력은 또한, 아도르노에게서 참된 인식의 가능성을 열어주는 것이긴 하지만, 도구적 합리화의 지속적 진보 과정15)에서 점차 배척되는 것인 미메시스를 한편으로는 구출하면서 동시에 다른 한편으로는 미메시스적 충동이 단순한 원시 시대적 주술로서의 미메시스에 머무르는 것을 거부하게 하는 작용을 불러일으킨다. 왜냐하면 예술은, 합리적 처리 방식을 통하여 인식 주체가 대상에게 단순히 자신을 동일하게 하는 주술적 단계에서나 보이는 미메시스를, 표현을 바꾸어 말하자면 동물에게서 보호색(Mimikry)과 같은 차원의 미메시스를 뛰어넘어 인식의 결과를 객체화시킬 수 있음을 보여주기 때문이다. 객

Gripp, *Theodor W. Adorno. Erkenntnisdimensionen negativer Dialektik.* Paderborn, u.s.w., 1986. H. Brunkhorst, *Theodor W. Adorno.* Dialektik der Moderne. München, Zürich, 1990, S.277-298.

15) 이 개념의 핵심적 내용은 다음 쪽 이하의 논의에서 드러날 것임.

체화의 구체적 생산물이 아도르노에게서는 다름아닌 예술 작품이며, 예술 작품이 존립한다는 사실 그 자체가 도구적 합리성에 의하여 지배되는 사회적 현실에 대한 부정 및 비판이 되는 것이다. 예술의 역사는 그러므로 사회적 현실[16]에 대한 부정의 역사다 : "그 자체로 하나의 닫혀진 역사인 예술의 역사가 일관하여 보인 것은 확연한 부정의 변증법적 모습이다."[17] 언뜻 보기에 대단히 복잡하고 난해한 내용을 담고 있는 듯이 보이는 '미메시스와 합리성의 변증법'은 그러나 아도르노의 역사철학, 인식론, 사회 이론 및 예술 이론을 이해하면 의외로 용이하게 해명된다.

2. 문명사에 대한 부정적 인식 및 비판으로서의 예술

역사철학, 인식론, 사회 이론 및 예술 이론으로 대별될 수 있는 아도르노의 이론 체계의 결정적 특성은 위의 이론들이 서로 밀접한 연관 관계를 형성하면서 '비판 이론'이라는 개념 하에 하나로 통합될 수 있는 체계를 가지고 있다는 점이다. 예컨대 인식론의 이해를 위해서는 나머지 이론들의 이해가 필수적이다. 이러한 논리로 볼 때, 그에게서 예술 이론은 곧바로 역사철학이며, 인식론이자 사회 이론이다. 아도르노 이론 체계의 이 특성은 개념어 미메시스 및 합리성에도 적용됨은 자명한 일이다. 아도르노가 원시 시대의 제전에서 그 기원을 찾는 미메시스라는 개념어는 일단 그 근원상으로 보았을 때는 인간학적(anthropologisch)

---

16) 근본 원리에 대한 요체적 언급은 곧 이어질 내용에서 이루어질 것임.
17) T. W. Adorno, *Ästhetische Theorie*. a.a.O., S.59-60.

차원을 지닌다. 자연-인간 관계(Natur-Mensch-Relation)를 분석하는 데서 유래하기 때문이다. 인류 역사상 미증유의 대재난이었던 파시즘과 스탈린주의를 경험한 호르크하이머와 아도르노는 이 대재난을 설명하는 데에서 그것이 결코 우연이 아니며, 재난의 싹이 이미 원시 시대의 제전에서부터 출발했다고 보고 있다. 그들에 의하면 도구적 합리성이 지속적으로 진보를 거듭했기 때문에 지속적인 타락사에 지나지 않는 서구 문명사는 이미 원시 시대의 제전에서부터 타락의 씨앗을 잉태하였다는 것이다. 이처럼 환원론적인, — 서구 문명사 및 사회에 대한 그들의 이론적 재구성에서 가장 결정적인 문제점으로 지적된,[18] — 문제 제기로부터 출발한 호르크하이머와 아도르노는 그들의 이미 고전이 된 저서『계몽의 변증법』에서 원시 제전 이래의 자연 지배 과정에 주목하게 된다. 원시 제전에서 인간은 자연의 위력으로부터 자기 자신을 보존(Selbsterhaltung)시키기 위해 자연의 위력과 인간의 자연에 대한 공포 사이에서 양자를 중개하는 것으로 위임받은 주술사를 통하여 자연에게 자기 자신을 비슷하게 하는 시도(Sichgleichmachen an die Natur)를 행함으로써[19] 외적 자연(äussere Natur)[20]을 지배하는 첫 걸음을 내딛는다. 바로

---

18) Vgl. A. Honneth, *Kritik der Macht.* Reflexionsstufe einer kritischen Gesellschaftstheorie. Frankfurt / M, 1989, S.43-120.

19) Vgl. z. B. M. Horkheimer / T. W. Adorno, *Dialektik der Aufklärung.* Philosophische Fragmente. Frankfurt / M, 1971, S.12. "Der Zauberer macht sich Dämonen ähnlich ; um sie zu erschrecken oder zu besänftigen, gebärdet er sich schreckhaft oder sanft."

20) 이 개념은 아도르노에게서 인간이 자신의 내부에서 보유하는 본성, 본능, 충동, 사고, 행위 등을 포괄하는 의미로 사용되는 개념인 내적 자연(innere Natur)에 대비되는 개념으로서 인간이 외계에서 접하게 되는 자연, 자연의 질서, 자연의 위력 등을 의미한다.

여기에서 시도되는 자연에 대한 인간의 행동, 다시 말해서 자기 자신을 자연에게 동일하게 하려는 시도를 호르크하이머와 아도르노는 미메시스라고 칭하며, 이 점에서 볼 때 이 개념은 앞에서 언급한 대로 일단은 인간학적 차원을 지닌다. 원시 시대의 미메시스는, 마치 동물이 자기 자신을 보호하기 위하여 몸의 색을 자연에 일치시키거나 바꾸는 것인 단순한 보호색(Mimikry)이라는 일차적 특색을 갖는다. 그러나 더 자세히 들여다보면 원시 시대의 미메시스에는 목적지향성(Zweckgerichtetheit)이 이미 내재되어 있음을 알 수 있다. 원시 시대의 주술적 제전이 조직적 행사로서 실행되는 과정에서 인간은 자신을 자연과 동일하게 하려는 시도를 행함으로써 자신을 보존시키려는 특정 목적을 이미 보이고 있기 때문이다. 이것은 "합리적 실제의 원형(die Urform der rationalen Praxis)"[21] 또는 "합리성의 원시적 단계(archaische Stufe von Rationalität)"[22]로 해석될 수 있는 행동으로서, 아도르노는 바로 여기에서부터 도구적 합리성이 진보를 거듭해온 역사인 서구 문명사가 이미 타락의 길로 들어섰다고 보고 있다. 문명사의 시작과 더불어 인간이 자신의 몸을 자연에게 동일하게 하는 행동인 미메시스에 내재하는 이중성, 즉 자연에의 친화력과 목적지향성 중에서 전자는 점점 배척되고 후자만 도구화의 길에 빠져들기 시작했다는 것이다. 호르크하이머와 아도르노는 이 과정을 『계몽의 변증법』에서 다음과 같이 적고 있다 : "문명은, 다른 것에 자신을 자연스럽게 밀착시키는 자리에, 즉 원래는 미메시스적인 행동의 자리에, 처음에는 원시 시대의 주술적 단계에서 미메시스의 조직적 실행을 들여앉혔으며, 마침내 문명사의 진행

---

21) R. Kager, *Herrschaft und Versöhnung.* a.a.O., S.32.
22) H. Gripp, *Theodor W. Adorno.* a.a.O., S.125.

단계에서는 합리적인 실제, 다시 말해서 노동을 들여앉히게 되었다. 지배되지 않는 미메시스는 배척되고 추방된다."23)

미메시스가 발생되는 근본 원인인 자연의 위협과 공포로부터 인간이 자신을 보존시켜야만 하는 강제성(Selbsterhaltungszwang)과 인간의 자기 보존 실현에 불가피한 요소인 목적지향성, 즉 도구적 합리성이 강제적으로 의존되는 관계가 이미 원시 제전에서 형성되며, 이 관계에서 외적 자연에 대한 지속적 지배의 불가피성이 발생할 뿐만 아니라 외적 자연 지배의 결과로 나타나는 것인 내적 자연 지배24)까지도 강제적 틀에 속박되면서 외적 자연 지배와 내적 자연 지배가 하나의 억압의 메커니즘(Unterdrückungsmechanismus)을 야기하여 종국에 이르러서는 파시즘이나 스탈린주의와 같은 대재난으로 치닫게 되었다는 것이 아도르노 역사철학의 핵심이라고 볼 수 있다. 아도르노에게서는 그러므로 대상에 대한 친화력을 의미하는 개념으로서의 미메시스를 도구적 합리성의 폭력으로부터 구출하는 것이 중요한 관심사일 수밖에 없다.

미메시스라는 개념은 두 번째로는 인식론적 차원을 지닌다. 이미 원시 제전에서부터 인간은 대상을 인식할 때 대상과 거리를 유지하면서 대상을 자신의 목적에 따라 인식하기 시작했다고 아도르노는 보고 있다. 이는 인식에서 미메시스적 요소가 배척되기 시작함을 의미하는 것이다. 이렇게 하여 인식의 대상인 객체로부터 분리되기 시작한 인식 주체는 이미 호머의 서사시 『오디세이』의 주인공 오디세우스가 자연의 위협으로부터 자신을 보존시키기 위하여 교환(Tausch), 희생(Ofper) 및 기만(List)의

---

23) M. Horkheimer / T. W. Adorno, *Dialektik der Aufklärung.* a.a.O., S.162.
24) 다른 말로 요약하면 : 인간이, 자기 보존을 위해, 자기 주체를 스스로 포기하는 현상을 의미한다.

수법에 내재된 도구적 합리성을 구사하여 개념 형성 능력을 보이는 단계를 거쳐,[25] 플라톤 이후에는 개념과 논리를 이용하여 대상을 지배하고 관리하는 과정에 들어선다고 아도르노는 주장한다.[26] 그는 특히 근대(Neuzeit) 이후 자연과학적 진보의 결과인 자연에 대한 계산가능성(Berechenbarkeit) 및 설명가능성이 인간의 사고에도 그대로 수용되어 세계는 인간의 사고에 의하여 지배 가능하다는 논리가 그 자체로서 메커니즘으로 되면서 세계는 사고에 의하여 지배당하기 위한 도구로 전락하였으며, 사고의 주된 수단인 개념은 세계를 지배하기 위한 단순한 공구(Werkzeug)로 전락하고 말았다는 논리를 전개한다.[27] 인식에서 이러한 도구성의 지속적 진보는 급기야는 대상을 대상 자체로 인정하지 않고 대상을 인식에 동일화시켜버리는 단계에 도달한다. 이 단계가 아도르노에게서 "각기 개별적으로 동일하지 않는 것을 동일한 것으로 인식하는 것"[28]인 동일화 사고다. 그에 의하면, 이 사고가 현실적으로 실현된 형태인 나치즘이나 스탈린 체제, 동구권 사회주의 체제 등과 같은 전체주의 체제에서는 개인이 개인으로서 인식되지 않고 개인은 사회 지배 체제의 유지를 위한 도구로 파악될 뿐이며, 이것은 개인이 동일화 사고에 의하여 희생되는 것에 다름이 아닌 것이다. 따라서 아도르노에게서

---

25) Vgl. M. Horkheimer / T. W. Adorno, *Dialeltik der Aufklärung.* a.a.O., S.42-73.

26) Vgl. Ebd., S.11. "Sein zerfällt von nun an in den Logos, der sich mit dem Fortschritt der Philosophie zur Monade, zum blossen Bezugspunkt zusammenzieht, und in der Masse aller Dinge und Kreaturen draussen."

27) Vgl. Ebd., S.38. "Die Menschen distanzieren denkend sich von Natur, um sie vor sich hinzustellen, wie sie zu beherrschen ist. (⋯)."

28) T. W. Adorno, *Negative Dialektik.* Frankfurt / M, 1982, S.174.

동일화 사고는 모든 옳지 못한 것의 근원이며, 그가 전 생애를 두고 철학적으로 노력한 것은 인간이 어떻게 하면 동일화 사고로부터 탈피하여 대상을 대상으로서 인식할 수 있게 되느냐 하는 점이었다.

원시 제전에서의 미메시스의 이중성으로부터 유래하는 목적지향성, 즉 합리성의 원시적 형태는 세 번째로는 아도르노에게 사회 이론적인 측면도 갖는다. 앞에서 언급했듯이 원시 제전의 조직적 행사 자체가 사회 성립의 기원이 되며, 여기에서 아도르노가 주목하는 것은 제전의 형태로 나타난 사회와 이 제전에 참여한 개인 사이에 형성되는 의존 관계 및 이로 인한 부자유한 노동의 발생이다. 그에 의하면, 원시 제전에서 출발된 사회가 점점 조직화 및 기능화되면서 사회가 작동되기 위한 대가로 사회는 개인에게 자기 자신에 대한 지배(innere Naturbeherrschung)를 요구하며, 이러한 내적 지배의 근원에는 도구적 합리성이 놓여 있다는 것이다. 왜냐하면 개인은 사회 속에서 자기 자신을 보존시키기 위하여 본래 자신이 갖고 있는 자연을 희생하고 사회가 요구하는 것에 자신을 적응시키는 과정에서 자기 보존을 위한 목적지향성, 즉 도구적 합리성의 토대에서 사고하고 행위하지 않을 수 없기 때문이다. 이 결과로 성립된 것이 아도르노에게는 사회다. 짧게 말해서, 아도르노에 의하면 서구 사회의 전개사는 원시 제전 이래 부자유한 노동, 희생 및 교환의 원칙이 점점 부정적으로 강화되면서 이와 동시에 도구적 합리성이 증대된 역사에 지나지 않는다. 도구적 합리성의 지속적 발전사, 이것이 바로 아도르노가 서구 사회의 역사를 가상(Schein)이 진보를 거듭한 역사로 보는 근거다.

겉으로 보기에는 합리화가 지속적으로 발전을 거듭했으나 사실상으로는 비합리성인 도구적 합리성만이 진보하였기 때문에 합리성의 패러독스라고 명명될 수 있는 아도르노의 위에서 본 논리는 학문사적으로 보았을 때는 막스 베버(Max Weber)의 합리화 이론(Rationalisierungstheorie)에 그 근거를 둔다. 서구의 근대 이후 자본주의적 생활 방식을 가장 특징적으로 규정하는 것을 합리주의적 사고와 행동, 다시 말해 특정 목적을 성취하기 위하여 의식적으로 계획하고 계산하여 이에 합당한 수단을 강구하는 목적 지향적 행위로 본 베버는,29) 그의 대작인 종교사회학적 저작들에서 인간과 주술이 일치되어 인간이 세계를 접할 때 세계를 거부한다거나 세계에 대항하는 것이 불가능한 상태인 주술적 세계상(magisches Weltbild)이 무너지는 과정인 탈주술화 (Entzauberung) 과정을 분석하게 된다. 인간이 종교적으로 세계를 거부하고 세계를 점차 지배하는 과정을 탈주술화 과정으로 본 베버는 이것을 주술적 세계상의 합리화 과정이라고 하였으며, 이를 이론적으로 재구성하여 그의 합리화 이론을 정립한다.30) 서구의 근대 이후 특히 발전한 자연과학적인 계산성, 정확성 및 객관성의 세계관과 맞물린 합리적 사고와 행동 방식은 그러나 이것의 산물인 합리화된 세계가 역으로 합리화의 주체인 인간을 규정하고 통제하는 비합리성의 세계를 야기했다고 베버는 진단한다.31) 베버는 이러한 합리화 과정을 목적합리성(Zweckrationalität)이라는 개념을

---

29) Vgl. M. Weber, *Die protestantische Ethik I.* Eine Aufsatzsammlung. Tübingen, 1981, S.64 ff.,171 ff.

30) 이 과정을 요점적으로 해설하고 분석한 문헌으로는 : W. Schluchter, Die Paradoxie der Rationalisierung. Zum Verhältnis von >Ethik< und >Welt< bei Max Weber. In : Ders., *Rationalismus der Weltbeherrrschung.* Studien zu Max Weber. Frankfurt / M, 1980, Vor allem S.15 ff.

31) Vgl. M. Weber, *Gesammelte Politische Schriften.* Tübingen, 1958, S.320.

통하여 분석한 반면, 아도르노는 그가 원시 제전에서 그 기원을 찾는 합리성을 철저히 도구성(Instrumentalität)으로만 이해했다는 점에서 베버와 확연히 구분된다. 그러므로 아도르노에게서 합리성의 지속적 전개는 도구적 합리성의 진보적 전개에 지나지 않으며, 비합리성이 참된 의미에서의 합리적인 합리성을 몰아내고 합리성의 탈을 쓰면서 개인을 비합리성의 틀에 속박한 역사에 지나지 않는 것이다. 이렇게 볼 때, 합리성이 합리적으로 근거세워지는 것을 가능하게 하는 것인 목적과 수단의 일치라는 틀이 무너지고 다만 목적만을 추구하는 도구성에 빠져들게 됨으로써 사고는 사물화에 이르게 되고, 이로 인하여 가상 및 이데올로기가 생산된다고 아도르노가 주장하는 것은 당연한 일이다. 따라서 그가 종국적으로 의도한 것은 '합리적인 것의 구축'을 시도하는 일이라는 허버트 슈내델바흐(Herbert Schnädelbach)의 지적은 타당하다.32) 우리가 앞서서 도입적으로 언급한 예술에서의 합리적인 처리 방식이라는 개념도, 예술은 대상을 도구적으로 인식하지 않고 대상을 대상으로서 인식한 결과를 바로 그대로 표현으로 옮길 수 있는 능력에 아도르노가 착안한 것에서 유래하였다는 해석이 가능해진다.

이상에서 우리는 아도르노에게서 미메시스와 합리성의 기원 및 양 개념의 역사철학적, 인식론적 및 사회 이론적 차원들을 간략하게 살펴보았다. 이제까지 고찰한 내용을 바탕으로 해서 외적 및 내적 자연 지배의 메커니즘에서 전개된, 크게는 문명사의 타락 과정, 작게는 인식의 도구화 과정 및 사회의 비합리화 과정에서 보이는 미메시스와 합리성의 변증법이 논의될 수 있다. 말

---

32) Vgl. H. Schnaedelbach, Dialektik als Vernunftkritik. In : L. v. Friedeberg / J. Habermas(hrsg.), *Adorno-Konferenz*. Frankfurt / M, 1983, S.76 ff., 91 ff.

하자면 예술의 역사가 아닌 문명사에서 미메시스가 도구적 합리성에 의하여 어떻게 배척되며, 도구적 합리성이 원시 제전에서는 가능하였던 자연과의 친화력을 상실하고 단순한 보호색과 같은 것으로 전락하고 마는가 하는 변증법이 성립되는 것이다. 아도르노는 『계몽의 변증법』에서 "미메시스를 배척하여 몰아내는 합리(ratio)는 미메시스의 단순한 반대자가 아니다. 합리는 그 자체로서 미메시스며, 그것은 죽은 것에 대한 미메시스다"[33]라고 언급하면서, 원시 제전에서 인간이 자신을 자연에게 동일하게 하는 능력을 보였음에도 불구하고 그 능력이 문명사의 진행과 더불어 도구적 합리성에 의하여 점점 잠식당함으로써 마침내 도구적 합리성 자체가 '죽은 것에 대한 미메시스'로 전락하고 있음을 주장하고 있다. 그러면 자연과의 친화력을 보유한 미메시스적 특성은 어디에 잔존하는가? 아도르노에 의하면 이 특성이 살아남아 있는 곳이 바로 예술이다. 위에서 요약적으로 서술한 '비예술적 세계에서의 미메시스와 합리성의 변증법'은 따라서 예술적 세계에서의 양자의 변증법을 이해하는 데 필수적인 전제 조건이 된다. 이제 우리는 '예술적 영역에서의 미메시스와 합리성의 변증법'을 논의할 차례에 이르게 되었다.

우리는 서두에서 문제에의 도입시 아도르노가 예술에서의 인식에서 참된 인식이 가능함을 보고 있음을 언급한 바 있다. 이와 같은 가능성의 일차적 근거는 원시 제전 이래 전개된 서구 문명사에서 자연에의 친화력을 보유한 측면을 지닌 것으로서의 미메시스는, 처음에는 이미 개념적 수단을 구사하기 시작한 종교나 이성에 의하여,[34] 나중에는 개념적 논리의 틀을 이용하여 일반

---

33) M. Horkheimer / T. W. Adorno, *Dialektik der Aufklärung.* a.a.O., S.53.
34) Vgl. M. Horkheimer / T. W. Adorno, *Dialektik der Aufklärung.* a.a.O.,

화를 시도한 학문에 의하여 '주술적인 것에의 퇴행'으로서 배척 받게 되어 그 존립 자체가 위기로 치닫는 과정에서 유일하게 예술적 영역에서만 그 명맥을 유지하고 있다는 아도르노의 시각에서 찾을 수 있다. 명맥 유지의 구체적 근거는 그에 의하면 미메시스적 충동(mimetischer Impuls)이다. 이것은 예술이 접하게 되는 대상에 대하여 예술 스스로 본능적으로 보유하는 충동이며 따라서 예술에 고유하게 내재하는 자연적 속성이다 : "예술은 자신이 접하는 다른 것에 대하여 마치 자석이 줄질로 생긴 쇳가루가 퍼져 있는 바닥에 대하여 행동하듯이 바로 그렇게 행동한다."[35]

예술에서 참된 인식이 가능하다는 논리의 이차적 근거는 인식 주체로서의 예술(ästhetisches Subjekt)[36]이 갖는 비개념성 및 대상과의 화해적인 친화력에서 찾을 수 있다. 개념에 의하여 방법적으로(methodisch) 진행되는 논리에서는 대상에 대한 인식이 인식 주체가 객체를 일방적으로 지배 및 관리하는 방식으로 실행됨으로써 인식에서 수단과 목적이 일치할 때만 성립되는 것인 합리적 인식으로부터 멀어지는 데 반해서, 미메시스적 충동에 근거하는 예술적 주체는 원시 제전이 발생되기 이전에서의 단계에서처럼 '자연의 공포로 인하여 주체가 객체에게 완전히 종속되어 있는 상태(blinder Naturzusammenhang)'에 처해 있지도 않고 개념적 인식에서처럼 주체가 객체로부터 분리되지도 않은 상태에서 대상을 인식할 수 있게 된다. 다시 말해서, 개념적 인식에서는 인식 주체와 객체가 지배, 종속 관계인 데 반하여 예술에서의 인식에서는 지배 관계가 없는 인식이 가능하다는 논리

S.20.

35) T. W. Adorno, *Ästhetische Theorie.* a.a.O., S.18.

36) 이하 예술적 주체라고 표현함.

를 아도르노가 펴고 있는 셈이다. 이처럼 지배 관계가 없는 인식은 물론 비개념성에 머무를 수밖에 없다는 한계를 전제로 해서만이 가능하다. 예술적 주체에 의한 인식에서는, 비개념적이라는 한계에도 불구하고 인식 주체와 객체가 상호간에 서로 손상을 입히지 않으면서 주체는 주체대로 인식의 목표를 달성할 수 있으며, 객체는 객체대로 단순한 대상으로, 즉 인식되지 않은 채 머물러 있지도 않으면서 자신의 본질은 훼손되지 않고 인식될 수 있다. 지배 관계가 없는 이러한 인식은 인식에서 수단과 목적이 일치하는 이상(理想)에 도달하는 데 성공하고 있기 때문에 합리적이며 그 결과는 참된 것이라고 아도르노는 다음과 같이 주장하고 있다 : "예술에서 살아남은 미메시스, 즉 주관적으로 산출된 것이 그 산출 과정에서 대상으로 삼았던 것, 다시 말해서 주체에 의하여 일방적으로 설명된 것이 아닌 것에 대하여 갖게 되는 비개념적인 유사성인 미메시스는 예술을 인식의 형태로서 규정하게 되며, 이러한 한에서는 예술은 그 자체로서 합리적이다. 왜냐하면 미메시스적인 행동이 말하고 있는 바는, 개념과 논리를 수단으로 삼는 인식이 그 자신에게 고유한 카테고리들을 통하여 봉쇄시켜버리는, 즉 인식이 의도해야 될 최종 목적이기 때문이다."37) 최종 목적의 성립은 그러나 예술에서의 인식에서는 그것이 개념과 논리를 구사할 수 없기 때문에 명료성이 결핍되어 있다는 조건 하에서만 가능해진다. 그럼에도 불구하고 개념 및 논리의 체계가 지속적으로 진보를 이루어온 서구 문명사에서 예술이 존립해왔다는 사실은 아도르노에게는 한편으로는 참된 인식의 가능성이 명맥을 유지해왔다는 점을 의미하며, 다

---

37) T. W. Adorno, *Ästhetische Theorie.* a.a.O., S.86-87.

른 한편으로는 예술의 존립은 항상 그 존재의 위기의 연속으로만 존립해왔다는 역설을 의미한다. 문명사적 진보 과정에서 예술은 항상 주술적인 것에의 퇴행으로 배척받는 입장에 처할 수밖에 없기 때문이다.

지금까지의 논의에서 '예술의 세계에서 전개되는 미메시스와 합리성의 변증법'이 갖는 기본 특성이 이미 명백해졌다. 예술에서 수행되는 비개념적 인식은 개념적 논리를 수단으로 하여 일반화의 틀을 의도하는 인식의 기준으로 보면 비합리적이다. 그러나 바로 이와 같은 비합리적 특성은 대상을 지배적으로 인식하는 개념적 인식에 대한 비판이 된다. 비합리적인 미메시스는 도구적 합리성을 비판하게 되는 것이다. 인식 주체로서의 예술은 지금까지 고찰한 대로 그것이 성취하는 인식의 질에서 도구적 합리성을 비판할 뿐만 아니라 인식으로 성립되는 과정, 즉 작품으로 형상화되는 과정에서 합리적 처리 방식의 능력을 보여준다. 이렇게 함으로써 예술은 미메시스적 충동이 단순한 보호색에서처럼 대상에게 주체를 동일하게 하는 정도의 차원을 넘어서서 구체적 형상물(Bild)로 승화될 수 있음을 실증한다. 합리적 처리 방식을 더 깊게 이해하기 위해서는 형식, 예술에서 합리성 및 구성이라는 개념들을 고찰할 필요가 있다. 아도르노에게서 구체적 형상물은 바로 형식(Form)이다. 이 개념은 그에 이르러 그 이전의 미학에서는 구분되어 이해되어오던 내용과 형식이 합치된 개념을 의미하는 형식으로서 새롭게 규정된다. 이처럼 내용이 퇴적된 것으로서의 형식38)이 성립하는 데 토대가 되는 것은 예술에서의 합리성(ästhetische Rationalität)이며, 위의 합리

---

38) Vgl. Ebd., S.15.

성을 가능하게 하는 원리로서 아도르노가 제시하고 있는 것이 구성(Konstruktion)이라는 개념이다. 우선 전자에 대한 그의 정의를 보면 다음과 같다 : "예술에서의 합리성은 예술 작품에서 작품이 그 자체로서 하나의 완결된 전체로서 성립되게 하는 것을 밀어주는, 조직적인 모멘트다. 그것은 예술이 접하게 되는 외부 세계를 지배하는 합리성에 연관을 맺지 않고 있지는 않으나, 그렇다고 해서 위의 외부 세계에 내재하는 카테고리적 질서를 맹목적으로 모사하듯이 형태화시키지는 않는다."[39] 이 인용에서도 드러나듯이 예술은 도구적 이성이 지배하는 외부 세계와 관계를 맺으면서도 그 자체로서 외부 세계의 단순한 모사로 끝나지는 않는 하나의 완결된 전체를 형상화시킴으로서 도구적 합리성을 극복, 비판하는 능력을 보인다. 그 가능 조건은 이미 언급한 대로 구성의 원리다. "오늘날 예술 작품에서 합리적 모멘트가 성립될 수 있는 유일한 가능성"[40]으로서의 구성은 형식에 도달하기 위한 과정이다. 아도르노의 자세한 표현을 보기로 하자 : "구성은 현실적인 것의 여러 요소들을 그것들이 원래 지니고 있는 일차적 연관 관계로부터 벗어나게 하며, 이러한 요소들이 그 스스로 다시 한 번 하나의 닫혀진 전체로서 성립될 수 있을 때까지 위의 현실적 요소들을 변화시키는데, 이 과정은 예술이 접하게 되는 외부 세계에서의 닫혀진 전체가 현실적 요소들에게 어떻게 해서 타율적으로 강제 부과되었으며, 예술 작품 내부에서도 위의 닫혀진 전체가 어떻게 하여 위에서 강제 부과된 만큼 경험되는가가 가능하게끔 현실적 요소들을 변화시켜야 한다."[41]

---

39) Ebd., S.88.
40) Ebd., S.91.
41) Ebd., S.91.

구성은 한마디로 말하면 외부 세계의 현실 및 그것을 구성하는 요소들과 이 요소들이 예술에 의하여 인식되어서 작품 속에서 하나의 완결된 모습을 보이는 것으로서의 작품 속에서의 현실 및 그 구성 요소들 사이를 논리적 및 인과율적으로 매개하는 기능을 담당한다.

예술에서의 합리성 및 구성이라는 개념을 통해서 보면 앞서 이미 논의한 바 있는 예술에서의 합리적 처리 방식은 두 가지 기능을 갖고 있음을 알 수 있다. 그 하나는, 예술이 비록 미메시스적 충동으로 대상을 인식하지만 작품으로 성립되는 과정에서 합리적 처리 방식을 실제로 증명함으로써 단순한 보호색에 머무르는 차원의 미메시스를 거절하는 결과를 가져온다. 다른 하나는, 합리적 처리 방식은 곧바로 도구적 합리성에 대한 정면 비판이 된다. 이렇게 함으로써 이 논문의 서두에서 도입적으로 언급한 미메시스와 합리성의 비판 및 구출이라는 변증법이 비로소 이해되는 것이다. 예술은 미메시스를 구출하여 도구적 합리성을 비판함과 동시에 참된 합리성을 구출하고, 합리적 처리 방식을 통하여 도구적 합리성을 비판하면서 참된 합리성을 구출하는 동시에 단순한 보호색과 같은 미메시스는 거절하는 것이다.

아도르노의 역사철학, 인식론, 사회 이론 및 예술 이론이 종합된 관점에서만 이해될 수 있는 '미메시스와 합리성의 변증법'이 갖는 이론적 특성에 관한 해명이 이로써 이루어지게 되었다. 이 논문의 서두에서 전제 조건으로 언급하였듯이, 아도르노에게서 예술이 대상을 인식한다 함은 사회적 현실을 인식함을 의미한다. 그러면 예술이 경험적으로 확인 가능한 사회적 현실을 역사적으로 어떻게 구체적으로 인식해왔느냐 하는 문제를 간단히 고찰해봄으로써 '미메시스와 합리성의 변증법'이 갖는 실제적 측면을 보기로 한다. 아도르노가 여기에서 주목하는 것은 예술적으로 나타난 형상(ästhetisches Bild)으로서의 작품이다. 예술 작품은 이미 원시 제전에서 경험 세계에서 일어나는 것을 자신의 형상에서 없애 가짐으로써 예술적 형식에서 경험적 현실을 표현해보이는 능력을 갖는다.[42] 올림피아 제전에서처럼 신화가 학문적으로 관리되면서 폭력성을 갖게 되는 단계에서는,[43] 예술은 신화가 인간에게 강요하는 공포를 예술의 형식으로 형상화시킴으로써, 즉 신화의 공포에 대한 미메시스를 통해 신화를 비판하고 있다고 아도르노는 보고 있다.[44] 여기에서 이미 그가 예술의 미메시스적 특성에서 주목하는 것은 예술이 사회에 대하여 갖게 되는 부정성이라는 점이 명백해진다. 그의 이러한 시각은 보들레르, 카프카, 베케트, 첼란과 같은 극단적 부정성을 지닌 작가들의 작품을 그에게는 폭력적 현실에 다름이 아닌 현대적 경험 세계에 대한 미메시스로 해설하는 데서 정점에 이른다. 예를 들면 그의 시각에서는 보들레르 문학은 사물화된 자본주의적 사회에 대한 미메시스로,[45] 카프카 문학은 독점적 경제 체제 및 전체주의적 지배 체제에 대한 미메시스로,[46] 베케트의 경우에는 관리된 세계(verwaltete Welt)에 대한 미메시스로[47] 해석되는 것이다. 위의 세 가지 예에서도 확인될 수 있듯이, 예술이 사회적 현

---

42) Vgl. M. Horkheimer / T. W. Adorno, *Dialektik der Aufklärung*. a.a.O., S.20.

43) Vgl. Ebd., S.11.

44) Vgl. T. W. Adorno, *Ästhetische Theorie*. a.a.O., S.83.

45) Vgl. Ebd., S.39 ff.

46) Vgl. T. W. Adorno, *Prismen. Kulturkritik und Gesellschaft*. Frankfurt / M, 1976, S.314 ff.

47) Vgl. T. W. Adorno, *Noten zur Literatur*. Frankfurt / M, 1981, S.284 ff.

실을 인식함으로써 획득하게 되는 것은 바로 역사적 경험이다. 이 경험은 예술이 현실에 대하여 갖는 부정적 인식이 퇴적된 것으로의 경험이다. 예술은 이러한 부정적 인식을 의도적으로 수행하지 않고 미메시스적 충동의 결과가 형상화된 형식을 통하여 무의식적으로 보여줄 뿐이므로 아도르노는 예술적 인식에 의하여 퇴적된 역사에의 경험을 "무의식적인 역사 서술(unbewusste Geschichtsschreibung)"[48)]이라고 정의한다. 예술이 문명사를 기술한다 함은 아도르노에게서는 그러므로 도구적 이성에 의한 타락의 역사인 문명사를 부정적으로 인식 및 비판함을 의미하며, 이것을 가능하게 하는 것이 바로 예술에서 예술의 운동 원리로 전개된 '미메시스와 합리성의 변증법'인 것이다.

3. 예술적 부정성의 이론적 정립 또는 그 문제점과 전망

아도르노가 '예술적 영역에서의 미메시스와 합리성의 변증법'을 통하여 이론적으로 설명하는 데 일단 성공한 것은 예술의 역사성(Geschichtlichkeit)과 부정성(Negativität)이다. 특히 예술적 부정성을 이론적으로 설득력 있게 근거 세운 것은 『예술 이론』이 올린 가장 큰 성과라고 지적할 수 있겠다. 미메시스와 합리성이라는 개념을 이용하여 예술적 부정성을 무의도성의 의도성으로 파악한 아도르노의 통찰력은 또한, 예술 작품의 생산 및 사회적 작용력에서 특정 이데올로기에 예술이 종속되어 고찰되는 것을 방지해주는 장점을 지니고 있다. 예술은 자신의 형식을

---

48) T. W. Adorno, *Ästhetische Theorie*. a.a.O., S.272.

통하여, 즉 작품 자체를 통하여 외부 세계에 대하여 닫혀진 하나의 완결된 전체로서 존재하나 완결된 전체가 성립하기까지는 미메시스와 합리성의 변증법적 운동에 기초한 대상에의 합리적 인식에 근거한다[49]는 아도르노의 논리는 19세기 이래 지속적으로 전개된 예술지상주의(L'art pour l'art)와 앙가주망(Engagement)의 이론적 논쟁에 종지부를 찍을 수 있는 기점을 마련해[50]주기도 한다. 『예술 이론』이 성취한, 빼놓을 수 없는 또 하나의 공적은 예술 이론에 중요한 카테고리들, 예를 들어 추함(Hässlichkeit), 충격성(Schock), 어두움(Dunkelheit), 부조리(Absurdität) 등 현대 예술에서 빈번히 나타나는 카테고리들을 미메시스라는 개념을 이용하여 설명하는 데 성공하고 있다는 점이다. 아도르노에 대한 비판가들인 뷔르거(Peter Bürger), 야우스(Hans Robert Jauss), 벨머(Albrecht Wellmer), 젤(Martin Seel) 등도 미메시스에 대한 아도르노의 통찰은 비판의 대상으로 삼지 않는 것만 보아도 이 분야에서 아도르노의 공적이 인정되고 있음을 확인할 수 있다.

그러나 위에서 열거한 실적에도 불구하고 아도르노가 제시한 '미메시스와 합리성의 변증법'은 그가 서구 문명사를 역사철학적으로 타락의 역사로 규정한 일방적인 시각, 즉 환원론적인 시각의 통용 가능성을 전제로 하여 성립된 변증법이라는 비판을 면하기 힘들다. 인간의 모든 사고와 행위를 도구성에 환원시켜 고찰하는 아도르노 사고의 경직성에 관한 문제가 전면에 부상되면 아도르노의 예술 이론 전체의 존립 자체가 의문시되는 결과

---

49) 그는 이러한 특징을 예술 작품의 이중성(Doppelcharakter)이라고 명명하였다(vgl. T. W. Adorno, *Ästhetische Theorie*. S.337 ff.).

50) Vgl. H. R. Jauss, Kritik an Adornos Ästhetik der Negativität. In : Ders., *Ästhetische Erfahrung und literarische Hermeneutik*. Frankfurt / M, 1984, S.46-47.

를 유발한다. 아도르노 철학의 일면성에서 유래하는 또 하나의 문제점은 그가 비판과 계몽을 통한 화해(Versöhnung)의 모색이라는 그의 철학적 이념에 집착하여 비판 철학에 예술을 동일화시켜버리는 — 그가 가장 회피하려고 하였던 — 결과에 자가당착적으로 빠져들지 않았나 하는 점이다. 예술이 '미메시스와 합리성의 변증법'을 통해 보여주는 진리 내실도, 개념적 인식은 도구성을 갖게 되므로 가상이라는 전제 조건 하에서만 성립이 가능하다. 이 점에서 보았을 때 아도르노에게서 예술적 진리 개념에 대한 벨머와 젤의 비판은51) 위의 진리 개념의 경직성을 보완 또는 극복하는 시도로 볼 수 있다.

『예술 이론』에서 정립된 '미메시스와 합리성의 변증법'은 그러나 서구에서 예술 이론의 전개에서 앞으로도 살아남게 될 것이다. 우선 아도르노가 예술의 미메시스적 특성에 주목하여 이론적으로 근거를 세운 여러 카테고리들, 즉 미메시스, 도구적 합리성, 예술적 합리성, 합리적 처리 방식, 구성 등은 앞으로도 여러 면에서 예술 이론의 발전적 전개에 기여하게 되리라고 본다. 날로 세분화되는 합리성52)과 궤를 같이 하는 문명의 다양화에 상응하여 미메시스적 특성이 예술에서 표현될 것이 예상되기 때문이다. 또한 미메시스에 주목한 아도르노의 예술 이론은 아직 어느 예술 이

---

51) Vgl. A. Wellmer, Wahrheit, Schein, Versöhnung. a.a.O., S.155-173. M. Seel, Kunst, Wahrheit, Welterschliessung. In : F. Koppe(hrsg.), *Perspektiven der Kunstphilosophie.* Frankfurt / M, 1991, S.36-80.

52) 예를 들어 발터 찜머리(Walter Ch.Zimmerli)는 합리성의 유형을 20여 가지로 분류하고 있다(vgl. Ders., Die Grenzen der Rationalität als Problem der europäischen Gegenwartsphilosophie. In : H. Lenk(hrsg.), *Zur Kritik der wissenschaftlichen Rationalität*, Zum 65. Geburtstag von Kurt Hübner. Freiburg / München, 1986, S.327-347.

론도 제대로 설명하지 못한 물음, 예술은 그것의 발생 근거가 되는 사회에 대하여 어떤 기능(Funktion)과 작용(Wirkung)을 획득할 수 있는가 하는 물음을 해결하는 데 이론적 기초를 담당하게 되리라 본다. 예술을 특정 기능에 종속시켜 바라보는 모든 시각은 예술의 사회적 기능과 작용의 설명에 실패했으며, 예술은 작품에서 표현된 대로, 바로 그렇게 표현하지 않고는 견딜 수 없음(Unwiederstehlichkeit)[53]의 결과로 출현한 것이라는 아도르노의 생각을 기초로 하여 예술의 기능과 작용에 대한 이론적 설명이 설득력 있게 가능해지리라고 보기 때문이다.

이를 위해서는 그러나 아도르노가 이론적으로 정립한 예술적 부정성이 사회적 부정성과 예술적 부정성을 도식적으로 대립시키는 그의 고찰 방식에서 성립된 것이라는 사실을 인식하고 그러한 성립 조건의 한계를 극복하는 일이 무엇보다도 중요하다. 다시 말해서, 예술적 부정성의 사회적 차원을 단순히 도구적 이성에 환원시키지 않고 여러 부정적 측면에까지 세분화시켜 고찰하는 것의 가능성이 전제될 때 다양한 사회적 부정성에 대하여 다양한 방법으로 표현하지 않고는 견딜 수 없음을 이론적으로 설명 가능한 예술 이론의 태동에 이를 수 있을 것이다. 이렇게 되면 예술 작품에서 표현된 사회적 부정성의 여러 차원들[54]이,

---

53) Vgl. T. W. Adorno, *Ästhetische Theorie*. a.a.O., S.170.

54) 아도르노도 물론 예술적 부정성의 여러 차원들을 인식하고 있었다. 예를 들어 우리는 자기 보존 원리, 자연 지배, 도구적 합리성, 사회 지배, 동일성의 원리, 교환의 원리, 사물화, 이데올로기 등 아도르노의 사회 이론에서 사회를 필연적으로 부정적 메커니즘으로 되게 하는 여러 원리들에 대항하는 예술적 부정성의 차원들을 『예술 이론』으로부터 분석해낼 수 있다(이에 대한 상세한 연구는 : B. H. Mun, *Intentionslose Parteinahme*. a.a.O., S.105-121). 그러나 위에서 열거한 여러 카테고리들은 아도르노가 사회를 도구적 이성의 메커니즘으로 규정한 시각에서 파생된 것들이기 때문에 그에게서 예술적 부정성은 사회에

예술 이론적으로, 도구적 이성에 의하여 조직된 기능 체계로서의 사회가 산출한 부정성으로만 인식될 수 있는 한계를 극복하게 된다. 예술적 부정성의 발생 원인을 도구적 이성에만 환원시키면 사회의 기능의 다변화와 이에 따른 부정적 현상의 다변화를 예술 이론적으로 제대로 인식하지 못할 위험에 빠지게 되어 예술의 사회적 기능과 작용의 설명에 실패할 확률이 높은 것이다. 그러나 환원론적 사고에서 탈피하면, 마치 철학이 세계에 대한 다양한 설명, 해석 등을 제공하여 인간에게 세계 인식과 더불어 세계 변혁의 가능성을 부여하듯이, 예술 이론도 철학의 기능을 담당하여[55] — 그것의 주된 관심사가 아도르노에게서처럼 예술적 부정성에 대한 인식으로 국한된다 하더라도 — 예술 작품에 표현된 다양한 부정성을 이론적으로 중개함으로써 인간의 의식에 다양한 부정성에 대한 다양한 인식 및 극복 가능성을 제공하는 역할을 담당할 수 있는 길이 더욱 넓게 열리게 된다. 이 시각은 또한 예술 작품의 생산에서의 예술적 부정성이 역사적으로 변전이 가능하다는 인식까지도 중개할 수 있게 된다. 아도르노가 살았던 시대에는 전체주의적 폭력이 극복되어야 될 가장 중요한 부정적 요소였다면 이제는 인류 공멸의 위기를 불러일으키고 있는 환경 파괴가 가장 중요한 부정적 측면이기 때문에 아도르노에게서 경직된 형태에 머문 부정을 좀더 유연하게 전환하는 것이 필요하다고 본다. 이렇게 하면 예술의 사회적 작용력이 다양하게 가능하게 되고, 예술 작품의 미래적 의미, 다른 말로 하면

대한 특정한 시각으로부터 유래하는 일면성을 지닌 것이라는 비판을 상쇄시킬 수는 없다.

55) 아도르노는 미학이 철학의 한 분과로 분류되는 것을 거부한다. 그에게는 미학은 곧 철학이다(vgl. T. W. Adorno, *Ästhetische Theorie.* S.140). 양자의 공통점은 그 기능에 있는데, 그것은 바로 계몽의 기능이다.

인간이 미래를 구축하는 데 예술 작품이 인간에게 미칠 수 있는 작용력이 더욱 구체성을 갖게 될 것이다.

세계에의 고통에 대한 미메시스
그리고 예술의 존재 가치

1. 개별 인간과 전체 또는 고통의 변증법

세계는 전체(das Ganze)로서 이해될 수 있으며, 전체를 구성하는 기초 단위는 개별 인간이다. 예컨대 지구촌을 전체로서 작동하는 하나의 세계로 파악하고 그 구성원을 지구에서 살고 있는 모든 개별 인간으로 보는 경우, 지구가 대전쟁·공황·대량학살·대량 실업·대규모 기아 등과 같은 부정적 상황에 처해 있다면, 우리는 지구촌 사회가 개별 인간에게 고통을 주고 있다는 표현을 사용할 수 있다. 지구촌 사회의 부정적 상황이 주는 고통은 곧 세계가 개별 인간에게 주는 고통이 되며, 이는 프랑크푸르트학파의 제1세대를 대표하는 비판이론가인 테오도르 아도르노의 표현을 빌린다면 '세계에의 고통(Leiden an der Welt, Weltschmerz)'이라는 개념으로 정리될 수 있겠다. 한국 사회도 또한 하나의 전체며 동시에 하나의 세계로서 존재한다. 만약 전체로서의 한국 사회가 그것의 틀에서 삶을 영위하는 개별 한국인들에게 고통을 주면, 이 경우에도 세계에의 고통이란 표현이 성립된다.

인류 역사상 최단 기간에 걸쳐 산업화에 성공한 후 후기 산업 사회에 진입한 한국 사회는—한국인들의 자기 보존을 확실하게 보장해주는 것으로 여겨졌던 경제적 질서가 흔들리면서—지금 그 구성원들에게 세계에의 고통을 강도 높게 느끼게 하고 있다. 이는 세계에의 고통이 원시 제전 이래 전개되어온 문명사에 필연적으로 내재하는 원리라는 주장을 편 프랑크푸르트학파의 고통스러운 언어를 새삼스럽게 떠올리게 한다. 세계에의 고통은 삶의 편안함과 풍요를 약속한다는 문명이 진보되면 될수록, 그리고 전체가 빈틈없이 조직되어 작동되면 될수록 그 강도가 증대된다는 변증법적 논리가 현재의 한국 사회를 사는 많은 개별 인간들에게 더욱 실감 있게 다가오는 듯하다. 비극적인 것은 전체로서 작동되는 생산 관계의 체계에 강제적으로라도 편입되겠다는 희망 자체가 강제적으로 거부당하고 있다는 사실이다.

아도르노는 후기 산업 사회의 비극성을 전체에 강제적으로 의존되어 있는 개별 인간들의 구속성에서 도출한다. 그가 표현하는 후기 산업 사회의 어두운 세계상을 인용해보기로 하자.

첫 번째로, 지나치게 추상적이지만 그럼에도 접근을 시도해본다면, 모든 개별 인간들이 바로 그들이 형성한 총체성에 의존되어 있다는 점이 기억될 일이다. 이 총체성에서는 모든 사람이 모든 사람에 의해 의존된다. 전체는 그 구성원들에 의하여 충족되는 기능들이 이루게 되는 상호 구속성에 힘입어서만 자신을 유지시킨다. 일반적으로, 모든 개별 인간은 자신의 삶을 힘겹게라도 유지시키기 위해서는 하나의 기능을 담지해야 하며, 하나의 기능이나마 갖는 한에서는 그것에 감사할 줄 알아야 하는 것도 교육받는다.[1]

총체적으로 작동되는 전체에의 의존 관계에서 자기 보존 (Selbsterhaltung)을 유지하는 것은 아도르노의 시각에는 후기 산업 사회의 구조적 특징에 속한다. 그러나 이러한 자기 보존 전략이 비극성에 기초해 있다는 것 자체를 미처 인식하기도 전에 전체가 개별 인간을 거부하는 현상을 한국 사회는 보이고 있다. 아도르노가 보는 비극성은, 역설적이게도 행복의 범주에 드는 것으로 해석될 수도 있는 상황이기도 하다. 오로지 전체의 구성원으로서만, 그리고 전체가 부여하는 기능이나 직능을 담지함으로써만 자기 보존의 기초를 확보할 수 있으리라는 개별 인간들의 믿음은 더 이상 그 통용성을 주장할 수 없게 되었기 때문이다. 그러나 모든 사람을 모든 사람과 의존시키게 하는 전체의 작동 메커니즘은 지금의 한국 사회에서는, 의존을 원하는 개별 인간들을 점차 전체로부터 분리시키는 작업을 진행하고 있는 것이다. 전체에 강제적으로 의존되는 자기 보존의 비극성도 '관리된 세계(verwaltete Welt)'의 관리 체계 아래 들어가게 되었으며, 개별 인간들은 관리된 의존에 의한 자기 보존에서 행복을 찾아야 하는 모순에 자발적으로 빠져들고 있다. 기능들이 제거되고 폐기되어 가는 와중에서 하나의 기능이라도 갖겠다는 절박한 소망과 하나의 기능을 갖는 것에 대한 감사의 마음을 표현할 기회

---

1) Th. W. Adorno, *Soziologische Schriften I*, hrsg. von R. Tiedemann, 1. Aufl, Frankfurt / M, 1979, S.10.

조차 점점 줄어들고 있는 추세다.

개별 인간들에게 물질적 풍요, 그리고 더 나은 삶의 질을 제공하고 약속하는 진보의 길을 달려온 자본주의적 후기 산업 사회인 한국 사회는 이제 합리성보다는 비합리성, 본질보다는 가상에 의해 작동된 전체였음을 드러내고 있다. 전체로서 작동하는 한국 사회의 관리 책임을 맡고 있었던 주체는 본질보다는 가상만 알려주었을 뿐만 아니라, 전체의 골격이 붕괴되고 있다는 사실조차 은폐시키려고 시도하였음이 증명되고 있다. 전체의 작동 체계는 가상이 구성한 총체성의 작동 체계에 머물러 있었을 뿐이었다. "현실로 되고 만 가상"[2]이 많은 부분 그 구체적 모습을 시위하는 현장이 바로 한국의 후기 산업 사회였다. 가상은 아도르노에게는 자본주의적 후기 산업 사회에 필연적으로 내재하는 비합리성의 원인을 제공하는 부정적 요소다. "사회적으로 현존하는 모든 것은 오늘날, 매개의 동기가 사회적 존재자의 총체성으로 인해 변질될 정도로 완벽하게 그 내부에 매개되어 있다는 표현으로 가상이라는 말을 설명할 수 있겠다."[3] 아도르노가 지적한 후기 산업 사회에서 가상에 의한 총체적 매개성은 한국의 후기 산업 사회에서도 그 통용성을 시위하고 있었다. 더욱 비극적인 것은 개별 인간들이 가상의 총체적 작동 체계에 의해 기만당하고 있었다는 사실조차 인식하지 못하였다는 점이다. 사회의 관리 주체는 한국 사회를 구성하는 개별 인간들에게는 더 나은 삶의 질과 풍요를 약속한 이데올로기를 지속적이고도 반복적으로 전파하고 있었기 때문이다. 진보의 과정은 동시에 퇴행의 과정을 내포하고 있었으며, 풍요와 행복한 삶의 과정에 동참한 것

---

2) Th. W. Adorno, *Negative Dialektik*, 3.Aufl, Frankfurt / M, 1981, S.317.
3) Th. W. Adorno, *Soziologische Schriften I*, a.a.O., S.369.

으로 믿었던 전체의 구성원들에게는 자기 보존의 상실과 파멸의 과정이 동시에 부과되고 있었던 것이다.

산업 사회로서의 전체가 위기에 처했음을 경고하였던 사건인 교각이나 건축물의 붕괴, 개별 인간들의 사회화 과정에 일차적 책임이 있는 교육이 무차별적 무한 경쟁의 메커니즘으로 전락한 현실 등은 이미 전체가 중병을 앓고 있음을 명백하게 증명하였다. 그러나 전체의 경영에 책임을 진 집단들뿐만 아니라 경제 성장은 필연적이며 소득 상승은 자동적이라는 환상에 빠져든 개별 인간들은 전체가 붕괴하지 않으리라는 자만심에서 벗어날 줄 몰랐다. 소비에의 기쁨은 이제 자기 보존의 상실이라는 절박한 고통으로 바뀌었으며, 미래에 대한 설계는 곧 미래에의 불안으로 변모되었다. 노동을 통한 자기정체성의 확보와 가치의 실현은 실업에 따른 정체성 상실과 자기 파멸에의 가능성으로 둔갑되었다. 한국의 후기 산업 사회는 아도르노가 지적한 후기 산업 사회에서의 강제적 의존성에 의한 자기 보존의 비극성까지도 비웃으면서 수많은 개별 인간들에게서 자기 보존을 박탈하고 있으며, 이렇게 함으로써 모든 개별 인간들에게 세계에의 고통을 강요하고 있다.

기술 발전과 자동화에 기초한 노동 생산성 향상은 여가 시간의 확보와 더욱 풍요로운 소비에의 즐거움을 부여하는 것으로 보였으며, 따라서 세계가 개별 인간에게 고통을 줄 수 있다는 인식은 고도 성장을 거듭한 한국 사회에서는 불필요한 인식에 불과하였다. 전체가 개별 인간에게 풍요와 소비에의 기쁨을 부여한 과정에서도 전체는 개별 인간에게 고통을 동시에 부과하고 있었으며, 풍요가 표면상으로는 중심적 현상으로 출현하는 것처럼 보였을 뿐 실제에서는 고통이 병존하고 있었던 것이다. 전체와 개별 인간의 상호 의존 관계는 고통의 변증법으로 파악되어야 한다. 자기 보존을 상실하지 않기 위하여 강제적 의존성에 의해 실행되는 노동 자체에 이미 고통이 내재되어 있다는 일차적 원인 외에도, 전체는 필요하면 언제든지 개별 인간의 자기 보존을 박탈할 수 있기 때문이다.

2. 경험적 세계 또는 비합리성에 의해 매개된 불의의 연관 관계의 총체

전체로서의 세계, 즉 사회라는 구체적 형태로서 출현하는 경험적인 현실은 아도르노에게는 원시 제전이 실행될 때부터 가상(Schein)과 불의의 연관 관계의 총체로서 존재할 뿐이다. 인류는 원시 제전 이래 불의를 경험할 수밖에 없었으며, 이 불의는 모든 인간에게 강제적 힘으로 작용할 수밖에 없었다는 인식[4]을 매개하는 것과 불의의 총체적 연관 관계로부터 벗어나는 가능성을 주장하려는 것이 아도르노의 핵심 사상이다.

『계몽의 변증법』에 따르면, 자연의 절대적 위력에 두려움을 느낀 인간은 자연에 자신의 모습을 비슷하게 하는 행사인 원시 제전에서 외부 자연에 대한 지배의 도정을 출발시켰으며, 자기 보존을 위해 자연을 지배하지 않을 수 없는 인간은 제전의 조직적 실행 과정에서 인간들 상호간의 의존 관계와 부자유한 노동을 강제적으로 강요하는 조직인 사회를 구성하게 된다. 사회는 인간에 의한 인간의 지배 체계다. 동시에 사회에 자기 보존이 의

---

4) Vgl. H. Brunkhorst, *Theodor W. Adorno*, München, 1990, S.162 ff.

존되어 있는 개별 인간은 자기 보존을 위하여 자기 주체를 스스로 포기하는 내적 자연 지배의 강제성에서 빠져나오지 못하게 된다. 『계몽의 변증법』이 보이는 위와 같은 논리에서 세계에의 고통은 문명의 진보 과정 및 이에 따른 사회 구성의 전개 과정에 필연적으로 내재해 있다는 주장이 도출된다.

경험적 현실이 가상과 불의의 연관 관계로서 전개될 수밖에 없었던 근원을 제공하는 것은 아도르노에 의하면 도구적 합리성이다. 막스 베버는 잘 알려진 대로 특정 목적을 성취하기 위하여 특정 수단을 투입하는 인간의 행위를 합리적 행위라고 정의한다. 그러나 특정 목적을 달성하기 위해 그것에 합당한 수단을 투입하지 않고 목적 달성을 위해서라면 수단을 가리지 않는 행위는 비합리적 행위다. 수단이 목적이 되는, 즉 행위의 도구성에서 가상과 불의를 필연적으로 초래하는 행위가 비합리적 행위인 셈이다.

아도르노는 비합리적 행위의 원리들로서 잘 알려진 대로 교환에 의한 자기 희생의 원리, 자기 포기·굴종의 원리, 기만·간계의 원리를 제시하며, 이러한 원리들은 이미 오디세우스의 도구적 합리성에서 발원하고 있음을 분석한다.[5] 그는 특히 이윤 추구를 위해 모험을 시도하는 자본주의적 시민사회에 오디세우스의 행위에서 나타난 도구적 합리성이 근원으로 놓여 있음을 주장한다.[6] 그는 도구적 합리성이 근대 이래의 서구 시민사회에서는 특히 교환합리성의 형태로 창궐한다고 보고 있으며, 따라서 근대 시민사회 이후 전개된 초기 자본주의, 절정 자본주의, 자유

---

5) Vgl. M. Horkheimer / Th. W. Adorno, *Dialektik der Aufklärung*. Philosophische Fragmente, Frankfurt / M, 1971, S.46-66.
6) Vgl. Ebd., S.57.

방임적 자본주의, 국가 독점 자본주의, 후기 자본주의의 모든 단계에서 교환합리성은 사회를 구성하는 가장 중요한 원리가 된다는 논리를 개진한다. '같은 것'이 '같지 않은 것'과 교환되면서도 마치 '같은 것'으로서 교환되는 것으로 인정되게 하는 원리인 교환합리성은 가상(Schein)을 필연적으로 생산할 수밖에 없게 된다. 교환합리성에 의해 총체적으로 매개된 사회는 가상의 총체로서 출현할 수밖에 없으며 비합리성의 총체적 연관 관계로서 작동할 수밖에 없는 것이다.

사회 자체가 참이 아닌 것으로서의 전체의 총체에 지나지 않는다7)는 그의 극단적 견해는 이런 맥락에서 이해될 수 있다. 원시 제전부터 불의의 연관 관계의 총체로서의 도정을 달려온 사회, 즉 전체로서의 세계는 비합리성의 총체적 실현태로서 출현하며, 그 결과 세계는 개별 인간에게 고통을 강요할 수밖에 없다는 것이다.

20세기 중반 이후 자본주의를 경제·사회의 기초 질서로 수용하였으며 1960년대 이후 급격한 산업화와 더불어 산업 사회·후기 산업 사회의 형태를 보이는 한국 사회의 경험적 현실은 적지 않은 부분 아도르노가 말하는 도구적 합리성에 의해 작동되고 있었음이 최근에 이르러 확인되고 있다. 도구성·교환합리성·기만에 의해 야기된 가상과 불의는 마침내 그 모습을 드러내면서 수많은 개별 인간들에게 고통을 강요하고 있기 때문이다. 한국 사회가 지금 부과하는 세계에의 고통은 결국 도구적 합리성, 비합리성이 생산한 가상과 불의의 산물이다.

---

7) Vgl. Th. W. Adorno, *Soziologische Schriften I*, a.a.O., S.18.

3. 고통에 대한 미메시스적 충동의 필연성

그러나 세계에의 고통이 고통의 상태에서 지속될 수만은 없는 일이다. 고통을 말없이(sprachlos) 말하면서 고통을 없애려는 변증법의 역사는 아도르노에 의하면 예술에서 서술된다. 개별 인간에게 고통을 부과하는 전체인 "사회에 대한 반사회적인 테제"8)인 예술은 원시 제전 이래 세계에의 고통을 변증법적으로 표현한 역사를 가지고 있다. 그에 의하면, 예술은 영구적으로 지속되는 부정의 과정인 '확연한 부정(bestimmte Negation)'9)을 실제로 실행하는 심급(Instanz)이 되면서 역사가 지금까지 진행되어온 역사와는 다르게 진행되어야 한다는 인식을 예술 수용자에게 매개한다. 예술은 "경험 세계를 변화시키는 것을 무의식적으로 보여주는 도형"10)과 같은 것이다. 세계에의 고통과 세계의 변화를 표현하지 않고는 견딜 수 없는 미메시스적 충동이야말로 아도르노에게는 예술을 필연적으로 존재하지 않을 수 없게 하는 근거임과 동시에 원시 제전 이래 예술이 비합리적인 것으로 배척을 당하면서도 자신의 존속을 가능하게 한 원동력이다. 한국의 후기 산업 사회가 잠시라도 보여주었던 소비와 풍요의 가상은 예술 작품의 생산자들로 하여금 세계에의 고통을 표현하는 것을 망각시키기에 충분한 것이었으며, 그 결과 예술 작품들은 세계가 처해 있는 모습을 수용자들에게 심도 있게 인식시키는

---

8) Th. W. Adorno, *Ästhetische Theorie*, hrsg. von G.Adorno und R. Tiedemann, 5.Aufl., Frankfurt / M, 1981, S.19.

9) 이 개념에 대한 상세한 해설은 글쓴이의 졸저 『아도르노의 사회 이론과 예술 이론』(서울, 문학과 지성사, 1993 초판, 2001 재판), 154쪽 이하 참조.

10) Ebd., S.264.

기능을 상실하고 있었다. 세계에의 고통이 수많은 한국인들에게 다가오는 지금 예술은 아도르노가 절규한 대로 고통에 대한 미메시스를 통해 수용자에게 예술적 계몽력을 매개하여야 한다.

4. 예술적 합리성 또는 세계에의 고통을 없애려는 비개념적 인식

앞에서 보았듯이, 세계가 주는 고통은 비합리적 행위에 근거한 도구성에서 발원한다. 그러므로 경험적 현실이 도구적 합리성의 메커니즘에서 빠져나오지 못하는 한, 전체로서의 세계는 개별 인간에게 고통을 부여하지 않을 수밖에 없는 것이다. 예술은 원시 제전, 신화가 신화들에 대한 학문적 관리의 결과 폭력으로 등장하는 시기(a), 올림피아 제신들이 등장하는 시기(b), 자본주의의 본격적 전개와 더불어 출현한 상품 사회(c), 정치적 전체주의 및 경제적 독점주의(d), 제2차 세계대전 후의 관리된 사회(e)의 각 단계에서 경험적 현실이 도구적 합리성에 의한 폭력의 메커니즘임을 비개념적으로 인식시켜온 역사를 가지고 있다는 것이 아도르노 미학의 핵심을 이룬다. 비개념적 인식의 역사는 상(像)으로서의 예술 작품의 존재의 역사다.

아도르노는 고대 그리스의 희극에서 보이는 괴물들을 신화가 주는 고통에 대항하는 형식(a′)으로, 에우리피데스의 작품에서 승화된 형식으로 출현하는 올림피아 제신들을 제신들에 대한 제소의 표현(b′)으로, 보들레르의 작품들을 상품 사회의 물신성에 대한 치열한 비판(c′)으로, 카프카 문학을 전체주의와 독점주의가 강요하는 고통에 대한 미메시스(d′)로, 베케트 문학을 합리화된 세계가 절대적인 부정성에 도달한 현실에 대한 처절한 미메시스(e′)[11]로 해석하면서 예술의 역사는 세계에의 고통에 대한 미메시스의 역사라는 주장을 펼친다.[12]

이렇게 볼 때, 예술 작품이 존재한다는 것 자체가 바로 도구적 합리성의 폭력을 비판하는 차원을 지니며, 이는 세계가 비합리성의 연관 관계에 빠져 있으므로 이를 없애 가져야 된다는 인식을 예술 수용자들에게 매개하는 의미도 내포한다. 특히 예술적 현대(künstlerische Moderne)[13] 이래의 예술 작품은 추함·우둔함·부조리함·병적 혐오감·충격적 표현 등을 통해 예술이야말로 가장 비합리적인 것임을 보여준다.

그러나 이처럼 극단적인 비합리성의 특징은 아도르노에게는 예술 작품이 비합리적인 사회를 비판하는 것을 뜻한다. 그는 예술 작품이 매개하는 이 같은 능력을 예술적 합리성으로 이해하였으며, 예술적 합리성은 세계가 지금까지 진행되어온 과정과는 다르게 진행되어야 한다는 인식, 즉 세계가 더 이상 비합리성이 야기하는 가상과 불의의 총체적 연관 관계로서 존재해서는 안된다는 인식을 역사적으로 성취해온 것으로 파악한다.

예술적 합리성이 존재한다는 것은 세계가 어두운 세계라는 것을 의미한다. "세계를 암울하게 하는 것은 예술에서 비합리성을 합리적인 것이 되게 한다. 그것은 극도로 암울하게 된 비합리성

---

11) 앞에서 a 이하로 표기된 내용은 역사상 각 시대를, a′ 이하로 표기된 내용은 각 시대에 해당되는 예술 작품들의 구체적 사례를 서술한다.

12) 여기에서 극도로 축약한 내용의 상세한 논의는 앞에서 언급한 글쓴이의 졸저를 참조(195-206쪽).

13) 벤야민은 예술적 현대의 개념을 보들레르 이후의 예술에 근거하여 이론적으로 정립시켰다. 글쓴이는 벤야민의 이 이론을 전적으로 따른다.

이다."14)

전체로서의 한국 사회는, 현재, 가상과 불의를 생산하는 비합리성의 메커니즘이야말로 암울한 세계를 출현시키는 근본 원인임을 경험하고 있다. 목적을 위해서는 수단과 방법을 가리지 않는, 즉 사고와 행위의 도구성은 세계를 개별 인간에게 고통을 주는 전체로 변모시킬 수 있다는 경험이 개별 한국인들에게 매개되고 있는 중이다. 예술가에게는 세계에의 고통을 표현하지 않고는 견딜 수 없는 치열한 예술혼을 요구하고 있는 상황인 셈이다. 세계에의 고통에 대한 미메시스는 고통이 없는 세계를 향한 동경이다. 동경이 사라지는 날은 예술이 종말을 고하는 날이며 동시에 유토피아가 실현된 날이기도 하다. 유토피아가 실현되지 않았는데도 예술가에게 고통에의 치열한 인식이 결여되어 있었다면, 이는 예술가가 세계에의 인식을 포기하고 있었음을 의미한다.

가상이 그 병든 모습을 드러내면서 우리에게 고통을 강요하는 이 시대에, 예술가들은 세계에의 고통이 예술적 형상화의 요체임을 주장한 아도르노의 절규에 다시 귀를 기울일 필요가 있을 것 같다. 가장 고통스럽게 세계를 인식하였던 프란츠 카프카(Franz Kafka)가 20세기의 가장 위대한 예술가로서 자리매김되었다는 사실은 세계에 대한 예술적 인식의 치열함과 이에 따른 예술적 계몽력의 확보가 예술 작품에 대한 역사적 평가의 최종 기준이 됨을 명백하게 증명한다. 카프카처럼 역사적으로 평가받을 수 있는 예술가가 이 시대의 우리 사회에서도 나올 수 있을 때, 그리고 그러한 위대한 예술가의 수가 이 시대에 많으면 많을

14) Th. W. Adorno, *Ästhetische Theorie*, a.a.0., S.35.

수록, 우리는 앞으로 펼쳐질 세계가 지금까지 전개된 세계보다는 더욱 좋은 모습을 보일 수 있다는 희망을 공유하게 된다. 예술 작품이 매개하는 계몽·교육 기능이야말로 사회가 가상과 불의의 연관 관계 및 사물화의 늪으로 빠져드는 비극으로부터 개인을 구출할 수 있는 가능성을 아직도 담지하고 있기 때문이다.

개념적 인식의 부정성에 대한
성찰 가능성으로서의 예술적 인식

태고에서의 인간의 삶은 자연에 완전히 종속되어 있었으며, 자연의 힘이 인간의 능력을 절대적으로 압도하고 있었다. 따라서 인간은 자연이 인간에게 부여하는 삶의 조건을 절대적인 것으로 받아들였으며, 자연의 질서와 위력에 어떤 영향력을 행사하려는 시도조차도 생각할 수 없었다. 이 시기에서는 인간이 외부 세계를 인식하는 가능성 자체가 배제되어 있었으며, 인간은 자연과 거의 동일한 의미로 쓰일 수 있는 외부 세계를 다만 감각적으로 지각하는 수준에서 자신의 삶을 자연의 질서에 종속시키고 있었다. 인간은 인식의 단초도 없이 다만 감각적 차원에서 외부 세계를 지각할 뿐이었다. 인식은 외부 세계의 의미, 내용, 더 나아가 그것의 본질에 대한 판단을 행하는 반성적 행위이기 때문이다. 마치 동물이 그것의 삶에 영향을 주는 자연 또는 외부 세계의 조건에 대해 인식적 차원에서의 판단을 행하지 못한 채 다만 감각적으로 주변의 환경에 적응하듯이, 인간의 삶도 외부 세계에 대한 인식이 전혀 없는 상태에서 동일한 형태가 반복되는 굴레에 종속되어 있었던 것이다. 외부 세계에 대한 인식이 전혀 없는 삶은 그러나 삶의 조건을 개선시킬 수 있는 가능성 자체도 갖지 못한다. 인간은 그러나 자연의 절대적 위력에 영향력을 행사하려는 시도를 행하게 되었는 바, 이런 시도는 그 형식이 오늘날에도 지구상의 여러 지역에서 존속되고 있고 실제로 실행되고 있는 원시 제전에서 그 모습을 드러내게 되었다. 인간은 자연의 위력으로부터 자신을 보존시키기 위하여 자신의 모습을 자연에 비슷하게 하는 원시 제전에서 자연에 대한 인식을 최초로 시도하게 된 것이다. 이 단계에서의 세계에 대한 인간의 인식은 주술을 매개로 하여 이루어진다. 주술을 통하여 자연의 질서에 영향을 미치려는 노력에서 인간은 자연에 대해 아직은 지배적이 아닌, 즉 친화적인 입장을 취하는 것이다.

원시 제전은 예술의 역사에도 많은 의미를 부여하게 된다. 제전에서 주술사가 가면을 바꿔 쓰면서 노래하고 춤추는 모습은 예술의 원조에 해당되는 것으로 볼 수 있기 때문이다. 이 같은 시각은 아놀드 하우저나 테오도르 아도르노와 같은 예술사가 또는 예술이론가에게도 확인되고 있다. 인간이 외부 세계나 대상을 인식할 때 그 통용성에서 아직까지도 가장 우위를 점하고 있는 개념적 인식에 앞서서, 예술은 — 원시 제전에서 보이는 — 그것의 주술적 특징에서 이미 외부 세계에 대한 인식 가능성을 획득한 것이다. 주술에 근거한 최초의 예술적 대상 인식은 대상에 대한 친화력을 유산으로 남겨놓았는 바, 이 중요한 유산은 오늘날까지 그 본질에 아무런 변화가 이루어지지 않은 채 존속되고 있다. 원시 제전에 내재하는 세계상은 막스 베버가 그의 필생의 대작인 종교사회학에서 분석하고 있듯이 일원적 세계상, 즉 주술적 세계상이다. 존재는 그 기본 원리에서 하나밖에 없다는 생각에 기초를 두고 있는 이런 세계상에서 보이는, 세계에 대한 일원론적 인식을 더욱 진보된 형태의 인식에 이르도록 한 것은, 베버에 따르면 종교적 세계 거부다. 원시 제전에서 보이는 주술을 통한 '외부 세계에 영향을 미치기'는 종교를 통한 '주술적 세계상의 거부'라는 형태로 진보한다. 자연과 인간을 매개하는 주술사의 자리에 신이 등장한 것이다. 우리는 이를 세계 인식의 종교적 단계라고 명명할 수 있다. 이 단계의 더욱 진보된 형태는 개념을 통하여 세계를 일반적으로 인식하겠다는 요구를 제기하는 학문에서 형성된다. 플라톤 이래 발전을 거듭하고, 근대 이후에는 특히 자연과학의 발달과 더불어 정확성 및 신뢰도를 획득한 개념적 인식의 역사는 서구 학문의 역사라고 해도 지나친 말이 아니다. 개념적 인식이 인간의 세계 인식에서 전면에 부상한 이래 주술적 단계에의 세계 인식과 종교적 세계 인식은 비합리적이고, 정확성이 결여되어 있으며, 일반성을 획득할 수 없는 인식으로 전락하고 만다. 개념적 인식은 외부 세계에 대한 인간의 인식이라는 것과 거의 동일한 의미로 쓰이는 정도가 된 것이다. 개념적 인식이 서구의 학문사에서 비약적 발전을 거듭해나가는 동안에 원시 제전에서 그 단초를 보인 예술적 인식도 역시 비합리적인 인식에 지나지 않는 열등한 인식 정도로 폄하된다. 예술은 개념을 구사하지 못할 뿐만 아니라 논리도 전개시킬 능력이 없으므로 진리로 통용될 수 있는 절대적 기준인 일반성을 산출할 수 없다는 것이다. 그렇다면 인식은 항상 합리적이어야 되고 개념적으로 근거 세워진 일반적인 진리를 성취할 때만 인식으로 통용될 수 있는 것인가? 세계에 대한 이러한 일반적 인식에의 욕구는 세계 지배를 가속화시켰으며, 오늘날 인간은 개념적 인식이 잉태시킨 메커니즘에 종속되어 있다. 바로 여기에서 예술적 인식이 개념적 인식을 보완할 수 있는 가능성이 거론될 수 있다.

세계에 존재하는 사물 또는 사물들의 표징들이 사고를 통해 매개된 개체에서 일반적으로 파악된 결과로 나타난 것이 개념이다. 따라서 개념적 인식은 인식 주체와 인식 객체의 관계에서 볼 때 주체가 객체를 지배하는 특성을 지닌다. 개념적 인식의 특징은 외부 세계를 인식 주체가 의도하는 바에 따라 가능한 한 일반적인 틀에 맞춰 관리할 수 있다는 점에 있다. 이는 인간이 세계를 좀더 정확하게, 그리고 좀더 효율적으로 관리할 수 있는 가능성을 의미한다. 세계에 대한 지배 가능성은 외적 자연과 인간과의 관계에서 볼 때는 자연에 대한 인간의 우위를 가능하게 하였다. 개념에 의하여 분류되고 지배된 자연은 이제 인간이 필요에 따라 관리할 수 있는 대상으로 변모된 것이다. 개념의 지배적 특성은 인간의 구체적 삶의 구체적 현장인 사회적 실제에서도 그 위력을 발휘한다. 자연과의 친화력을 보였던 원시 제전에서는 제전에 참가한 사람들을 구체적으로 지배할 수 있는 그 어떤 표상이나 상징도 없었던 반면에, 세계 인식의 종교적 단계에서는 신이라는 표상이 인간을 점차 그것의 영향 아래 두었으며 세계 인식의 학문적 단계에서는 학문에서 생산된 개념이 인간의 실제적 삶의 현장에 들어오게 되었다. 사회적 실제와 개념적 인식은 등치 관계에 놓이게 된다. 인식 주체인 인간이 개념을 통하여 대상을 인식한 결과로서 성립되는 객체는 인식 주체인 인간의 사회적 삶을 규율하는 지배자로서 등장한 셈이다. 개념적 인식은 인간에게 한편으로는 세계를 효율적이고도 정확하게 지배할 수 있는 가능성을 열어주었으며, 다른 한편으로는 인간이 개념적 인식의 결과로서 나타나는 객체에 다시 종속되는 결과를 유발하게 된 것이다. 이것은 개념적 인식이 인간에게 미친 영향의 양면성이다. 양면성 중에서 특히 부정적 측면을 주목해볼 필요가 있다. 더 나은 삶의 조건을 창출하기 위해서는 부정적 요소가 지양되어야 되기 때문이다. 모든 인식 대상을 개념에 동일하게 맞춰 인식해버리는 — 아도르노는 이 개념을 동일화 사고라고 명명한다 — 극단적 경우가 그것의 사회적 실제에서 가장 부정적으로 나타난 현상을 우리는 전체주의에서 볼 수 있다. 개념적 인식의 부정적 결과는 이처럼 치명적이다. 개념적 인식이 대상에 대한 친화력을 상실하면 할수록, 그 결과는 더욱 부정적일 수 있다. 예술적 인식은 개념적 인식의 이런 약점을 보완할 수 능력을 함유하고 있다.

예술은 우선 개념을 구사할 수 없다. 그럼에도 예술은 세계를 인식하는 능력을 갖는다. 예술은 인식 대상을 지배하지 않으면서도 인식 대상을 개념적 인식에 익숙하지 못한 예술 수용자에게도 인식시켜주는 힘을 가지고 있는 것이다. 예술 작품에서 표현된 내용과 표현의 대상으로 삼았던 대상이 놀랍게도 하나가 되는 현상을 우리는 예술에서 확인하게 된다. 예컨대 제1차 세계대전을 전후해서 전개된 유럽의 현실을 전체주의의 창궐, 독점자본주의의 정착, 산업 사회의 본격적 전개와 같은 개념으로 정리해본다면, 이는 분명 그 당시 역사에 대한 가장 신속하고도 정확하며 일목요연한 인식임에 틀림없다. 그러나 예를 들어 프란츠 카프카의 예술은 이런 학문적 개념들에 대한 이해가 없는 수용자에게도 당시의 현실을 인식시켜주는 능력을 발휘한다. 카프카는 개념 대신에 자체로서 수수께끼인 그의 작품들을 통하여 현실을 우리에게 인식시켜주는 것이다. 카프카의 작품은 제1차 세계대전을 전후한 유럽의 현실과 등치 관계에 놓여 있는, 당시의 현실에 대한 역사 서술이다. 발터 벤야민은 이를 알레고리로 보았는 바, 알레고리야말로 개념 없이 이루어지는 세계 인식의 가장 구체적 예라고 하겠다.

예술적 인식에서는 인식 주체가 인식 객체를 일방적으로 지배하지 않는다. 예술적 인식의 이러한 화해적 특성은 대상을 규정하고 지배하려고 드는 개념적 인식에 대한 비판을 이미 내포하고 있다. 예술적 인식은 개념적 인식으로 하여금 그것의 지배적 특성에 대해 스스로 성찰할 수 있는 기회를 제공하는 것이다. 예술 작품의 적극적 수용은 개념적 인식의 기준에 따라 세계를 판단하는 것이 일반화된 오늘날의 인류에게 인식 대상에 대한 친화력을 제공하는 계기가 될 수 있는 것이다. 특히 외적 자연을 개념적 인식의 틀에서 일반적으로 파악하는 전통에서 벗어나 외적 자연을 인식하는 데에서 예술적 인식에서 보이는 친화력을 더욱 강화시키는 것이 오늘날 인류에게 시급하게 요청되고 있다. 환경 위기의 시대에서 인류는 대상에 대한 태도를 근본적으로 변화시켜야 하기 때문이다. 예술적 인식은 일반성을 의도하지 않는다. 예술적 인식에서는 각기 개별적으로 존재하는 모든 사물이 그것의 존재 가치를 인정받으면서 인식될 수 있기 때문이다. 예술적 인식에서는 따라서 개별적으로 존재하는 사물이 사물 그대로 인식될 수 있는 가능성이 항상 열려 있다. 대상에 대해 친화적인 예술적 인식의 이러한 특성들은 인간이 원시 제전 이래 쉬지 않고 달려온 과정, 다시 말해 자연을 인간의 종으로 관리해온 역사에서 결정적 공헌을 담당한 개념적 인식을 비판하고 보완하는 기능을 갖는다. 개념적 인식은 자신의 지배적 특성에 대해 자기 성찰할 수 있는 가능성을 예술적 인식에서 발견할 수 있으며, 예술은 개념적 인식이 성취해내는 인식의 강도와 업적에 뒤지지 않도록 예술 작품에서 세계가 더욱 치열하게 표현되도록 노력하여야 할 것이다. 예술 작품의 적극적 수용 및 해석은 개념적 인식의 약점을 보완할 수 있으며, 더욱 질 좋은 예술 작품의 생산은 개념적 인식이 성취하는 업적을 비판하고 보완하는 기능을 획득하게 된다. 이런 가능성은 개념적 인식의 절대적 우위가 우리의 현실에서 유발하는 부정적 결과를 극복하는 데 기여하게 되리라 본다. 세계를 인식하는 데에서 개념적 인식이 우리에게 가져다준 긍정적 요소들은 계속 발전시켜나가는 한편, 개념적 인식이 유발한 부정적 결과는 예술적 인식을 통해 비판, 보완되어야 한다. 이는 과학 기술 문명이 절대적 우위를 갖고 있는 오늘날 예술의 존재 근거를 정당화시켜주는 요소이기도 하며, 삶의 조건을 개선시켜줄 수 있는 가능성이기도 하다.

비판 이론, 도구적 이성의 시대에 파열음을 내는 힘

호르크하이머와 아도르노로 대표되는 프랑크푸르트학파 제1세대 이론가들이 20세기 서구 사상사에 제공한 인식의 진보는, 마르크스 이후 태동된 사회 비판과 역사 비판을 공동 학제적 차원에서 정착시켰다는 사실에 기초할 수 있다. 제1세대 비판이론가들 중에서 가장 뛰어난 학문적 업적을 남긴 아도르노는 철학, 사회학, 심리학, 문학 이론, 음악 이론 등 여러 학문 분과들을 역사 비판·인식 비판·사회 비판·문화 비판이라는 차원에서 공동 학제적으로 상호 연관시키는 작업을 수행하였다. 또한 주제적으로는 이성의 도구화가 개인, 사회, 역사, 문화, 학문, 지식에 초래한 비극적 결과를 분석함으로써 '비판'이야말로 서구 문명사를 타락으로부터 구출해줄 수 있는 유일한 대안이 된다는 주장을 제기하였다. 이렇게 함으로써 아도르노의 비판 이론은 서구뿐만 아니라 전체주의, 현실사회주의의 총체적 지배 구조, 자본주의의 폭력에 시달리는 지역의 많은 지식인들로부터 공감을 얻었다. 그렇다면 비판 이론은 과거 나치즘이나 파시즘이 발호하던 시기에만 그 통용성이 특히 강조되는 이론인가? 필자는 그렇지 않다고 생각한다.

21세기초 현재의 세계 상황(인간 삶의 공간으로서의 세계가 보여주는 총체적 현실이라는 의미로 사용하고 싶다. 루카치가『소설의 이론』서문에서 언급한 '세계 상황'이라는 의미 맥락으로 보아도 된다)은 비판이론가들의 시각에 동의하는 입장에서 보았을 때는 자연과 인간의 총체적 타락(totale Naturverfallenheit)이 자본과 자본 논리의 도구화 및 사회와 역사에 대한 절대적 지배 현상에서 —『계몽의 변증법』의 비판을 빌리자면 그야말로 '환호성을 올리듯이' — 모두 실현되는 모습을 보이고 있다.

이성의 신자유주의에 의한 세계 지배 이후 자본에 의해 더욱 도구화되는 추세에 있으며(필자는 이를 이성의 자본주의화라고 부르고 싶다), 아도르노가 도구적 이성에 대한 최후의 대안 가능성으로 그토록 붙들고 싶었던 예술적 주체(ästhetisches Subjekt)에 의한 세계 인식 · 세계 해명 · 세계 해석 · 세계 구원의 가능성도 자본 논리의 절대적 우위성에 기초한 예술의 상업화 · 기술화 · 전자화 추세에 밀려 소멸될 위기에 처해 있는 것 같다. 개인은 이성의 자본주의화라는 시대적 추세에서, 아도르노의 말을 빌리자면 자기 보존을 위해서, 자본이 강요하는 도구성에 스스로 편입될 수밖에 없게 되었다.

사회는 신자유주의적 자본 논리가 발휘하는 권력에 의해 빈틈없이 매개되는 '관리된 사회'의 모습을 보이고 있다. 문화 산업은 『계몽의 변증법』이 주장하였던 대중에 대한 집단 기만성으로서

1947년 당시에는 전체주의적 폭력성과 미국의 상업주의에 기초하여 나타났었다면, 이제는 오로지 자본의 문화 지배력에 근거하여 출현하고 있다. 인문학의 처절한 죽음에서 보듯이, 학문도 또한 그것의 고유한 사명인 인식의 진보와 비판 기능을 점차 상실해가고 있다. 이제 실용성이 지식 생산과 소비의 절대적 기준이 되었다. 비판성을 상실한 학문과 지식은 아도르노의 논리를 따르자면 사회 지배 권력의 생산에 기여한다. 그러나 21세기 초의 세계 상황에서는 학문과 지식이 자본의 증식과 자본이 행사하는 지배력에 의해 관리되고 있다는 느낌을 지울 수 없다.

이렇게 볼 때, 아도르노의 비판 이론이 형성되던 시기와 현재를 비교해보면, 전체주의가 행사하는 폭력은 현저하게 감퇴한 반면에 자본이 행사하는 폭력은 전혀 개선되지 않았다고 진단할 수 있겠다. 개인의 절멸, 사회의 폭력, 문화의 대중 기만 현상, 학문과 지식의 도구화, 역사의 타락과 같은 테제들은 아도르노가 20세기 사상사에 남겨놓은 인식의 자취들이지만, 21세기 초인 현재의 세계 상황에서도 아도르노가 비판을 통해 얻어내려고 했던 현실은 아직도 실현되지 않은 것으로 볼 수밖에 없다. 자본의 위력에 눌린 개인의 무력함, 자본에 의한 사회 관리와 문화 지배, 학문과 지식의 도구화, 예술의 위상과 입지의 약화, 자본으로부터 소외된 빈한한 국가, 사회, 개인의 비참함의 총체적 실현태로서의 역사(21세기 초)의 모습은 아도르노의 비판 이론이 아직도 현실의 암울함을 없앨 수 있는 이론적 모색을 발전적으로 제공할 수 있는 이론임을 증명해주고 있다.

만약 아도르노의 비판 이론이 21세기에 그 의미를 획득할 수 있는 방향으로 전개된다면, 필자는 다음과 같은 가능성들에서 그 근거를 찾을 수 있다고 본다. 하버마스는 아도르노의 비판 이론은 모든 실천적 실행 가능성(필자는 이를 사회적 작용력이라고 부르고 싶다)을 오로지 인간의 의식의 변화에 기초하고 있다고 아도르노를 비판하였다. 그는 이를 '의식에 의존하는 철학'이라는 유명한 테제를 설정하여 비판하였는 바, 아도르노의 이론 전체가 하나의 아포리(Aporie)라는 것이다. 그 연장선상에서, 하버마스는 도구성에 타락적으로 빠져들어간 이성의 자기 자각 가능성을 비판 이론, 베버, 뒤르켕, 미드, 파슨스의 사회 이론, 화용론 등을 종합하여 '의사 소통적 이성'의 개념을 내놓는 것을 통하여 해결하려고 하였다. 따라서 학문사적 맥락에서 볼 때 비판 이론의 후속 작업은 하버마스라는 이론가에 의해 많은 부분 이루어졌다고 볼 수 있다. 하버마스는 철학의 기본 이념인 분석을 통한 종합에 충실하여 비판 이론을 더욱 발전시킨 공로자인 것이다. 하버마스는 아도르노의 철학을 '의식 철학'이라고 비판하였지만, 의식은 경험과학적으로 확인 가능하지 않음에도 사회와 역사를 변화시키는 원동력이었음을 부인하기가 힘들다. 이런 취지에서, 필자는 21세기 초의 세계 상황에서 이성의 도구성, 사회 지배, 문화 등의 영역에서 아도르노 비판 이론의 발전적 전개 가능성을 찾아보자는 제안을 해보고자 한다.

프랑크푸르트학파의 모든 저작에서 가장 핵심적으로 등장하는 이성의 도구화라는 결정적 개념을 아도르노는 자연과 인간의 관계, 이어 인간과 인간의 관계에서 발생하는 자기 보존(Selbsterhaltung)에 기초하여 근거 세우고 있다. 우리는 이를 이제는 자연과 인간과 자본의 관계, 인간과 인간 및 자본의 관계라는 틀로 그 시각을 확대하여 더 정밀하게 분석함으로써 자본이 인간에게 가하는 도구성에의 타락을 새롭게 인식하는 방향으로 발전시킬 수 있다고 본다. 자본에 의한 인간 이성의 도구화야말로 신자유주의가 지구의 유일한 가치로 군림하게 하는 동인을 제공하고 있는 만큼, 아도르노가 제공하고 있는 기존의 이론적 틀을 확대 발전시키면 자본의 위력이 잉태하고 있는 도구적 이성에서 해방될 수 있는 가능성이 보일 수도 있겠다.

도구적 이성이 서구 문명 타락시켰다

이 시대의 서양 사상을 대표하는 철학자들 중에서 단연 첫 손 가락에 꼽히는 철학자로 독일의 위르겐 하버마스를 떠올리는 것은 무리한 일이 아닐 듯싶다. 하버마스를 세계 최고의 철학자로 군림하게 할 수 있는 배경은 프랑크푸르트학파의 세계적 위상에서 유래한다. 비판 이론을 20세기 서구의 주요 사상으로 끌어올린 프랑크푸르트학파의 제1세대 이론가들 중에서도 이론의 깊이와 학문적 업적 면에서 가장 탁월한 이론가는 단연코 아도르노였다. 하버마스의 명성은 아도르노가 남기고 간 이성의 자기 자각이라는 개념을 의사 소통적 합리성으로 발전시킨 것에 근거한다.

아도르노 사상을 이해하는 데 필요한 핵심적 개념은 도구적 이성이다. 나치가 들어서기 이전인 1931년, 약관 28세의 그는 교수 자격 취득 후 프랑크푸르트대에서 행한 「철학의 현재적 중요성」이란 강연을 통해 칸트 이래의 서양 관념 철학의 전통에서 사고가 사물을 사물 자체로 대하지 않고 사고의 총체성에 종속시키고 있음을 비판하였다. 대상을 목적으로서 대하지 않고 수단으로서 대할 뿐인 도구적 이성의 단초는 아도르노 사상의 초기 단계에서 이미 잉태되고 있는 것이다. 따라서 그의 이론을 나치즘과 같은 전체주의를 경험한 산물로 — 일방적으로 — 환원시키려는 견해는 옳지 않다. 다만 사고의 폭력성에 대한 그의 시각이 나치즘 등을 경험한 후 더욱 급진적인 방향으로 전개되었다고 하는 편이 타당할 것이다.

아도르노는 도구적 이성이 원시 제전에서의 미메시스적 행동, 오디세우스의 자기 보존적 전략들, 올림피아 제신들이 행하는 지배 권력, 근세 이래의 형식 논리의 발달, 시민사회의 경제적 합리성 등의 단계를 거쳐 마침내 모든 대상을 사고에 종속시키는 동일화 사고로까지 부정적으로 진보하였다고 분석한다. 이 과정이 바로 서구 문명의 타락사다. 타락사의 정점에는 나치즘 / 스탈린주의 / 동구권 사회주의가 위치한다. 그는 1960년대 말 서구의 풍요 사회도 도구성의 총체적 매개 형식에 지나지 않는다고 보았다.

도구적 이성은 사회를 사회에 의한 개인의 총체적 지배를 가능하게 하는 불의의 연관 관계로 만든다. 인간이 자연의 절대적 위력으로부터 자신을 보존하기 위한 첫 시도인 원시 제전에서 사회가 출발한 것으로 본 아도르노에게는 사회가 조직된다는 것 자체가 개인이 사회에 강제적으로 종속되는 것을 의미한다. 개인의 자기 보존이라는 강제적 필연성에서 출발한 사회는 따라서 개인을 목적으로서 대하지 않고 수단으로 취급한다. 사회는 이미 그 출발점에서부터 개인에게 부자유한 노동과 희생을 강요하며 자기 주체의 자기 포기를 요구하는 속성을 지니는 것이다. 시민사회의 발달과 더불어 이윤 추구의 극대화라는 자본주의적 경제 원리가 사회 구성의 주도적 원리로 등장하면서 사회는 개인을 교환의 대상으로만 관리하기에 이른다. 교환합리성은 아도르노 사회 이론의 핵심적 개념이며, 교환 원리가 총체적으로 작동되는 사회를 그는 잘 알려진 대로 '관리된 세계'라고 명명하였다.

예술에 대한 그의 관심도 진정한 예술 작품에서는 도구적 이성이 비판되고 있음에 착안한 것에서 유래한다. 원시 제전 이래 삶의 실제에 직접적으로 매개되어 있으면서도 그러한 실제로부터 거리를 두면서 실제를 비판한 역사를 갖고 있는 예술은 도구적 이성이 저지른 타락에 대한 증언이자 비판의 심급이다. 예술은 '사회에 대한 사회적인 반(反)테제'다.

보편 사상으로서의 아도르노 사상은 크게 보아 역사철학, 인식론, 사회 이론, 미학, 문학 이론, 음악 이론으로 구성되어 있다. 특이한 점은, 특정 분야에 대한 특정 이론이 그 분야에만 국한되어 구성된 것이 아니고 다른 분야와 상호 유기적 관계를 맺고 있다는 사실이다. 이런 관계를 형성하는 공통 분모는 '비판'이다. 미학은 철학이자 사회 이론이다. 비판이 지향하는 바는 도구적 이성의 자기 자각이며, 자기 자각은 화해로 이어진다. 화해는 서로 상이한 것들이 평화롭게 함께 존재하는 상태며 화해의 상태에서는 대상이 수단으로 인식되지 않는다.

마르크스-베버 이론 결합
─ 화해를 통한 행복의 모색

1. 도구적 이성에 대한 부정과 비판

서구의 사회과학사에서 가장 우뚝 솟은 사회과학자이자, 서구 자본주의의 분석에서 칼 마르크스와 더불어 쌍벽을 이루는 학문적 업적을 이루어놓은 막스 베버(Max Weber)는 역사철학적 성찰을 망상이라고 생각하였다. 그의 초기 저작 중 대표작으로 볼 수 있는『프로테스탄티즘의 윤리와 자본주의 정신』에서 인간의 사회적 행위를 결정짓는 요소를 합목적성으로 통찰한 베버는 유대교, 기독교, 힌두교, 불교에 대한 광범위한 종교사회학적 연구를 마친 다음, 서구인의 사고와 행위의 근원에 놓여 있는 것이 바로 목적-수단 관계임을 더욱 확신하게 되었다. 베버는 서구 사회가 이러한 합목적성에 근거하여 조직되고, 이처럼 구성된 사회는 그것 자체로서 하나의 조직화된 메커니즘으로 작동된다고 보았기 때문에, 인간의 의식과 이성적 성찰 능력에 힘입어 역사의 변화 가능성을 추구하는 — 특히 마르크스주의적 전통에서 시도되는 — 역사철학적 입장을 거부한 것이다.

마르크스는 서구 자본주의의 역사를 결정짓는 핵심적 요소로 계급 투쟁을 제시하고 프롤레타리아의 의식에서 서구 역사상 최초로 주체와 객체의 변증법적 통합이 이루어질 가능성이 도래하였다고 진단하였다. 그는 바로 이러한 프롤레타리아 의식이 자본주의의 모순을 극복할 수 있는 객관적 힘이라고 확신하였으며, 이 같은 힘이 혁명의 형태로 결집하여 사회주의, 더 나아가 공산주의의 실현에 이르게 되는 데에서 인간의 의식이 결정적 역할을 수행하리라고 본 것이다.

이에 반해 베버는 합목적성에 의하여 철저하게 구조화된 자본주의 사회는 '생명력을 잃은 기계(1eblose Maschine)'이기 때문에 인간의 운명은 이러한 기계에 종속될 뿐이라고 생각하였다. 아도르노는 베버의 합목적성이 — 원시 제전 이래 서구 역사의 전개를 분석해볼 때 — 인간이 특정 목적을 실현하기 위하여 대상을 자신의 목적에 맞춰 지배해버리는 도구성(Instrumentalität)에 다름이 아니라는 주장을 개진하며, 이런 도구성이 구축한 메커니즘의 역사에 지나지 않는 서구 역사를 변혁시키기 위해서는 도구성으로 타락한 이성이 자기 자각을 하는 길밖에 없다는 입장을 피력한다.

아도르노는 도구적 이성의 타락사로 규정한 서구 역사의 분석에서는 베버의 이론을 변형하여 수용하면서도, 다른 한편으로는 이성의 힘을 통한 변혁의 모색이라는 점에서는 마르크스의 역사철학적 입장을 받아들이고 있는 것이다. 글쓴이는 따라서 아도르노가 자신이 의도하는 행복에의 실현을 위하여 합리성에 대한 베버의 분석과 세계 변혁이라는 목표를 세웠던 마르크스의 주장을 결합한 이론가라고 보고 있다. 서구 역사가 불행한 타락의 역사라는 진단을 베버가 분석한 합리성을 도구성으로 변환시키는 데서 찾은 아도르노는 더 나은 역사에의 동경을 결국 인간의 의식에서 찾는 셈이다.

이는 좀더 나은 삶에의 동경과 희구라는 것에 다름이 아니며, 아도르노는 이러한 가능성이 바로 도구적 이성에 의하여 빈틈없이 구조화된 현실에 대한 부정과 비판에 의하여 성취될 수 있다고 믿는다. 아도르노는 마르크스가 의도한 사회주의와 같은 특정 이데올로기의 실현을 성취하기 위한 부정과 비판을 주장하지 않았으며, 기존의 것에 대한 항구적인 부정과 비판을 추구함으로써 기존의 현실에 존재하는 부정적인 요소를 영구히 없애나가는 '확연한 부정(bestimmte Negation)'이라는 자신의 변증법을 내놓았다. 이것이 바로 헤겔의 변증법을 극복한 것으로 자신이 스스로 평가한 '부정의 변증법'이다.

2. 인식 비판과 사회 비판 그리고 역사

1903년 프랑크푸르트의 부유한 유태인 상인의 아들로 태어난 아도르노는 이미 고등학교 재학 시절에 칸트, 헤겔, 니체, 쇼펜하우어 같은 철학자들, 괴테 이후의 중요한 시인 및 작가들, 특히 바흐에서 쇤베르크에 이르는 독일의 음악가들에게 심취해 있었다. 1921년 프랑크푸르트대에 등록하여 철학, 사회학, 심리학, 음악학 공부를 시작한 아도르노는 1924년에 후설의 현상학을 비판한 논문으로 박사 학위를 취득한 후, 1927년에 「선험적인 영혼론에서의 무의식의 개념」이라는 교수 자격 취득 논문을 완성하였으나 대학에 공식으로 제출하지 않은 상태에서 철회되었다.

이 논문에서 아도르노는 선험철학이 이데올로기 비판으로 변전되어야 한다는 주장을 제기하였으며, 이는 추후 아도르노의 사유 체계에서 중요한 요소가 된다. 철학 분야에서 그의 중심 주제였던 인식 비판이 이미 여기에서 출발되는 셈이다. 실패를 경험한 아도르노는 그러나 1930년에 「키에르케고르, 예술적인 것의 구축」이라는 논문으로 교수 자격 취득에 성공하며, 이 논문에서 그의 생애를 두고 관심을 가졌던 예술에 대한 본격적인 논의를 전개한다. 많은 아도르노 연구자들은 이 논문에서 예술 분야에 대한 그의 대표작인 『예술 이론(Ästhetische Theorie)』이 이미 잉태되고 있다고 보고 있다. 인식 비판과 예술에 대한 관심은 교수 자격 획득을 기념하여 1931년에 프랑크푸르트대에서 행한 강연인 「철학의 현재적 중요성」과 이듬해에 행한 강연인 「자연사의 이념」에서 구체화된다.

아도르노는 두 강연에서 철학은 더 이상 세계를 총체적으로 파악할 수 있다는 요구로부터 자신을 해방시켜야 하며, 개념에 의한 대상의 인식은 대상을 지배하는 결과에 이르게 된다는 주장을 제기한다. 사고가 개념을 빌어 대상을 지배하는 것인 '동일화 사고(Identitätsdenken)'라는 개념의 단초가 이미 여기에서 보이며, 아도르노는 생애를 두고 이 개념을 비판하였을 뿐만 아니라 동일화 사고의 폭력으로부터 해방될 수 있는 가능성을 추구했다. 「자연사의 이념」에서는 또한 예술의 영역에 역사가 퇴적되어 있다는 인식이 드러나고 있으며, 이런 인식은 『예술 이론』

의 핵심적 주제가 된다.

1930년대에 이르러 아도르노는 나치즘의 등장으로 인해 망명 생활에 들어가게 되며, 특히 미국에서의 망명 중에는 대중 문화를 비판하는 많은 에세이를 내놓는다. 이 시기에 아도르노가 집중적으로 관심을 보인 것은 사회에 대한 비판이었다. 제2차 세계 대전 말기에 아도르노는 막스 호르크하이머와 더불어 『계몽의 변증법』을 기획하여 1947년에 네덜란드에서 출판하였다. 이 책은 프랑크푸르트학파가 내놓은 저작 중 가장 중요한 고전이 되었으며, 여기에서 인식 비판과 사회 비판이 역사철학과 결합하게 된다. 『계몽의 변증법』은 서구의 문명사가 어떻게 해서 그 단초인 원시 시대부터 나치즘에 이르기까지 타락을 진전시켜왔는가를 재구성한 책이다. 아도르노의 제자인 허버트 슈내델바흐는 『계몽의 변증법』의 의도를 다음과 같이 해석한다 : "호르크하이머와 아도르노는 문명의 역사를 단순히 이야기하는 것이 아니고, 이 문명사가 스스로 그 뜻을 내보이는 것을 이야기하려고 한다." 이것은 문명사의 이면을 관통하는 타락의 근저에는 주체가 객체를, 인간이 자연을, 개념이 대상을, 사회가 개인을, 일반적인 것이 개별적이며 특수한 것을 지배해온 역사가 놓여 있다는 것을 의미한다. 『계몽의 변증법』은 더 나아가 타락과 불의의 역사로부터 벗어나는 길은 이성의 자기 자각이라는 대안을 제시하며, 아도르노의 이런 입장이 구체적으로 집대성되어 있는 책이 철학 분야에서 주저작인 『부정의 변증법』이다.

주체와 객체, 인간과 자연, 개념과 대상, 개인과 사회, 일반적인 것과 특수한 것의 화해를 모색하는 길을 아도르노는 『부정의 변증법』에서 추구하고 있으며, 이는 '기존의 것'에 대한 항구적인 부정과 비판을 통하여 가능하다는 논리를 펴고 있다. 따라서 화해는 성취될 수 있는 결과가 아니며 영원한 과정인 것이다. 만약 화해가 실현되면 유토피아의 성취를 의미하며, 이 상태에서 예술은 그 존재 가치를 잃는다. 예술은 화해되지 않은 현실의 고통을 이야기하면서 화해가 실현되었으면 하고 말없이 말하는 (sprachlose Sprache), 무의식적인 역사의 서술자이자 세계의 고통에 대한 담지자이기 때문이다.

3. 예술, 화해의 변증법 또는 행복에의 약속

예술에 대한 아도르노의 관심은 작곡가가 되겠다던 어린 시절의 꿈에서부터 출발된다. 그는 1920대에 프랑크푸르트에서 활발한 음악 비평 활동을 하였으며 1930년대에는 특히 대중 음악에 대한 신랄한 비판을 행하였다. 「자연사의 이념」에서 예술과 역사의 관계에 주목한 아도르노는 『계몽의 변증법』 이후에는 예술이 역사를 인식하고 부정할 뿐만 아니라, 더 나은 역사가 실현되었으면 하는 동경을 담고 있다는 입장을 전면에 부각시킨다.

인간이 자연을 지배하는 죄의 역사, 사회가 개인을 지배하는 불의의 역사에서 예술은 죄와 불행 그리고 고통의 역사를 보여주며, 더 나아가 인간과 자연, 개인과 사회, 주체와 객체가 '평화적으로 함께 존재할 수 있는' 가능성인 화해의 모습을 보여준다는 것이다. 화해되어 있지 않다는 불행하고 고통스러운 역사를 무의식적으로 서술하는 것은 화해되었으면 하는 바람을 서술한 역사며, 이것이 아도르노의 시각에는 예술의 역사다. 그에 따르면 예술은 그러므로 인간과 자연, 인간과 인간이 서로 화해를 이루지 못한 역사에서 '화해되지 않은 현실'과 '화해를 동경하는 이상'의 변증법을 보여준다. 이런 시각에서 볼 때, 예술은 아직까지 실현되지 못한 행복이 실현되었으면 하고 바라는 행복에의 약속이며, 이는 화해가 실현되지 않는 한 영구히 계속될 약속이다. 예술이 이 약속을 이야기하지 않을 때, 인간이 받는 고통은 사라질 것이다.

이것은 예술이 사회를 비판한다는 의미며, 항구적인 비판을 통한 행복에의 실현에 예술이 한 몫을 담당해야 된다는 점에서 예술은 그것 자체로 철학이 된다. 아도르노는 철학뿐만 아니라 사회학도 비판 이론으로 이해하였으며, '예술에 관한 이론'인 미학도 비판 이론이 되어야 한다고 생각했기 때문이다. 기존의 것에 대한 부정과 비판을 항구적으로 시도해야 된다는 필연성에서 인식론, 사회 이론, 미학이 수렴되는 것이다. 아도르노의 이런 입장은 현재 인류가 당면한 가장 부정적인 현상인 환경 위기의 극복에 예술도 그것의 비판력을 발휘해야 된다는 당위성과 이론적으로 연결될 수 있는 가능성을 내포하고 있기도 하다.

□ 아도르노 관련 국내 출판 서적

김주연(편역), 『아도르노의 문학 이론』(민음사, 1983).
김유동, 『아도르노의 사상』(문예출판사, 1993).
문병호, 『아도르노의 사회 이론과 예술 이론』(문학과 지성사, 1993).
홍승용(옮김), 『미학 이론』[15](문학과 지성사, 1985).

---

15) 이 글에서 글쓴이가 그 제목을 『예술 이론(*Ästhetische Theorie*)』으로 번역한 책이며, 역자는 1985년에 이 책의 제목을 『미학 이론』으로 번역한 바 있다. 글쓴이는 이 책의 제목으로 『미학 이론』이 왜 부적절한가에 대해 졸저 『아도르노의 사회 이론과 예술 이론』에서 자세히 논한 바 있다.

게오르크 루카치

 게오르크 루카치(Georg Lukács : 1885~1971)는 1885년에 헝
가리 부다페스트에서 태어났다. 부친은 중앙은행의 책임자였으
며, 풍부한 학식과 교양을 지니고 있었던 모친은 루카치를 어려
서부터 헝가리어 대신 주로 독일어로 교육을 시켰다. 헝가리에
서 대학을 졸업한 그는 곧바로 독일로 건너가 막스 베버의 하이
델베르크 독서회에 고정 회원으로 참석하고 베를린대에서 게오
르크 짐멜(Georg Simmel)의 강의를 듣는 등, 자연과학의 우위에
대항하여 정신과 문화의 중요성을 강조하려는 독일의 당시 지적
분위기에 심취하게 된다. 이 시기의 지적 활동은 『영혼과 형식
(Die Seele und die Formen)』(1911)과 미학 분야에서 20세기 최
고의 고전 중의 하나로 꼽히게 된 『소설의 이론(Die Theorie des
Romans)』(1916)에 집약되어 있다.
 베를린대에서 교수 자격을 취득하려던 루카치는 헝가리에서

공산혁명이 일어나자 현실 정치에 뛰어들어 1919년에 벨라 쿤 (Bela Kun) 정권 하에서 인민교육상을 역임한다. 그러나 헝가리 공산당 정부가 단명으로 끝나자 그는 오스트리아의 빈으로 망명하여 항상 생명의 위협을 받는 상황에서 연구에 몰두하게 된다. 이 시기에 루카치는 스스로 생애 최대의 지적 변환을 시도한다. 그는 "생기를 잃은, 삶에 적대적인 경제-사회적 카테고리가 붕괴되고, 그 결과 자연적이고도 인간의 가치가 존중되는 삶이 발원할 수 있다는 희망"(게오르크 루카치)을 담은 초기의 유토피아주의에서 벗어나 마르크스의 변증법적 유물사관을 세계관의 기초로 삼는다. 이는 루카치의 생애와 사상에서 가히 코페르니쿠스적 변전이라 할 만하며, 루카치 스스로 "마르크스로 향하는 나의 길(Mein Weg zu Marx)"이라는 유명한 말을 남겼다. 이러한 대변환의 최초 결과가 마르크스 사상에 관한 20세기 최고의 고전이라고 평가를 받는 『역사와 계급 의식(Geschichte und Klassenbewusstsein)』(1923)이다. 이 책은 출판되자마자 유럽 지성계에 커다란 반향을 불러일으켰다. 『역사와 계급 의식』 이후 루카치는 생을 마칠 때까지 마르크스의 사상을 따르는 입장을 견지하였다. 마르크스의 유물사관과 정치경제학은 루카치가 세계를 인식하고 해석하는 관점, 그의 학문적 연구 방법론, 그가 창조하고자 하는 가치의 기준으로 설정되는 것이다. 루카치의 생애와 사상을 논할 때 『역사와 계급 의식』 이전의 시기를 초기 루카치, 1923년 이후의 시기를 후기 루카치로 대별하는 것만 보아도 『역사와 계급 의식』이 차지하는 결정적 비중을 알 수 있다.

빈에서 망명 생활을 하던 루카치는 1930년대에는 스탈린 치하의 소련으로 도피하여 모스크바에서 활동하게 된다. 그는 이 시기에 마르크스의 세계관으로 서양 문학을 해석하는 작업에 몰두

하며, 이런 작업의 결과로 나타난 것이 그의 리얼리즘론이다. 제2차 세계대전 후 헝가리로 돌아온 루카치는 60세가 넘어서야 비로소 대학 교수가 되며, 1956년에는 헝가리 공산당 정부의 문화상을 역임하기도 한다. 제2차 세계대전 후 루카치의 주요 저작으로는 『청년 헤겔(*Der junge Hegel*)』(1948), 『이성의 파괴(*Die Zerstörung der Vernunft*)』(1953), 『미학 I(*Ästhetik I*)』(1963 ff.), 『사회적 존재의 존재론(*Zur Ontologie des gesellschaftlichen Seins*)』(1971) 등이 있다.

하이델베르크와 베를린 시절의 루카치는 칸트, 헤겔의 철학, 빈델반트와 리케르트가 대표한 신칸트주의(Neukantianismus), 그리고 니체, 딜타이, 짐멜로 이어지는 생의 철학(Lebensphilosophie)의 영향에 놓여 있었다. 특히 게오르크 짐멜의 문화비극론(Kulturtragödie), 즉 '주체가 객체적으로 되는 것'과 '객체적인 것이 주체적으로 되는 것'이 상호 작용하는 과정이 제 기능을 발휘하지 못하고 한계에 부딪혀 비극이 발생한다는 이론은 루카치의 초기 사상에 결정적 영향을 주었다. 짐멜은 객체적 세계가 점차 위력을 발휘하여 인간의 문화가 위기에 처해 있음을 일찍이 간파하고 있었던 것이다. 『영혼과 형식』 및 『소설의 이론』에서 전개된, 짐멜의 영향을 받은 흔적이 뚜렷한 루카치의 초기 사상은 객체적 세계의 절대 우위와 이에 따른 주체의 균열 및 상실을 성찰의 주된 대상으로 삼고 있다. 자연과학과 기술 문명이 결합하여 이룩한 객체적 현실은 루카치에 의하면 '제2의 자연'이며, 인간은 이 같은 상황에서 '선험적 고향 상실(transzendentale Heimatlosigkeit)'을 경험하지 않을 수 없다는 것이다. 이는 존재와 당위, 자아와 세계, 주체와 객체, 생과 형식, 생과 존재 사이의 간극이 서로 화해에 이르지 못하고 대립과 균열의 상태에 처해 있기 때문이다. 이런 대립의 상태를 극복하는 것을 목표로 삼았던 것이 루카치의 초기 사상이며, 따라서 이상주의적 유토피아 사상이라고 불릴 만하다. 루카치는 위에서 열거한 균열의 모습이 가장 민감하게 나타난 현상이 바로 예술이라고 보았으며, 예술은 더 나아가 그러한 대립과 균열이 화해에 이르게 될 수 있음을 보여주고 있다고 보았다. 예술 작품은 그러므로 고향 상실에 빠진 인간이 고향을 찾아나서는 동경의 산물이다. 루카치는 이미 『영혼과 형식』에서 예술을 한편으로는 생과 형식의 대립, 다른 한편으로는 생과 존재의 대립에서 발생하는 산물로 파악하였으며, 『소설의 이론』에서는 이런 생각을 장편 소설 장르의 형식이 역사적으로 변증법적 운동을 진행하는 것을 분석해보임으로써 입증해보려고 시도하였다. 그는 미적 카테고리, 문학적 형식에서 전개되어온 생과 형식, 생과 존재의 변증법을 분석한 것이다. 루카치의 이런 시도는 예술 작품의 생산을 사회 및 역사의 진행 과정과 연관시켜 파악하려는, 20세기 예술 이론사에서 중심 조류를 형성하였던 예술 이론적 시도의 단초를 제공한다. 미적 및 미학적 카테고리들의 역사화(Historisieren)가 『소설의 이론』과 더불어 본격적으로 이루어지며, 이런 시각은 발터 벤야민, 테오도르 아도르노에 이르러 더욱 발전하게 된다.

『역사와 계급 의식』을 기점으로 초기의 형이상학적, 역사철학적, 이상주의적 사고는 마르크스가 『정치경제학 비판』에서 제시한 기본 입장, 즉 자본주의적 현실은 객관적으로 인식 가능한 법칙성을 갖는다는 입장을 수용함으로써 유물론적으로 변환된다. 초기의 루카치가 주체와 객체의 변증법적 합일을 정신적으로 동경하는 사고에 치중하였다면, 『역사와 계급 의식』 이후의 루카치는 주체와 객체의 통합이 프롤레타리아적 주체에 의해 실현될 수 있다는 생각에 매달리게 된다. 프롤레타리아적 주체에서 인간은 역사상 최초로 주체와 객체가 통합될 수 있는 가능성을 발견하게 되었는데, 그 까닭은 "역사적 진행 과정의 객체성과 프롤레타리아적 주체의 의식적이고도 집단적인 행위의 자율성이 변증법적 통합을 형성"(브루크하르트 린드너)할 수 있기 때문이다. 문화의 비극에 의한 현대인의 고향 상실을 형이상학적으로 극복해보려던 루카치는 『역사와 계급 의식』을 계기로 해서 프롤레타리아 혁명을 주장하고 나선 것이다. 루카치는 이를 「계급 의식(Klassenbewusstsein)」이라는 글에서 주장하고 있다. 8개의 글로 이루어진 『역사와 계급 의식』은 또한 사물화(Verdinglichung)라는 개념을 이론적으로 정립함으로써 후기 자본주의 사회(Spätkapitalismus)의 본질을 이해하는 데 결정적 도움을 제공한다. 루카치는 자본주의 사회가 철저하게 자본주의화 및 합리화(Durchkapitalisierung und Durchrationalisierung)되면서 인간의 의식도 상품 구조와 동일하게 된다는 인식을 체계화시킴으로써 20세기의 사회 이론, 인식론, 역사철학, 예술 이론의 발전적 전개에 지대한 공헌을 한 것이다. 사물화 이론은 루카치가 독창적으로 전개한 이론은 아니다. 그는 마르크스가 『자본(*Das Kapital*)』에서 거론한 물신주의(Fetischismus) 개념과 베버가 『프로테스탄티즘의 윤리와 자본주의 정신』에서 제기한 사물화(Versachlichung), 이어지는 저작들에서 나타나는 관료화, 합리화의 개념을 통합하여 사물화 이론을 정립하였다. 루카치는 물론 프롤레타리아적 계급 의식을 통해서만 사물화도 극복된다고 보았다.

1930년대부터 모습을 드러내기 시작한 루카치의 리얼리즘론은 마르크스의 유물사관과 정치경제학을 문학 이론에 적용한 산물이다. 이 이론은 1932년부터 1960년대에 걸쳐 쓰여진 문학에 관한 에세이들을 묶어놓은 책인『리얼리즘의 제 문제(*Probleme des Realismus I, II, III*)』에서 모습을 보이고 있다. 이 에세이 모음집에는 리얼리즘에 관한 이론적 논의에서 빠뜨리고 넘어갈 수 없는 글인「문제되는 것은 리얼리즘이다(Es geht um den Realismus)」, 사회주의적 리얼리즘에 관한 중요한 글인 —「리얼리즘이 오해된 것에 대한 반박(Wider den missverstandenen Realismus)」으로 더 잘 알려진 —「비판적 리얼리즘의 현재적 의미」등의 에세이들이 들어 있다. 자본주의는 필연적으로 계급적 모순을 잉태하는 체계며 자본주의적 모순은 객관적이고도 법칙적이기 때문에, 작가는 이런 모순을 작품을 통해 형상화해야 된다는 것이 그의 리얼리즘론의 요체다. 위대한 리얼리스트들의 작품에는 자본주의 사회의 모순이 객관적으로 '반영'되어 있으며, 이런 작품이 바로 '총체성'과 '전망'을 보여줄 수 있다는 것이다. 여기에서 '총체성'은 프롤레타리아적 주체에 의해 주체와 객체가 변증법적 합일에 이른 상태를 의미하며, 이처럼 '총체성'을 보여주는 작품은 사회가 나아가야 될 방향에 대한 '전망'을 제공한다. 루카치 리얼리즘론의 결정적 특징은 자본주의에 대항하는 작가의 의도를 강조한다는 데 있다. 이 이론은 따라서 지나치게 도식적이고, 작품 생산을 특정 세계관에 종속시키고 있다는 비난을 받았다.

제2차 세계대전 후의 루카치는 두 가지의 목표를 향해 매진했던 것으로 보인다. 하나는 마르크스 사상에 입각한 존재론의 확립이며, 다른 하나는 마르크스주의적 미학의 정립인 듯하다. 소외로부터 자유로운 인간 존재의 확립을 목표로 한 첫 번째 작업은 헤겔 초기 문헌을 마르크스주의적 시각으로 해석한『청년 헤겔』(1948)에서『사회적 존재의 존재론』(1971)에 걸쳐 시도되며, 두 번째 작업은 그의『미학』에서 시도된다. 그는 여기에서 미적 (예술적)인 것의 속성, 예술 작품과 미적 행동, 사회-역사적 현상으로서의 예술을 체계적으로 정리하려고 하였으나 첫 목표만을 이룬 채 세상을 떠났다.

루카치 사상을 한마디로 요약하면 유토피아주의라고 할 수 있을 것이다. 특히『역사와 계급 의식』이후의 루카치를 평생 동안 사로잡았던 생각은 인간은 자신이 의도하는 더 나은, 유토피아적 현실을 체계를 통해 창출해낼 수 있다는 믿음이었다. 바로 이런 이유 때문에 루카치는 교조주의적 마르크스주의자라는 비난을 끊임없이 받았다. 그러나 그는 사회, 역사, 예술을 보는 시각에 뛰어난 인식을 제공한 사상가였다. 객체 세계의 우위라는 조건에서도 주객이 화해를 이루는 삶의 의미를 찾아나서는 초기 사상과 인간 의식이 상품 가치로 타락한 것을 경고한 사물화 이론은 21세기에도 중요성을 상실하지 않을 것으로 보인다. 객체 세계의 인간 지배와 물질 문명에 의한 인간 의식의 사물화가 더욱 구조적으로 정착되어가는 현상은 초기 루카치가 꿈꾸었던 유토피아에 이르는 길을 더욱 방해하고 있는 듯이 보이기 때문이다.

□ 루카치의 주요 핵심 저작

『영혼과 형식(*Die Seele und die Formen*)』(1911).
『소설의 이론(*Die Theorie des Romans*)』(1916).
『역사와 계급 의식(*Geschichte und Klassenbewusstsein*)』(1923).
『리얼리즘의 제 문제(*Probleme des Realismus I · II · III*)』(1932 ff.).

『청년 헤겔(*Der junge Hegel*)』(1948).
『이성의 파괴(*Die Zerstörung der Vernunft*)』(1953).
『미학(*Ästhetik I*)』(1963 ff.).
『사회적 존재의 존재론(*Zur Ontologie des gesellschaftlichen Seins*)』(1971).

테오도르 아도르노

　테오도르 아도르노는 1903년에 독일의 프랑크푸르트에서 태
어났다. 그의 부모는 유태계 독일인들이었다. 부친은 포도주 회
사를 경영한 재력가였으며, 모친은 이름 있는 성악가였다. 김나
지움(인문계 고등학교) 재학시의 아도르노는 수학을 제외한 모
든 과목에서 뛰어난 능력을 보였으며, 고등학교를 졸업할 당시
이미 칸트, 쇼펜하우어를 비롯한 철학자들의 사상과 괴테, 쉴러
를 위시한 작가들의 문학에 통달해 있었다. 1921년에 프랑크푸
르트대에 등록한 아도르노는 철학, 사회학, 심리학, 음악학을 공
부하였다. 이 시기에 그는 음악 평론 활동을 개시하였으며, 이
활동은 일생 동안 지속된다. 대학 시절에 아도르노에게 깊은 감
명을 준 책은 게오르크 루카치의 『소설의 이론』과 에른스트 블
로흐(Ernst Bloch)의 『유토피아의 정신(Geist der Utopie)』이었
으며, 이는 아도르노가 예술, 사회, 역사를 하나의 연관 관계에서

종합적으로 인식하는 데 커다란 관심을 갖고 있었음을 반증한다. 1924년에 후설의 현상학에 관한 논문으로 박사 학위를 받은 아도르노는 알반 베르크(Alban Berg)에게서 작곡을 배우기 위해 빈으로 떠나며, 1927년에는 「선험적 영혼론에서의 무의식의 개념」이라는 논문으로 교수 자격 취득을 시도하나 실패하고 만다. 이후 빈에서 음악 잡지 편집자로 일하면서 연구를 계속하여 1931년에 키에르케고르에 관한 논문으로 교수 자격을 획득한다. 교수 자격 취득 기념 강연인 「철학의 현재적 중요성(Die Aktualität der Philosophie)」와 이듬해에 행한 강연인 「자연사의 이념(Die Idee der Naturgeschichte)」에서 젊은 아도르노는 자신의 철학이 명백하게 정립되어 있음을 보여주었다. 그는 철학적 개념이 대상을 지배하는 것을 비판하는 입장과 예술의 영역에 역사가 퇴적되어 있다는 인식을 두 강연에서 알렸다. 라이프니츠의 단자론, 칸트, 헤겔에게서 정점을 보인 독일 관념 철학, 후설과 하이데거의 현상학, 키에르케고르의 실존 및 예술철학, 루카치의 『소설의 이론』, 벤야민의 『독일 시민비극의 원천』에서 깊은 영향을 받은 아도르노는 비판이론가와 예술철학자의 면모를 일찍 드러내고 있는 것이다. 1934년에 영국으로 건너간 아도르노는 옥스퍼드대에서 연구하다가 1938년에 미국으로 이주한다. 미국 체류 중 경험한 상업주의와 대중 문화는 그의 문화산업론(Kulturindustrie)의 근거가 되며, 그는 이 현상을 일생 동안 강도 높게 비판하였다.

아도르노는 제2차 세계대전이 끝날 무렵인 1943년부터 막스 호르크하이머와 함께 『계몽의 변증법』 집필에 들어간다. 1947년에 네덜란드에서 출판된 이 책은 프랑크푸르트학파의 사상을 대변하는 고전으로 자리잡게 된다. 『계몽의 변증법』은 나치즘에서 타락의 극치를 보여준 서구 문명이 이미 원시 시대부터 타락의 씨앗을 잉태해왔다는 역사철학적 성찰을 담고 있다. 전쟁이 끝 난 후 1953년에 독일로 영구 귀국한 아도르노는 1969년에 스위 스에서 타계할 때까지 철학, 사회학, 음악학, 음악 평론, 문학 평 론 분야에서 왕성한 활동을 전개한다. 이 시기의 아도르노는 독 일뿐만 아니라 유럽 지성계에서 가장 주목받는 철학자였으며, 그의 모든 활동에서 공통적으로 나타나는 이념은 부정과 비판이 었다. 전후 아도르노는 라디오, 텔레비전을 포함한 거의 모든 언 론 매체에 출연하여 자신의 사상을 알리는 적극성을 보임으로써 비판 및 계몽철학자로서의 면모를 보여주었다. 1968년부터 전유 럽을 뒤흔든 학생 운동의 와중에서 학생들의 폭력 사용에 반대 하던 아도르노는 1969년에 학생들과 심한 갈등을 겪은 후 스위 스로 휴가를 갔다가 그곳에서 세상을 떠났다.

아도르노 사상의 핵심은 부정과 비판이다. 그가 평생 동안 '기 존의 거의 모든 것'을 가차없는 비판 대상으로 삼은 이유는 인간의 삶 자체가 원시 시대 이래 도구적 이성(합리성)에 의해 항상 불행 과 불의의 강제적 속박의 틀에 묶여 있었고 현재도 묶여 있기 때문 이라는 인식에 근거한다. 도구적 이성이란 인간이 자기 보존을 위 해 대상을 수단으로서만 파악하고 대상을 도구화시키는 사고와 행 위를 의미한다. 인간이 특정 목적을 실현하기 위하여 특정 수단을 투입하는 원래적 의미의 합리적 행위(Zweckrationalität)에서 벗 어나 자신의 주체성을 스스로 포기하면서 자신이 의도하는 목적 의 실현만을 위해 수단을 도구화시키는 행위(Instrumentalität) 야말로 아도르노에게는 모든 불의의 근원이 된다. 예컨대 나치 즘은 그것이 지향하는 목적을 이루기 위해서 모든 개인을 전체의 도구로 전락시키는 체계인 것이다. 부정과 비판이 지향하는 목표는 화해며, 화해는 행복의 실현에 이르기 위한 길이다. 인간에 의한 자연 지배, 인간에 의한 인간 지배, 사회의 개인 지배, 주체의 객체 지배, 객체 세계의 위력이 만들어낸 사물 세계(Dingwelt)의 인간 지배, 일반적인 것에 의한 개별적인 것의 지배를 비판하는 것이 아도르노 사상의 요체며, 그는 '기존의 잘못된 것'이 더 좋은 상태로 가기 위해서는 비판이 영구히 지속되어야 한다는 입장을 취한다. 아도르노의 비판철학은 어떤 철학적 체계를 통해 확립된 것이 아니다. 잘못되어 있다고 판단된 대상이면 모두 비판적 성찰의 주제가 되었다. 끊임없는 비판을 통해서만 화해가 성취될 수 있기 때문이다. 예를 들어 프랑크푸르트학파가 이념으로 내세운 '이성스런 사회의 이성스런 형성'은 개인과 사회가 화해에 도달되는 것을 의미한다. 이런 화해의 상태에서는 역사철학적으로는 자연과 인간의 화해, 인식론적으로는 주체와 객체의 화해가 동시에 달성된다. 요컨대 그가 평생 관심을 가지고 있었던 예술은 자연과 인간, 개인과 사회, 주체와 객체가 화해되어 있지 않음을 보여주는 현상인 동시에 화해 가능성을 표현해주는 현상이다. 예술은 화해되지 못한 채 불행한 역사를 달려온 문명사를 인식시켜주면서 더 나은 현실을 고통스럽게 동경해온 역사를 가지고 있다는 것이다.

「철학의 현재적 중요성」에서 젊은 아도르노는 철학적 개념이 세계를 총체적으로 포착할 수 있다는, 즉 독일 관념론에서 전통적으로 내려오는 생각을 정면으로 비판한다. 사고(개념)가 세계가 되는 것은 이미 사고의 폭력을 의미하기 때문이다. 아도르노의 비판적 사고는 나치즘과 스탈린주의와 같은 전체주의 체제를 경험하면서 더욱 과격해지며, 서구 문명 전반에 대한 비판으로 시각을 확대한다. 이 같은 사고의 산물이 바로 『계몽의 변증법』

이다. 이 책은—아도르노의 역사철학, 인식론, 사회 이론이 상호 깊은 내적 연관 관계를 형성하면서—서구 문명사를 타락의 역사로 규정하고 있다. 인간은 원시 제전 이래 자기 보존을 위해 외부 자연을 지배하는 과정에서 자신의 내적 본성을 지배하는 타락의 길을 걸어옴으로써 도구성을 진보시켜왔다는 성찰(역사철학), 주체의 객체 지배 과정이 마침내 모든 것을 주체와 동일시하는 단계에 이르게 된다는 동일화 사고의 이론 및 주체가 객체를 지배한 결과로서 나타나는 객체성이 도구적 합리성의 총체로 출현하면서 역으로 인간의 주체를 규정하는 결과에 이른다는 사물화 이론(인식론), 원시 제전에서 자연 지배의 결과로 발생한 사회는 마침내 '관리된 사회'의 형태에 이르게 된다는 이론(사회이론) 등이 『계몽의 변증법』에서 카테고리적으로 상호 연관을 맺으면서 서술되어 있다. 계몽을 통해 원시 시대의 신화적 지배 상태에서 빠져나오려던 인간의 노력은 마침내 '계몽이 이루어낸 신화'를 생산하고 말았다는 것이다. "계몽은 그것이 내딛는 모든 발걸음의 각 단계가 진행됨과 동시에 그 스스로 더욱더 깊게 신화 속으로 빠져든다"는 유명한 테제는 계몽에 의하여 철저하게 계몽된 문명 사회가 실제로는 "20세기의 신화", 즉 강제적 속박의 틀에 지나지 않는다는 프랑크푸르트학파의 주장을 가능하게 해주는 근거가 된다. 아도르노의 철학적 주저작인 『부정의 변증법』은 동일화 사고에 의해 모든 것이 모든 것과 빈틈없이 매개되어 있는 '총체적 현혹(眩惑)의 연관 관계(Universaler Verblendungszusammenhang)'와 교환합리성에 의해 철저하게 매개되어 있는 '관리된 세계(Verwaltete Welt)'로부터의 해방 가능성을 모색하고 있다. 아도르노는 이런 가능성을 '확연한 부정(bestimmte Negation)'에서 찾고 있으며, 이는 기존의 상태를 영구히 부정하는 변증법적 사고를 의미한다.『부정의 변증법』은, 테제의 부정은 반테제며 이런 부정의 결과로 생성되는 종합 테제는 긍정되어야 된다는 헤겔의 변증법을 전면 부인하고 종합 테제도 다시 부정되어야 된다는 입장을 취하고 있다. 만약 종합 테제가 긍정될 수 있는 상태가 실현되면, 이 상태가 아도르노의 눈에는 바로 유토피아다.

아도르노는 서구에서 20세기 최고의 예술이론가로서 평가받고 있다. 그의 이런 면모를 보여주는 책은 사후 출판된『예술 이론』이다. 아도르노는 이 저작에서 그가 평생 동안 관심을 갖고 있었던 예술에 관한 이론적 성찰을 심도 있게 보여주고 있다. 원시 제전에서 발생한 예술은 인간의 자연 지배 과정, 사회에 의한 인간 지배 과정, 주체에 의한 객체 지배 과정을 인식시켜주는 능력을 가짐으로써 '무의식적으로 문명사를 서술'하는 기능을 갖는다는 것이 아도르노 예술 이론의 핵심이다. 예술의 이 같은 기능은 타락의 과정을 걸어온 문명사를 예술이 부정적으로 인식한 데서 생기며, 아도르노에게는 예술이 존재한다는 것 자체로서 문명사에 대한 비판이 되는 것이다. 그러므로 예술의 본령은 그에게는 부정과 비판이다. 그가 예술의 역사를 '문명의 타락이 진보를 거듭해온 도정을 예술이 고통스럽게 인식해온 역사'로 이해하고 있는 것은 자명한 일이다. 이런 시각에서 예술에 관한 그의 유명한 테제가 이해될 수 있다 : 예술은 사회에 그 생성 근거를 두고 있으나 그 형식을 통하여 사회에 반대적 입장을 취한다.

아도르노는 철저한 비판가였으며 정열적인 계몽가였다. 서구 문명을 타락시킨 것은 도구적 이성이며, 이것은 이성의 자기 자각에 의해서만 극복될 수 있다는 신념을 갖고 평생 동안 이성 비판과 계몽에 매달린 사상가였다. 비판과 계몽이 '더욱 이성적인 세계가 실현되었으면' 하고 바라는 그의 염원에서 출발되고 있음은 두말할 나위도 없다. 그의 사상은 또한 자연 친화적 특징을 지니고 있다. 이런 요소는 1970년대와 1980년대에 독일에서 열풍이 불었던 아도르노 사상 연구가 환경의 대위기 시대에 다시 한 번 불어닥칠 수 있음을 보여주는 요소라 하겠다.

□ 아도르노의 주요 핵심 저작

「철학의 현재적 중요성(Die Aktualität der Philosophie)」(1931).
「자연사의 이념(Die Idee der Naturgeschichte)」(1932).
『키에르케고르, 미적인 것의 구축(*Kierkegaard, Kostruktion des Ästhetischen*』 (1933).
『계몽의 변증법(*Dialektik der Aufklärung*)』(1947).
『새 음악의 철학(*Philosophie der neuen Musik*)』(1949).
『최소한의 도덕(*Minima Moralia*)』(1950).
『프리즘, 문화 비판과 사회(*Prismen, Kulturkritik und Gesellschaft*)』(1955).
『불협화음, 관리된 사회에서의 음악(*Dissonanz, (…)*)』(1956).
『문학론(*Noten zur Literatur*)』(1958 ff.).
『음악사회학(*Einleitung in die Musiksoziologie*)』(1962).
『부정의 변증법(*Negative Dialektik*)』(1966).
『표제어들(*Stichworte*)』(1969).
『예술 이론(*Ästhetische Theorie*)』(1970).

□ 참고 문헌

문병호, 『아도르노의 사회 이론과 예술 이론』, 문학과 지성사, 1993(2001, 제2판).

서평 ①
『한 줌의 도덕』*

철학, 사회학, 음악학, 문학 비평 분야에서 수많은 에세이를 남겼던 테오도르 아도르노는 서구 학문의 역사에서 차지하는 자신의 위상이 문화철학자(Kulturphilosoph)로서 자리매김되기를 희망하였다. 아도르노는 특히 20세기 전반부에 거의 정점에 도달하였던 타락의 역사를 직접 체험하였으며, 음악 비평과 인식론에 치우쳤던 그의 초기 관심은 제2차 세계대전을 거치면서 점차 역사철학적 성찰로 옮겨가게 되었다. 그의 역사철학은 도구적 이성 또는 도구적 합리성을 주도적 원리로 하여 서구 문명사를 재구성한 것으로 평가받을 수 있다. 주체가 객체를 인식한다는 관계에서 전통적으로 전개되어온 인식론을 주체와 객체 사이의

---

* 테오도르 아도르노, 『한 줌의 도덕』, 최문규 옮김. 서평자는 아도르노의 *Minima Moralia*를 『최소한의 도덕』으로 번역하였으나, 역자는 『한 줌의 도덕』으로 옮겼다. 평자는 이 번역도 좋은 번역이라고 생각하고 있으며, 독자들의 혼란이 없기를 바란다.

화해로 전환시키는 것을 시도하는 아도르노의 인식론은 객체에 대한 주체의 지배로부터 자유롭고 주체의 폭력이 없는 인식을 성취하려는 집요한 노력의 결과다. 도구적 합리성에 의해 철저하게 조직된 사회는 가상이 총체적으로 매개된, 인간을 강제적 속박의 틀에 묶어놓는 메커니즘이기 때문에 사회를 변증법적으로 인식해야 된다고 주장한 사회 이론은 개인과 사회의 화해로운 매개를 최종 목표로 설정하고 있다. 아도르노는 이런 목표가 개인의 확연하고도 지속적인 자기 자각이 사회 구성과 연계되는 과정에서 성취될 수 있다는 입장을 보인다. 예술에서 무의식적으로 서술된 고통의 역사는 과거 역사의 비판과 미래 역사의 선취를 함유하고 있다는 주장을 펴는 예술 이론은 역사 및 사회에 대한 예술적 인식력을 통찰하는 이론이다. 위에서 간단히 서술한 아도르노의 역사철학, 인식론, 사회 이론 및 예술 이론은 각기 독립적인 이론 체계로서 존재하기보다는 서로 밀접한 관련성을 맺으면서 서구 문명과 문화의 전반에 관한 통찰을 제공하고 있다. 아도르노가 우리에게 제공하는 인식은 전통적 학문 분과의 체계적 서술에 기초한 체계적 인식이 아니다. 그는 문명과 문화 전반에 관해 논의할 때 나타나는 여러 문제들, 예컨대 역사, 사회, 현실, 학문, 인식, 이데올로기, 예술, 이성, 자연, 비판, 지배, 합리화, 기술 등과 같은 문제들에 대해 이론 체계들에 구애됨이 없이 우리에게 인식을 제공하고 있는 것이다. 아도르노에게서 보이는 이런 특징은 서구 문명이 당면한 여러 가지 부정적 측면을 에세이와 경구를 통해 통렬하게 비판한 니체, 돈, 유행, 수치, 사랑, 장식, 성 등 일상에서 접하는 여러 현상들에서 출발하여 사회, 역사, 예술의 본질을 규명하는 데까지 이르렀으며 이를 문화비극론(Kulturtragödie)로 정리한 게오르크 짐멜, 예술 전반,

역사, 사회에 대해 뛰어난 에세이와 논문을 많이 남겨놓은 루카치와 벤야민에게서도 확인된다. 니체에게서 일단 출발된 것으로 보아야 될 것 같은 이런 지적 전통에 놓여 있는 사상가들의 공통된 특징은, 그들이 서구 학문사에서 전통적으로 내려오는 학문적 체계와 개념, 서술의 체계성, 개념성 및 일반성을 과감하게 깨뜨리면서 서구 문명 및 문화 전반에 대한 치열한 인식을 의도하였다는 점에 있다. 헤겔, 마르크스, 베버와 같은 거장들이 전통적으로 내려오는 학문적 체계의 도움을 빌어 서구 문화의 전반에 대해 보편적이고도 일반적으로 인식을 제공하는 이론가 또는 사상가(Universaldenker)의 반열에 올라섰다면, 위에서 열거한 니체 이후의 이론가들은 특히 에세이의 형식을 이용하여 문화 전반에 대하여 광범위하고도 보편적인 통찰력을 제공하는 이론가의 자리에 오르게 된 것이다. 앞서 언급했듯이, 아도르노는 도구적 이성이라는 개념으로 서구 문명사를 설명할 수 있었다. 이는 마치 — 물론 통용성과 위상에서 비교되는 것은 한계가 있겠지만 — 헤겔과 마르크스가 정신과 물질이라는 개념으로 서구 역사를 재구성하고 베버가 합리화라는 개념을 이용하여 서구의 전 역사를 보편적으로 설명할 수 있는 것과 유사하기도 하다. 단적으로 말해서, 아도르노는 자신의 보편적 사관을 전개시킬 수 있는 이론가였던 것이다. 자신의 고유한 시각을 가지고 역사를 보편적으로 설명한 업적과 특히 예술과 같은 문화 현상 전반에 대해 인식을 제공한 업적을 볼 때, 아도르노가 문화철학자로서 평가받는 데 별 무리는 없을 듯하다.

평자가 이 글의 모두에서 의도한, 보편적 사상가 또는 문화철학자로서의 아도르노를 부각시키려는 시도는 에세이 및 경구 모음집으로 볼 수 있는 그의『한 줌의 도덕』이 우리말로 출판된 의미를 특히 강조하려는 것과 맞물려 있다. 연세대 최문규 교수는 평자가 알기로 수년간 각고의 노력과 심혈을 기울여 우리말로 옮기는 것이 거의 불가능할 정도로 난삽한『한 줌의 도덕』이 우리 학계에서 더욱 넓게 수용될 수 있는 길을 열어놓았는 바, 바로『한 줌의 도덕』이야말로 문화철학자로서의 아도르노의 모습을 가장 집약적으로 보여줄 수 있는 책이기 때문이다. 이 책에서는 아도르노의 역사철학, 인식론, 사회 이론, 예술 이론과 같은 이론 체계들이 때로는 독자적으로, 때로는 서로 겹치면서 그 모습을 드러내고 있을 뿐만 아니라, 역사, 사회, 철학, 문학, 음악, 미술 등의 주제에 대한 아도르노 특유의 심도 있는 통찰력이 유감없이 발휘되고 있다. 농축체(verdichtende Sprache)로 알려진 그의 문장 언어가 역시『한 줌의 도덕』에서도 구사되고 있기 때문에 독자로 하여금 여러 차례 반복적으로 읽어보는 것을 요구하는 이 책은 독자를 위에서 열거한 이론들과 주제들에 곧장 안내할 수 있다. 그의 언어가 독자에게 고통을 주더라도 독자는『한 줌의 도덕』에서 보편적 사상가 및 문화철학자로서의 아도르노의 면모를 가장 빨리, 그리고 효과적으로 파악할 수 있는 것이다. 평자는 지면 관계상『한 줌의 도덕』에 담긴 핵심 내용에 대해 짧게 언급하고, 이 책이 제공하는 인식을 이론 체계별로 간단히 검토함으로써 우리말 출판의 의미에 답하고자 한다. 이는 또한 번역하기를 꺼리는 아도르노 문헌을 우리말로 국내 학계에 알리는 데 크게 기여하고 있는 최문규 교수의 업적에 대한 동학으로서의 감사의 표시일 수도 있겠다.

비판이론가인 아도르노가 가차없는 비판을 통해 최종적으로 의도한 것은 화해의 성취 및 이것에 기초한 행복의 실현이다. 역사철학적으로 보았을 때는 자연과 인간 및 자연과 문명의 화해, 인식론적으로는 주체와 객체의 화해, 사회 이론적으로는 개인과 사회의 화해를 의도하는 아도르노 사상은 '이성스런 사회의 이성스런 실현', 즉 인간의 행복이 더욱 많이 실현될 수 있는 삶의 조건을 이루는 것을 목표로 하고 있다. 개념이라는 도구를 통해 대상을 총체적으로 파악할 수 있다고 자만한 서구 철학은 그러나 아도르노가 보기에는 도구적 이성이 자연을 지배할 뿐만 아니라 인간까지도 지배하는 결과를 유발하는 데 크게 기여해왔다. 이렇게 해서 철학은『한 줌의 도덕』이 서두에서 밝히고 있듯이 "애처로운 학문(die traurige Wissenschaft)"(p.23)의 처지에 빠지게 된 것이다. 아도르노는 그러나 철학이 인간의 행복을 실현시키는 데 담당해야 될 역할을 포기하지 않는다. 인구에 회자되는 다음의 한 구절은 철학에 거는 그의 기대를 명백하게 보여주고 있다 : "한때 시대에 맞지 않는 낡아빠진 것처럼 보였던 철학은 그것의 생명력을 유지하고 있다. 철학이 실현되는 순간이 지체되었기 때문이다"(『부정의 변증법』, p.15). 철학이 실현되는 순간은 바로 "애처로운 학문"이 된 철학이 "올바른 삶을 가르치는 학설"(p.23)이 되는 순간이다.『한 줌의 도덕』은 이런 순간이 도래하기를 애타게 바라는 아도르노의 마음이 집적된 책인 것이다. 이 마음은 책의 말미에서 드러난다 : "절망에 직면하여 아직도 유일하게 책임을 질 수 있는 철학이 있다면, 그것은 모든 사물을 구원의 관점에서 서술하였던 것처럼 관찰하는 시도일 것이다"(p.348). 화해를 의미하는 것인 구원의 순간은 아도르노에게는 그러나 비판을 통한 계몽 없이는 생각될 수 없다. 아도르노는 철저한 계몽사상가였으며,『한 줌의 도덕』도 계몽의 의도를 갖고 출판된 책임은 의문의 여지가 없다. 이것은 이 책에 모아진 글들이 대부분 1944년부터 1947년까지 쓰여진 것들임을 볼 때 더욱 명백하게 드러난다. 야만성이 극치를 보인 파시즘 말기와 파시즘 멸망 직후, 즉 사람들이 파시즘의 충격에서 벗어나지 못하고 있던 시기에 쓰여진 글들이라는 사실은, 다시는 그런 비극적 역사를 되풀이하지 말자는 아도르노의 계몽적 사상이 담겨 있음을 알려주고 있는 것이다. "올바른 삶"의 전제 조건은 화해며, 화해에 이르기 위한 조건은 비판이다. 『한 줌의 도덕』전편에 걸쳐 개진된 비판은 따라서 아도르노가 서두에서 밝힌 "올바른 삶"의 실현을 위한 비판으로 보아야 할 것이다. 이런 비판의 앞자리에 위치하고 있는 것은 역시 역사에 대한 비판이다. 서구 문명사는 아도르노에게는 '사회라는 강제적 속박의 틀에 예속된 부당한 삶'의 재생산 과정에 지나지 않는다. 인간의 삶에 편안함을 부여하는 모든 활동의 산물을 문명으로 이해할 때, 문명의 과정에서 가장 많은 피해를 본 것은 자연이다. 인간은 공포의 대상인 외부 자연을 지배하는 과정에서 자신의 본성인 내적 자연까지도 지배해야만 되는 메커니즘에 예속되어 있다는 것이 아도르노 역사철학의 핵심을 구성한다. 이런 핵심은 『한 줌의 도덕』에서도 확인된다 : "문명이 더욱 순수하게 자연을 보호하고 이식할수록 자연은 더욱더 문명으로 제어를 당한다"(p.164). 자연에 대한 인간의 지배는 필연적이기 때문에, 자연 지배의 산물인 문명이 — 역으로 — 자연을 유지시키고 보호하려고 해도 자연은 더욱더 효율적으로 지배당할 운명에 처해 있음을 보여주는 이 대목은 서구 문명사에 대한 통렬한 비판을 함축하고 있다. 문명사는 "죽음의 수용소를 문명의 승리 행진이 입은 업무상 재해"(p.329)로 볼 정도로 폭력적 행진을 계속해온 사실을 아도르노가 비판하고 있는 것이다.

　아도르노 인식론의 핵심에 위치하고 있는 '동일화 사고'는, 원시 시대의 인간이 자연의 공포로부터 자신을 지키겠다는 특정 목적을 지니고 객체를 최초로 인식한 이래 인식 대상을 점차 인식 주체에 동화시켜온 과정이 정점에 도달한 형태다. 비극적인 것은, 객체에 대한 주체의 폭력적 인식의 최종 산물인 동일화 사고가 주체를 지배하는 메커니즘에 주체가 종속되어 있다는 것이다. "주체의 해체는 '언제나 다른 같은 것'에 자신을 내맡겨버리는 주체의 행위에 의해서 완성된다"(p.335)는 주장은 동일하지 않은 것을 동일한 것으로 인식하는 주체의 폭력이 종국적으로는 주체의 해체에 이르고 있음을 보여주고 있다. 아도르노가 따라서 동일화 사고에 의해 억압받는 것, 배제된 것, 즉 '동일하지 않은 것(das Nichtidentische)'의 구원에 심혈을 기울이는 것은 당연한 일이다. '동일하지 않은 것'이 동일성 또는 정체성(Identität)을 획득하는 것은 주체와 객체의 화해에 의해 가능하며, 아도르노는 이런 가능성을 변증법적 사고에서 찾고 있다. 아도르노는 "변증법적 사유란 자신의 독특한 논리 수단으로 논리의 강요 특성을 깨부수는 매순간 강요 특성 자체에 빠질 수도 있다"(p.213)는 견해를 피력함으로서, 헤겔 변증법의 강점을 일단 인정하면서도 이를 부정의 변증법으로 변환시키고 있음을 이미 『한 줌의 도덕』에서 독자에게 명백하게 알리고 있다. "주체의 우위"(『부정의 변증법』, p.19)가 유지된 채 "동일성과 비동일성의 동일성"(『부정의 변증법』, p.19)을 추구하는 헤겔 변증법에는 주체의 폭력이 남아 있음을 간파한 아도르노는 "안티테제적으로 사유를 사유로서 구성해내는 소망의 구성 인자에 대한 자기 의식이야말

로 사유의 분열에 대항하는 데 도움을 준다"(p.279)는 대안을 제
시하고 있다. 부정의 영원한 과정으로 이해될 수 있는 부정의 변
증법에서는 주체의 우위가 아닌 객체의 우위가 이루어지며, 바
로 여기에서 주객의 화해가 성취되는 것이다. 인식 결과에 대한
영구적 부정은 인식 객체에 우위를 두는 입장을 취하지 않고는
성립될 수 없기 때문이다. 이런 인식에서만 주체의 구원도 가능
해진다. 주체가 폭력적으로 객체를 인식하지도 않고, 자신의 인
식 결과가 자신에게 강요하는 메커니즘에 종속되지 않은 채 인
식 결과를 항구적으로 부정할 때, 바로 주체의 구원이 성취되는
것이다.

　아도르노는 잘 알려진 대로 사회를 총체적 현혹 또는 장막의 체
계, 관리된 사회, "합리화의 해체 자체가 합리화되어버린 것"(p.95),
즉 비합리화의 총체적 실현태, 자체로서 이데올로기인 것 등으
로 파악한다. 이런 입장의 이면에는 사회의 구성원인 개인의 말
살 또는 절멸이라는 테제가 전제되어 있다. 아우슈비츠에서 명
백하게 역사적 증명서를 보여준 '개인의 절멸'은 그러나 역사적
우연 또는 막간극이 아니다. 자기 주체의 자기 포기에 근거를 두
고 있는 개인의 절멸은 이미 오디세우스의 자기 포기에서 시작
된다. 근대 자본주의의 발달과 더불어 시장 경제의 중심에 놓이
게 된 교환 원리는 개인을 교환 가능성의 원리, 즉 대체성과 폐기
성의 원리에 종속시킨다. "교환 가치로 표현될 수 없는 어떤 활
동이 있다는 것을 그 누구도 생각하지 않고 있다"(p.275)는 교환
원리가 사회 구성의 기본 원리가 됨과 동시에 개인이 교환 법칙
의 희생자가 되고 있음을 인식시키고 있다. 동일화 사고와 근친
관계에 있는 교환 원리의 총체적 실현태인 사회는 "기만 체계
연관성에서 자연"(p.136), 즉 제2의 자연이라고 불리게 되는 불

의와 허위의 메커니즘으로 작동된다. 개인은 아도르노 사회 이론을 특징지우는 결정적 개념 중의 하나인 사회의 "강제 구성원"(p.44)으로 전락한다. 사회는 아도르노 철학이 내놓은 대표적 테제인 "전체는 허위다"(p.74)라는 선언을 가장 구체적으로 증명해준다. 개인의 말살은 개인의 구원을 의도하는 아도르노의 희망과 연결되어 있다. "보편적인 것과의 관계 속에서 특별한 것으로 존재하는 개인을 구원하는 일이 추구되었더라면 좋았을 텐데"(pp.190-191)라는 아도르노의 염원은 개인이 사회에 의해 매개되어 있으면서도 사회에 의해 일방적으로 지배되지 않는 유토피아적 사회상의 표현이기도 하다.

예술에 관한 뛰어난 통찰력과 이에 상응하는 업적은 문화철학자로서의 아도르노의 위상을 확고하게 다져주는 근거가 된다. 『한 줌의 도덕』에서도 역시 프루스트, 카프카, 보들레르, 쇤베르크 등 아도르노가 각별한 관심을 기울였던 예술가들에 대한 단상이 드러나고 있다. 아도르노가 예술에서 주목하는 것은 역사에 대한 인식력과 인간과 자연, 주체와 객체, 개인과 사회의 화해를 보여주는 능력이다. 예술은 그것의 기원 이래로 사회의 역사, 즉 문명사가 저지르는 죄악을 인식해왔으며, 인간과 자연, 주체와 객체, 개인과 사회가 화해되어 있지 못한 상태를 보여줌으로써 화해를 선취해왔다는 것이다. 다시 말해서, 예술은 절망의 역사에서 희망을 말없이(sprachlos) 말해온 것이다 : "위대한 예술 작품이 제공하는 고무적인 힘은 그것이 말하는 것에 있는 것이 아니라 현존재에 저항하는 일을 성공적으로 해냈다는 것에 있다. 희망은 여전히 절망적인 사람들에게 가장 가까이 있다"(p.314). 이러한 가능성은 사회에 그 생성 근거를 두고 있으나 자신의 형식을 통하여 사회에 반대하는 능력을 가진 예술의 비판적 인식력에 근거한다. 예술은 자신의 부정성과 비판성을 통해 타락의 과정을 달려온 문명사에서 화해를 말해올 수 있었던 것이다.

위에서 짧게 살펴본 대로『한 줌의 도덕』은 전편에 걸쳐 독자를 아도르노 사상의 진수로 안내하고 있다. 아도르노의 글은 원문에 들어가서 읽고 생각하는 것을 반복할 때 그 맛이 드러나는 글이다. 그럼에도 최문규 교수는 아도르노의 체취가 독자에게 다가오도록 무척 노력한 흔적이 보인다. 아도르노 글의 결정적 특성 중의 하나는 한 문장 내에 여러 관계 문장이 혼합되어 있다는 점이며, 이 같은 특징은 여러 관계 문장들이 서로 의미를 한정하면서도 보완하는 절묘한 기능을 발휘함으로써 아도르노가 최종적으로 의도하는 뜻을 마치 이심전심으로 전달하는 기능을 갖게 된다고 보는 것이 평자의 견해다. 아도르노는 쉼표를 절묘하게 사용하여 자신의 의도를 독자로 하여금 깨닫게 하는 특별한 기술의 소유자였다. 최 교수는 이처럼 복잡한 아도르노의 문장을 때로는 과감하게 끊어서 번역하였는 바, 이는 독자가 한편으로 아도르노 사상에 친숙해지는 데 기여하는 면도 있지만 그의 깊은 사고가 보여주는 정수를 반감시키는 효과도 있다고 본다. 최 교수가 보인 각고의 노력에도 불구하고『한 줌의 도덕』이 이 세상에 보내고자 하는 메시지가 독자에게 충분히 전달되지 못한 아쉬움도 남는다. 예컨대 이 책의 백미에 해당된다고도 볼 수 있는, 아도르노가 마치 절규하듯이 그려보이고 있는 구원된 세계상의 참모습이 제대로 옮겨지지 않은 느낌도 있다. 아도르노가 원했던 것은 "메시아적인 빛 속에서 세계가 궁핍하고도 왜곡된 것으로 드러나게 되는 모습"(p.348)을 보여주는 관점들이 아니고, 세계가 "메시아적인 빛에서 한 번은 필요한 것으로, 그리고 그 얼굴을 다시는 거의 알아볼 수 없게끔 변화된 모습으로 존재하게 될 것 같은" 전망들이었다. 이 부분은 세계에 대한 극단적 절망에서도, 즉 세계가 더 이상 필요하지 않나 싶을 정도로 인간에게 고통을 주었던 상황에서도 세계를 구원하려는 아도르노의 의지가 드러나는 곳이기도 하다. 그러나 이런 약점은 읽는 것 자체가 고통을 수반하는 텍스트인『한 줌의 도덕』을 우리말로 옮긴 공적을 생각하면 약점이라고 볼 수 없을 정도다.

『부정의 변증법』*

최근 아도르노 철학에 대한 관심이 일어나고 있는 것 같아 아도르노의 사회 이론과 미학을 주로 공부한 평자로서는 매우 기쁜 일이 아닐 수 없다. 4월 15일[1]에는 사회와 철학연구회가 '아도르노 철학의 재조명'이라는 심포지엄을 개최하여 아도르노 철학에 대한 국내 학계의 관심을 보여주었다. 이런 차에 홍승용 교수가 각고의 노력 끝에 번역한『부정의 변증법』이 출간된 것은 아도르노 철학의 진가에 접근하려는 국내 출판계의 귀중한 노력으로 평가받을 만한 일이다.

평자는『부정의 변증법』을 이해하는 데 도움이 되는 가장 결정적인 견해를 프랑크푸르트대 유학 시절 하우케 브룬크호르스

---

* 테오도르 아도르노, 『부정의 변증법』, 홍승용 옮김, 한길사.
1) 2000년 4월 15일임.

트의 강의 시간에 들은 바 있다. 그에 따르면, 『계몽의 변증법』은 '인간은 왜 불의를 경험할 수밖에 없었으며, 이처럼 경험된 불의는 모든 인간에게 왜 강제적 힘으로 작용될 수밖에 없었을까?' 하는 물음을 추적한 것이라고 한다. 아도르노는 잘 알려진 대로 이 물음을 계몽과 신화의 착종 관계(역사철학적 시각), 대상에 대한 개념의 지배 관계(인식론적 시각), 개인에 대한 사회의 지배 관계(사회 이론적 시각)에 대한 분석을 통해 해결하려고 하였다. 아도르노가 서구 문명의 타락사 또는 이성의 도구화 및 타락사로 명명한 총체적 불의의 연관 관계의 역사적 진보를 보여주는 것이 바로 『계몽의 변증법』이다. 이 책은 100년에 가까운 프랑크푸르트학파의 역사에서 역시 백미로 꼽히는 책이다.

『계몽의 변증법』의 이러한 비중과 『미학』2)의 지속적 영향력 때문에 『부정의 변증법』이 상대적으로 덜 부각된 느낌이 있는 것은 사실이다. 특히 국내 학계의 경우 전문 철학자들이나 『부정의 변증법』이 어떤 책인가를 알고 있을 정도라고 생각된다. 다시 브룬크호르스트로 돌아가보자. 그에 의하면, 앞서 보았던 『계몽의 변증법』이 던진 물음을 해결하려는 의도로 쓰여진 책이 바로 『부정의 변증법』이다. 즉, 이 책은 '이 세계에는 총체적 불의의 연관 관계에서 벗어나 있는 "그 어떤 것"이 존재한다'는 것을 보여주려는 의도로 집필되었다는 것이다. 평자는 이 견해에 전적으로 동감한다. 『미학』도 이런 시각에서 보아 '예술에서 보이는

---

2) 평자는 원제목이 *Ästhetische Theorie*인 이 책을 『예술 이론』이라고 번역한 바 있었다. 그 이유에 대해서는 평자의 졸저 『아도르노의 사회 이론과 예술 이론』에서 상세히 논한 바 있다. 여기서는 좀더 보편적 명칭인 『미학』으로 번역하였으니 독자의 오해 없기를 바란다.

세계는 총체적 불의의 연관 관계에 관련되어 있으면서도(a), 그러한 불의가 일어나지 않는 그 어떤 것이 존재한다는 것을 보여주는 세계(b)'라는 것을 강조하는 책으로 읽힐 수 있다. 다시 말해『부정의 변증법』이나『미학』은 아도르노가 그토록 비판했던 이성의 도구화가 구축한 타락적 현실에서 벗어나려고 한 동경의 소산인 것이다.

따라서 서구 문명사에서 개인에게 폭력과 불의의 총체적 경험을 강제적으로 매개한 도구적 이성, 대상에 대한 개념의 지배(개념적 인식), 사고의 물량화, 동일화 사고, 주체의 자기 포기 현상, 사고의 총체적 사물화, 이데올로기와 같은 부정적 현상으로부터 벗어날 수 있는 가능성을 모색하는 것이『부정의 변증법』이 추구하는 철학이다. 여기에서 나온 가능성들은『계몽의 변증법』의 '계몽의 개념' 말미에서 이미 제시한 이성의 자기 자각 개념을 확장한 내용, 즉 개념의 폭력으로부터 자유로울 수 있는 인식의 가능성(인식에 성좌(Konstellation) 개념을 도입시키는 것, 수사학 등), 사고의 자기 성찰 능력, 주체의 회복, 종합에 대한 영구적 부정 등의 대안들로 구성된다.

아도르노는『부정의 변증법』이 제기하는 이념을 이 책의 앞부분에서 제시하고 이어서 개념의 지배를 옹호한 칸트 철학과 변증법적 종합을 참의 실현으로 주장한 헤겔 철학을 비판한다.『부정의 변증법』의 중심 주제는 인식 비판(Erkenntniskritik)이다. 아도르노는 이러한 비판을 통해 그가 모든 악의 근원으로 지목한 동일화 사고(Identitätsdenken)로부터 빠져나올 수 있는 가능성을 모색하고 있는 것이다. 개념이 대상에 대해 폭력을 행사하지 않는 인식을 향한 동경('인식의 유토피아는 개념들을 통해 비개념적인 것들을 밝히되 그것들을 개념과 동일시하지 않는 것이다'(64쪽)와 비동일자(das Nichtidentische)가 동일성과 체계성에 종속되지 않고도 존재함으로써 구원받을 수 있는 가능성에의 추구는 『부정의 변증법』이 아도르노 철학의 핵심 주제인 '화해(Versöhnung)'를 지향하고 있음을 보여주고 있다.

홍승용 교수의 『부정의 변증법』 번역은 일찍이 『미학』을 번역한 분답게 원전을 충실하고도 꼼꼼하게 챙기는 면모를 보이고 있다. 그러나 『부정의 변증법』처럼 서술 체계도 없고, 격언이나 경구로 볼 수 있는 문장이 많으며, 문체 자체도 농축체로 되어 있는 문헌을 우리말로 옮기는 것 자체가 불가능한 일이라고 생각된다. 이런 원전을 옮기는 고통은 언어로 표현될 수 없을 것이다. 그럼에도 평자가 보기에 번역본이 원전에 너무 충실한 나머지 독자가 읽었을 때 전혀 이해가 안 되는 부분이 많은 듯하다. 그러나 이는 사실 아도르노 철학을 공부한 모든 이들의 고통을 홍승용 교수가 대리해서 받고 있는 것이며, 이를 여기에 열거하는 것은 번역자가 받은 고통에 대한 최소한의 위로도 못 될 것이다.

그러나 아도르노가 알리려고 하는 메시지를 파악하면 과감하게 그것을 우리말로 옮겼으면 하는 생각도 든다. 아도르노의 문장은 마치 선문선답 같은 특징을 지니고 있기 때문에, 그것을 풀어서 옮기지 않으면 무슨 말인지 모르게 될 개연성이 높다. 또한 아도르노 철학에서 고유하게 등장하는 각종 개념어들을 우리말로 옮길 때 학계에서 최소한 그 용어를 통일하여 사용하였으면 한다.

세계를 보는 시각을 수입하는 문제에 대하여*

　학문적 비판의 대상에 대한 비판적 검토나 반박은, 비판 대상
이 되는 저작이나 논문에서 다루어진 사실 관계에 대한 내재적
비판에 충실할 때 그 정당성을 획득한다는 것은 보편적으로 통
용 가능한 논리라고 생각한다. 사실 관계에 근원으로 놓여 있는
테제에 대한 비판도 테제를 근거 세우는 시각, 방법 및 구체적
전개를 내재적으로 비판하고 그 문제점을 지적하여 테제에 반대
되는 입장을 근거 세울 수 있을 때 학문적 비판으로서의 가치를
갖게 되리라는 점을 주장해도 무리는 아닌 듯싶다. 서구 사상사
에서 변증법적 세계관을 철학적으로 정립한 것으로 평가받는 헤
겔도 내재적 비판을 강조한 사실은, 어떤 문제나 사실 관계에 대
하여 이것들의 밖에 존재하는 기준이나 척도를 가지고 비판을

---

* 졸저『아도르노의 사회 이론과 예술 이론』에 대해 김진석 교수가 1993년 12
월 1일자『한겨레』신문에 게재한 서평에 대한 반론.

가했을 때 발생할 수 있는 위험이나 오류를 경고한 것으로 해석될 수 있지 않을까싶다.

글쓴이의 부끄러운 저서『아도르노의 사회 이론과 예술 이론』에 대한 김진석 교수(이하 평자라고 호칭함)의 서평을 읽으면서 받는 첫 번째 느낌은 평자께서 위의 저서가 의도하는 바에 대한 내재적 비판에 충분히 충실하였는가 하는 의구심이다. 글쓴이는 아직 아도르노와 같은 이론가처럼 고유한 이론을 주장할 수준에 있지도 못하며, 위의 책에서 언급된 페터 뷔르거, 한스 로베르트 야우스, 알브레히트 벨머의 경우처럼 아도르노나 벤야민의 이론에서 문제점을 발견하여 새로운 시각에서 새로운 관점이나 이론을 주장할 처지에 있지도 못하다. 글쓴이는 다만 특히 1970년대 중반 이래 독일 학계에서 집중적으로 비판을 받은 아도르노의 예술 이론을 방어하려는 입장을 갖고 있으며, 이러한 입장의 타당성을 근거 세우기 위하여 '아도르노의 예술 이론이 서구 문명사를 결정적으로 규정짓는 자연 지배 과정 및 합리화 과정이란 관점에서 구성된 이론이기 때문에 아직도 그 중요성을 상실하지 않았다는 점'을 주장하였다. 이 입장의 배경에는 자연 지배와 합리화의 구체적 결과로 출현한, 즉 전 인류의 삶 자체를 영원한 종말로 치닫게 할 수 있는 환경 위기의 시대에 예술은 무엇을 할 수 있는가 하는 물음에 대하여 아도르노의 예술 이론이 중요한 시사를 던진다는, 글쓴이 나름대로의 판단이 깔려 있다.

이 판단을 실제 이론으로 발전시키는 것을 위의 책에서 의도하지 않았으며, 다만 독일 학계에서 점차 흘러간 시대의 고전으로 밀려나는 듯한 아도르노의『예술 이론』의 현재적 중요성을 방어하는 데 위의 책의 목적이 있다. 평자께서는 따라서 아도르노의 예술 이론을 보는 글쓴이의 기본 시각과 아도르노의 인식론, 역사철학, 사회 이론 및 예술 이론을 구체적으로 분석하는 것에 대한 내재적 비판을 하였으면 하는 아쉬움이 남는다. 아도르노의 이론 자체에 대한 평자의 직접적 비판에 대해서는 글쓴이가 직접적으로 간여할 사안이 아니며, 아도르노의 이론을 보는 글쓴이의 시각을 비판해주었으면 더욱 값진 논쟁이 되었으리라 생각된다. 글쓴이의 책이 가장 결정적으로 의도한 것인 예술과 사회의 역설적 상호 지시 관계에 대한 논의 자체가 차단되어버린 아쉬움과 유감이 있음에도 불구하고 평자의 입장에 대하여 몇 마디 반론을 펼 기회를 가졌으면 해서 아까운 지면을 잠식하는 어리석음을 범하고자 한다.

헤겔의 변증법과 아도르노의 '부정의 변증법'이 갖는 결정적 차이점은 후자의 경우 평자께서도 인식하고 있는, 바로 '종합'의 개념이 철저히 배제되고 있다는 점이다. 무한대의 자연 파괴와 경제적 경쟁의 견인차 역할을 담당하는 서구 자본주의나 실패한 역사적 실험의 산물로 보이는 사회주의도 아도르노가 말한 대로 강제적 속박의 메커니즘이 구조적으로 정착된 형식임에 틀림이 없다. 만약 헤겔이 특히 그의 역사철학에서 주장하듯이 절대적 이성의 실현태로서 국가가 성립된다면, 이는 '하나의 닫혀진 전체로서의 특정 상(像)의 실현'이 종합적으로 가능함을 의미한다. 여기에서 아도르노의 부정의 변증법은 구조적으로 정착되는 특정 이념의 실현태를 거부하는 장점을 지니는 바, 이는 기존의 사회적 제반 관계들을 '구조적으로 새로운 것'이 되게 하는 확연한 부정의 정수가 존재한다는 사실에서 입증된다. 기존의 것과는 완전히 다른 것도 결국 강제적 속박의 메커니즘에 귀착되고 말기 때문에 부정은 영원한 부정이 되어야만 하는 것이다. 서구에서의 이성 중심의 세계관이 데리다의 말대로 중심을 형성하여 '다른 것'의 가능성을 차단한 것은 사실이며, '다른 것'도 그 자체로서 경직되는 것을 방지하는, 즉 '다른 것'의 영원한 부정이야말로 '구조적으로 새로운 것'의 실현을 가능하게 하는 도정이 된다. 이 같은 도정이 실제로 가져올 변화에의 가능성을 아도르노는 주목하며, 이 점에서 그의 부정의 변증법이 갖는 실제적 효과가 간과되어서는 안 될 것이다. 비판 이론이 사회의 각 영역에 실제로 미친 영향력에 대한 프랑크푸르트 사회연구소의 보고(1990년대 초)는 확연한 부정의 정신이 사회의 긍정적 변화에 어떻게 기여할 수 있는가를 보여준 실례라고 하겠다. 물론 아도르노의 부정의 변증법은 아포리(Aporie)에 지나지 않는다는 하버마스의 지적 및 이러한 아포리를 해결하고자 하는 하버마스의 이론은 비판 이론을 한 단계 끌어올린 것으로 평가받아야 되며, 이에 대해서 글쓴이는 『아도르노의 사회 이론과 예술 이론』에서 여러 차례 언급한 바 있다. 다만 여기에서 지적하고 싶은 바는, 공공 여론의 형성, 검토, 비판 과정이라는 측면에서 우리 사회가 하버마스의 이론을 수용할 수 있는 단계에 도달되지 않았지 않나 하는 점이다. 지나가는 길에 한마디 부연한다면, 포스트모더니즘에 아도르노의 사상을 편입시키려는 평자의 의도에 대해서는 리요타르가 이미 검토한 바 있음을 밝히고 싶다. 다만 이성의 완전한 해체를 주장하는 포스트모더니즘의 입장보다는 개인과 전체, 특별한 것과 보편적인 것이 총체성을 형성하면서도 그 총체성이 특정상으로 경직되지 않는 도정을 계속한다면 ― 부정적인 ― 기존의 사회적 제반 관계가 긍정적으로 지양되는 영원한 과정을 통하여 더 나은 삶의 질서에 도달될 수도 있을 듯하다. 이 힘은 아도르노에 의하면 이성의 자기 자각을 통하여 가능해진다. 이성의 자기 자각에 내재하는 아포리는 위에서 말한 대로 하버마스가 어느 정도 해결해놓았다고 본다. 우리의 입장에서 안타까운 것은 개인의 사고와 전체가 갖는 메커니즘이 아직 충분한 자기 자각에 도달하지 않고 있다는 사실이다. 그 어떤 사고도 폭력을 잉태한다는 논리나 후기 구조주의자들이 말하듯이 '언어는 파시즘적이다' 하는 논리는 아직도 여러 형태로 확연하게 드러나는 부정적 폭력에 대한 성찰 자체를 거부하는 논리에 다름이 아니다. 더욱 부정적이고 거대하게 드러나는 폭력을 지양해나가기 위해서는 평자의 말대로 권력을 지향하는 모순을 자체적으로 지니고 있음에도 불구하고 부정의 사고를 포기할 수는 없는 일이다. 부정의 사고가 자기 자각 또는 하버마스가 주장하듯이 의사 소통적 이성에 따라 이루어진다면 무정부적인 상태에 빠져들지도 않으면서 부정적 폭력을 점차 개선해낼 수 있지 않을까.

포스트모더니즘에 대한 아도르노 이론의 비교 우위는 어디까지나 사회 이론적 가치 및 예술의 사회적 기능이라는 관점에서 우리 사회의 현실을 감안하여 주장한 점을 평자께서 이해해주었으면 한다. '탈중심'으로 대표되는 '탈'의 파노라마는 무한한 자유와 평등에의 가능성을 실현시켜줄 수 있는 잠재력을 지니고 있으나, 이로 인하여 개인의 욕구의 무한대의 분출이 용인된다면 무한 소비에의 욕구로 인하여 어떻든 전체로서 출현하는 인류 전체의 삶의 공간이 붕괴되는 책임을 포스트모더니즘이 떠맡아야 되는 상황에 처하게 될 수도 있다. 환경 위기의 근본 원인은 무한 소비에의 무한한 욕구이기 때문이다. 바로 이 점에서, 사회의 조직과 구성이라는 측면에서 수많은 부정적 요인을 안고 있는 우리 사회의 현실과 범인류적 문제인 환경 위기의 절박한 현실에서 예술의 사회적 기능을 논의하는 데에서 아도르노의 예술 이론이 한 몫을 할 수 있다는 점을 글쓴이는 암시한 것뿐이다. 단적으로 말해서, 글쓴이는 개인의 자각을 통한 절제된 욕구와 부정적 현실의 긍정적 차원으로의 변화를 모색하는 데 아도르노의 이론이 갖는 중요성을 지적한 것이다. 두 요소를 결합시킬 수 있는 공통 분모는 두말할 나위 없이 비판이다.

우리는 금세기에 들어서는 많은 부분 타의에 의하여 우리의 삶의 이상을 서양적 가치에 종속시키는 불행을 경험해왔다. 이 같은 역사적 배경에 따라 서양의 이론은 마치 유행처럼 우리의 삶의 공간에 이입되어 왔으며, 아도르노의 이론이나 포스트모더니즘의 이입도 물론 예외는 아니다. 이론들을 수입하는 데에서 이제는 그 이론들이 우리의 현실에서 어느 정도 우리의 현실을 개선하는 데 유용한가 하는 점이 우선적으로 고려되어야 될 때가 되었다고 본다. 고려가 최소치로 되면 될수록 우리는 문화적 동일성을 확보하는 길에 들어설 수 있으리라 생각된다. 포스트모더니즘에 대해 마지막으로 한마디만 부연하고 싶다 : 엔진이나 기어도 문제가 있으며, 특히 골격이 엉성한 채로 굴러가는 자동차를 매번 겉모양이나 바꾸고 화려한 색을 유행에 따라 바꾸어 칠한다고 해서 자동차의 구조적 결함이 개선될 수 있을까. 세계를 보는 시각을 수입하는 일이 부정적 차원에서 구조적으로 경직된 현실을 몸통에서 개선하지 못하고 옷만 바꿔 입는 일에 영원히 기여한다면, 우리는 언제 서구 선진 사회가 풍요 속에서 향유하는 옷 바꿔입기를 즐길 수 있을까. 이러한 즐거움에의 전제 조건은 개인의 사고와 사회의 구성이 어느 정도 제도적으로 합의점을 찾아 자유와 평등의 긴장 관계가 공공 여론의 형식으로 작동하는 일이다. 개인은 자신의 사고가 갖는 폭력성을 자각하며, 사회도 그것 스스로 개인에 대하여 폭력을 행사하는 것을 줄여가면서 개인의 사고에 대해 화답하는 수준에 도달될 때, 우리는 무한한 욕구에의 동경을 모색할 수 있으리라. 이 동경도 위기 상황에서 가능할 뿐임을 환경 보존을 위한 국제 회의가 경험적으로 확인시켜주고 있다.

참고 문헌
아도르노의 저작

1. 책 이름이 이미 우리말로 옮겨졌거나 국내의 여러 논문과 책에서
   자주 언급되는 책 이름과 논문을 기준으로 정리한 저작

■『예술 이론』
Ästhetische Theorie. Hrsg. von G. Adorno und R. Tiedemann, Frankfurt / M,
    5. Aufl. 1981, stw 2.

■『문학론』
Noten zur Literatur. Hrsg. von R. Tiedemann, Frankfurt / M, 1. Aufl., 1981,
    stw 35.

■『사회학 논문집』
Soziologische Schriften I. Frankfurt / M, 1. Aufl., 1982, stw 306.

■『부정의 변증법』
Negative Dialektik. Frankfurt / M, 3.Aufl., 1981, stw 113.

■『표제어들』
Stichworte. Kritische Modelle 2. Frankfurt / M, 5.Aufl., 1980, es 347.

■『한줌의 도덕』

Minima Moralia. Reflexion aus dem beschädigten Leben. Frankfurt / M, 1980,
　　Bibliothek Suhrkamp.

■『불협화음』

Dissonanzen. Musik in der verwalteten Welt. In : Gesammelte Schriften 14,
　　Hrsg. von R. Tiedemann, Frankfurt / M, 1.Aufl., 1973, S.7-167.

■『새 음악의 철학』

Philosophie der neuen Musik. In : Gesammelte Schriften 12, Hrsg. von R.
　　Tiedemann, Frankfurt / M, 1.Aufl., 1975.

■『프리즘』

Prismen. Kulturkritik und Gesellschaft. Frankfurt / M, 1.Aufl., 1976, stw 178.

■『음악사회학』

Einleitung in die Musiksoziologie. Zwölf theoretische Vorlesungen. In :
　　Gesammelte Schriften, Hrsg. von R. Tiedemann, 1. Aufl., 1973, S.169-447.

■「철학의 현재적 중요성」

Die Aktualität der Philosophie. In : Gesammelte Schriften I, Hrsg. von R.
　　Tiedemann, Frankfurt / M, 1973, S. 325-344.

■「자연사의 이념」

Die Idee der Naturgeschichte. In : Gesammelte Schriften I, Hrsg. von R.
Tiedemann, Frankfurt / M, 1973, S.345-365.

■「사회학은 인간에 관한 학문인가?」

Theodor W. Adorno und Arnold Gehlen, Ist Soziologie eine Wissenschaft
　　vom Menschen? Ein Streitgespräch. In : F. Grenz, *Adornos Philosophie
　　in Grundbegriffen.* Auflösung einiger Deutungsprobleme. Frankfurt / M,
　　1.Aufl., 1974, S.225-251.

■『계몽의 변증법』

Max Horkheirner und Theodor W. Adorno, Dialektik der Aufklärung. Philosophische Fragmente. Frankfurt / M, 1971, Fischer Taschenbuch.

2. 연도별로 본 저작[※]

1924

Die Transzendenz des Dinglichen und Noematischen in Husserls Phänome-nologie. Phil. Dissertation, Frankfurt / M.

1927

Der Begriff des Unbewußten in der transzendentalen Seelenlehre (Habilita-tionsschrift, wurde aber noch vor der Einleitung des Habilitations-verfahrens zurückgezogen).

1933

Kierkegaard, Konstruktion des Ästhetischen. Tübingen, J. C. B. Mohr.

1947

Dialektik der Aufklärung. Philosophische Fragmente. Amsterdam, Querido, zusammen mit Max Horkkheimer geschrieben.

[※] 다음의 내용은 1983년에 프랑크푸르트대에서 개최된 '아도르노 컨퍼런스 1983'에서 발표된 원고를 정리한 책인 Adorno-Konfernz 1983 (Frankfurt / M, Suhrkamp, 1983)에 첨부된 르네 괴르첸의 목록을 기준으로 하였다. 연도는 아도르노의 개별 저작의 최초 출판 연도를 의미하며, 이에 기준이 되는 것은 판본이다. 괴르첸은 최초 출판 이후 각 작품의 출판 상황 및 평가 상황을 일목요연하게 정리하고 있다. 그러나 다음의 목록에서는 아도르노의 개별 저작물의 이름만 정리하기로 한다. 그 밖에도 아도르노의 저작에 관한 목록뿐만 아니라 아도르노에 대한 연구 문헌의 목록 작성 시 괴르첸의 정리에서 큰 도움을 받았음을 밝혀둔다.

1949

Philosophie der neuen Musik. J. C. B. Mohr.

1950

Minima Moralia. Reflexion aus dem beschädigten Leben. Berlin, Frankfurt / M, Suhrkamp.

1952

Versuch über Wagner. Berlin, Frankfurt / M, Suhrkamp.

1955

Prismen. Kulturkritik und Gesellschaft. Berlin, Frankfurt / M, Suhrkamp.

1956

Zur Metakritik der Erkenntnistheorie. Studien über Husserl und die phäno-menologische Antinomien. Stuttgart, W. Kohlhammer.

Dissonanzen. Musik in der verwalteten Welt. Göttingen, Vandenhoeck & Ruprecht.

1957

Aspekte der Hegelschen Philosophie. Berlin, Frankfurt / M, Suhrkamp.

1958

Noten zur Literatur I. Berlin, Frankfurt / M, Suhrkamp.

1959

Klangfiguren. Musikalische Schriften I. Berlin, Frankfurt / M, Suhrkamp.

1960

Mahler. Eine musikalische Physiognomik. Frankfurt / M, Suhrkamp.

1961

Noten zur Literatur II. Frankfurt / M, Suhrkamp.

1962

Einleitung in die Musiksoziologie, Zwölf theoretische Vorlesungen. Frankfurt / M, Suhrkamp.

Sociologica II. Reden und Vorträge. zusammen mit Max Horkheimer, Frankfurt / M, Europäische Verlagsanstalt.

1963

Drei Studien zu Hegel. Frankfurt / M, Suhrkamp.

Eingriffe. Neun Kritische Modelle. Frankfurt / M, Suhrkamp.

Der getreue Korrepetitor. Lehrschriften zur musikalischen Praxis. Frankfurt / M, S. Fischer.

Quasi una fantasia. Musikalische Schriften II. Frankfurt / M, Suhrkamp.

1964

Moments musicaux. Neu gedruckte Aufsätze 1928-1962. Frankfurt / M, Suhrkamp.

Jargon der Eigentlichkeit. Zur deutschen Ideologie, Frankfurt / M, Suhrkamp.

1965

Noten zur Literatur III. Frankfurt / M, Suhrkamp.

1966

Negative Dialektik. Frankfurt / M, Suhrkamp.

1967

Ohne Leitbild. Parva Aesthetica. Frankfurt / M, Suhrkamp.

1968

Berg. Der Meister des kleinen Übergangs. Wien, Verlag Elisabeth Lafite /

Österreichischer Bundesverlag.

Improputus. Zweite Folge neu gedruckter musikalischer Aufsätze, Frankfurt /
M, Suhrkamp.

1969

Komposition für den Film. zusammen mit Hans Eisler. München, Rogner &
Bernhard.

Stichworte. Kritische Modelle 2. Frankfurt / M, Suhrkamp.

Nervenpunkte der Neuen Musik (Ausgewählt aus Klangfiguren : cf. Klanfiguren
von 1959).

T. W. Adorno u. a., *Der Positivismusstreit in der deutschen Soziologie.*
Neuwied und Berlin, Luchterhand.

1970

Ästhetische Theorie. Hrsg. von Gretel Adorno und Rolf Tiedemann. Frankfurt /
M, Suhrkamp.

Über Walter Benjamin. Hrsg. und mit Anmerkung versehen von Rolf
Tiedemann. Frankfurt / M, Suhrkamp.

Aufsätze zur Gesellschaftstheorie und Methodologie. Frankfurt / M, Suhrkamp.

Erziehung zur Mündigkeit. Vorträge und Gespräch mit Hellmut Becker 1959–
1969. Hrsg. von Gerd Kadelbach, Frankfurt / M, Suhrkamp.

1971

Eine Auswahl. Hrsg. von R. Tiedemann, Bürgerliche Gutenberg.

Kritik. Kleine Schriften zur Gesellschaft. Hrsg. von R. Tiedemann, Frankfurt /
M, Suhrkamp.

1973

Versuch, das Endspiel zu verstehen. Aufsätze zur Literatur des 20. Jahr-
hunderts I. Frankfurt / M, Suhrkamp.

Zur Dialektik des Engagements. Aufsätze Literatur des 20, Jahrhunderts II.
Frankfurt / M, Suhrkamp.

Philosophische Terminologie. Zur Einleitung. Band I, Hrsg. von Rudolf zur

Lippe, Frankfurt / M, Suhrkamp.

Philosophische Terminologie. Zur Einleitung. Band II, Hrsg. von Rudolf zur
Lippe, Frankfurt / M, Suhrkamp.

1974

Briefwechsel. zusammen mit Ernst Kreneck, Hrsg. von Wolfgang Rogge,
Frankfurt / M, Suhrkamp.

1975

Gesellschaftstheorie und Kulturkritik. Frankfurt / M, Suhrkamp.

1979

Der Schatz des Indianer-Joe. Singspiel nach Mark Twain. Herausgegeben
und mit einem Nachwort von R. Tiedemann, Frankfurt / M, Suhrkamp.
Soziologische Schriften I. Hrsg. von R. Tiedemann, Frankfurt / M, Suhrkamp.

1980

Kompositionen. Band I : Lieder für Singstimme und Klavier. Hrsg.von Heinz-
Klaus Metzger und Rainer Riehn, München, Edition Text + Kritik.
Kompositionen. Band II : Kammermusik, Choere, Orchestrales. Hrsg. von
Heinz-Klaus Metzger und Rainer Riehn, München, Edition Text + Kritik.

1981

Noten zur Literatur. Hrsg. von R. Tiedemann, Frankfurt / M, Suhrkamp.

3. 아도르노 전집의 내용

Gesammelte Schriften, Hrsg. von Rolf Tiedemann, Frankfurt / M, Suhrkamp
Band 1 : *Philosophische Frühschriften.*
Band 2 : *Kierkegaard, Konstruktion des Ästhetischen.*
Band 3 : *Dialektik der Aufklärung.* Philosophische Fragmente, zusammen mit

M. Horkheimer.

Band 4 : *Minima Moralia.* Reflexionen aus dem beschädigten Leben.

Band 5 : *Zur Metakritik der Erkenntnistheorie. Drei Studien zu Hegel.*

Band 6 : *Negative Dialektik.* Jargon der Eigentlichkeit.

Band 7 : *Ästhetische Theorie.*

Band 8 : *Soziologische Schriften I.*

Band 9-I : *Soziologische Schriften II.* Erste Hälfte.

Band 9-II : *Soziologische Schriften II.* Zweite Hälfte.

Band 10-I : *Kulturkritik und Gesellschaft I*, Prismen. Ohne Leitbild.

Band 10-II : *Kulturkritik und Gesellschaft II*, Eingriffe. Stichworte. Anhang.

Band 11 : *Noten zur Literatur.*

Band 12 : *Philosophie der neuen Musik.*

Band 13 : *Die musikalischen Monographien.*

Band 14 : *Dissonanzen.* Einleitung in die Musiksoziologie.

Band 15 : *Komposition für den Film.* Zus. mit Hans Eisler. Der getreue Korre-
petor.

Band 16 : *Musikalische Schriften I-III*, Klangfiguren(I). Quasi una fantasia(II).
Musikalische Schriften(III).

Band 17 : *Musikalische Schriften IV*, Moments musicaux, Impromtus.

Band 18 : *Musikalische Schriften V.*

Band 19 : *Musikalische Schriften VI.*

Band 20. 1. : *Vermischte Schriften.* Erste Hälfte.

Band 20. 2. : *Vermischte Schriften.* Zweite Hälfte.

4. 아도르노 사상에 관한 정선된 연구 문헌

1) 연구 문헌을 정리한 목록들

Peter Christian Lang, Kommentierte Auswahlbibliographie 1969-1979. In :
B. Lindner / M. W. Lüdke(hrsg.), *Materialien zur ästhetischen Theorie
Th. W. Adornos.* Konstruktion der Moderne. Frankfurt / M, 1980, S.509-556
(아도르노에 대한 연구가 본격적으로 시작된 1960년대 후반 이래 10년간
출판된 문헌들의 핵심적 내용을 정리한 것).

René Görtzen, Theodor W. Adorno, Vorläufige Bibliographie seiner Schriften und der Sekundärliteratur. In : L. V. Friedeburg / J. Habermas(hrsg.), Adorno-Konferenz 1983. 1. Aufl., Frankfurt / M, 1983(아도르노의 저작들 및 그에 관한 연구 문헌을 가장 체계적으로 정리한 목록).

2) 연구 문헌 목록

■ 단행본 형태로 된 논문 및 저서

Allkemper, Alo, *Rettung und Utopie*. Studien zu Adorno. Paderborn usw., 1981.

Beier, Christel, *Zum Verhältnis von Gesellschaftstheorie und Erkenntnistheorie*. Untersuchungen zum Totalitätsbegriff in der kritischen Theorie Adornos. Frankfurt / M, 1977.

Brunkhorst, Hauke, *Theodor W. Adorno*. Dialektik der Moderne. München, Zürich, 1990.

Buck-Morss, Susan, *The Origin of negative Dialectics*. Theodor W. Adorno, Walter Benjamin and the Frankfurt Institute. Hassocks, 1977, New York, 1977.

Connerton, Paul, *The Tradegy of Enlightenment*. An Essay on the Frankfurt School. Cambridge usw., 1980.

Deuser, Hermann, *Dialektische Theologie* : Studien zu Adornos Metaphysik und zum Spätwerk Kierkegaards. München, Mainz, 1980.

Dubiel, Helmut, *Wissenschaftsorganisation und politische Erfahrung*. Studien zur frühen kritischen Theorie. Frankfurt / M, 1978.

Düver, Lothar, *Theodor W. Adorno*. Der Wissenschaftsbegriff der kritischen Theorie in seinem Werk. Bonn, 1978.

Figal, Günther, *Theodor W. Adorno*. Das Naturschöne als spekulative Gedankenfigur. Zur Interpretation der ästhetischen Theorie im Kontext philosophischer Ästhetik. Bonn, 1977.

Früchtl, Josef, *Mimesis : Konstellation eines Zentralbegriffs bei Adorno*. Würzburg, 1986.

Geyer, Carl-Friedrich, *Aporien der Metaphysik- und Geschichtsbegriff der Kritischen Theorie*. Darmstadt, 1980.

Geyer, Carl-Friedrich, *Kritische Theorie*. Max Horkheimer und Theodor W. Adorno. Freiburg, München, 1982.

Gmünder, Ulrich, *Kritische Theorie* - Max Horkheimer und Theodor W. Adorno. Sttutgart, 1985.

Grenz, Friedemann, *Adornos Philosophie in Grundbegriffen*, Auflösung einiger Deutungsprobleme. Frankfurt / M, 1974.

Held, David, *Introduction to Critical Theory*. From Horkheimer to Habermas, London usw., 1980.

Hoffmann, Rainer, *Figuren des Scheins*. Studien zum Sprachbild und zur Denkform Theodor W. Adornos. Bonn, 1984.

Honneth, Axel, *Kritik der Macht*. Reflexionsstufen einer kritischen Gesellschaftstheorie. Frankfurt / M, 1989.

Jablinsky, Manfred, *Theodor W. Adorno*. Kritische Theorie als Literatur- und Kunstkritik. Bonn, 1976.

Jay, Martin, *The Dialectical Imagination*. A History of the Frankfurt School and the Institute of Social Research, 1923-1950. Boston, Toronto, 1973. Deutsch : Dialektische Phantasie. Die Geschichte der Frankfurter Schule und des Instituts für Sozialforschung, 1923-1950. Frankfurt / M, 1976, 1981 (Fischer Taschenbücher 654).

Kager, Reinhard, *Herrschaft und Versöhnung* Einführung in das Denken Theodor W. Adornos. Frankfurt / M, New York, 1988.

Kaiser, Gerhard, *Benjamin, Adorno, Zwei Studien*. Frankfurt / M, 1974.

Koppe, Franz, *Grundbegriffe der Ästhetik*. Frankfurt / M, 1983.

Krückelberg, Eduard, *Der Begriff des Erzählens im 20. Jahrhundert*. Zu den Theorien Benjamins, Adornos und Lukács. Bonn, 1981.

Lang, Peter Christian, *Hermeneutik-Ideologiekritik-Ästhetik*. Über Gadamer und Adorno sowie Fragen einer aktuellen Ästhetik. Königstein / Ts., 1981.

Link, Thomas, *Zum Begriff der Natur in der Gesellschaftstheorie Theodor W. Adornos*. Köln usw., 1986.

Lüdke, W. Martin, *Anmerkungen zu einer Logik des Zerfalls*, Adorno-Beckett. Frankfurt / M, 1981.

Lunn, Eugene, *Marxism and Modernism* - A Historical Study of Lukács, Brecht,

Benjamin, and Adorno. Berkeley usw., 1982.

Mörchen, Hermann, *Adorno und Heidegger*. Unersuchungen einer philosophischen Kommunikationsverweigerung. Stuttgart, 1981.

Mun, Byeong Ho, *Intentionslose Parteinahme*. Zum Verhältnis der Kunst und Literatur zur Gesellschaft im Bann der Naturbeherrschung und Rationalisierung bei Theodor W. Adorno. Frankfurt / M, usw., 1992.

Rath, Nobert, *Adornos Kritische Theorie*. Vermittlungen und Vermittlungsschwierigkeiten. Paderborn usw., 1982.

Reijen, Willem van, *Adorno zur Einführung*. Hannover, 1980.

Scheible, Hartmut, *Theodor W. Adorno*. mit Selbstzeugnissen und Bilddokummenten. Hamburg, 1989.

Schmucker, Josef F., *Adorno-Logik des Zerfalls*. Sttutgart, 1977.

Schwarz, Ulrich, *Rettende Kritik und antizipierte Utopie*. Zum geschichtlichen Gehalt ästhetischer Erfahrung in den Theorien von Jan Mukarobsky, Walter Benjamin und Theodor W. Adorno. München, 1981.

Söllner, Alfons, *Geschichte und Herrschaft*. Studien zur materialistischen Sozialwissenschaft 1929-1942. Frankfurt / M, 1979.

Specht, Silvia, *Erinnerung als Veränderung*. Über den Zusammenhang von Kunst und Politik bei Th. W. Adorno. Mitten Wald, 1981.

Stresius, Lothar, *Theodor W. Adornos negative Dialektik*. Eine kritische Rekonstruktion. Frankfurt / M, Bern, 1982.

Tichy, Matthias, *Theodor W. Adorno*. Das Verhältnis von Allgemeinem und Besonderem in seiner Philosophie. Bonn, 1977.

Wellmer, Albrecht, *Zur Dialektik von Moderne und Postmoderne*. Vernunftkritik nach Adorno. Frankfurt / M, 1985.

Wietusch, Bern, *Die Zielbestimmung der Musik. Pädagogik bei Theodor W. Adorno*. Darstellung und kritische Reflexion der Kritik an die musikpädagogische Position Adornos. Regensburg, 1981.

Zenck, Martin, *Kunst als begriffslose Erkenntnis*. Zum Kunstbegriff der ästhetischen Theorie Theodor W. Adornos. München, 1977.

Zimmermann, Nobert, *Der ästhetische Augenblick*. Theodor W. Adornos Theorie der Zeitstruktur von Kunst und ästhetischer Erfahrung. Frankfurt / M, usw., 1989.

■ 여러 논문들을 모아 단행본 형태로 출판된 것들

Arnold, Heinz Ludwig(hrsg.), *Theodor W. Adorno*, Text+Kritik, München, 1977. Inhalt : -H. Scheible, Vorbemerkung ; -P. v. Haselberg, Wiesensgrund Adorno ; -C. Pettazzi, Studien zu Leben und Werk Adornos bis 1933 ; -H. H. Kapper, Adornos Reflexionen über den Zerfall des bürgerlichen Individuums ; -O. Hansen, Anklage und Kritik. Anmerkungen zu Adornos Begriff der soziologischen Wissenschaft ; -B. Lindner, Herrschaft als Trauma. Adornos Gesellschaftstheorie zwischen Marx und Benjamin ; -H. Scheible, Geschichte im Stillstand. Zur ästhetischen Theorie Adornos ; -F. Grenz, Zur architektonischen Stellung der Ästhetik in der Philosophie Adornos ; -J. Trbant, Bewußtsein von Noethen. Philologische Notiz zum Fortleben der Kunst in Adornos ästhetischer Theorie ; -W. M. Lüdke, Der Kronzeuge, Einige Anmerkungen zum Verhältnis Adornos zu S. Beckett ; -D. Öler, Charisma des Nicht-Identischen, Ohnmacht des Aparten, Adorno und Benjamin als Literaturkritiker : am Beispiel Proust ; -H. Kaiser, Einige Bemerkungen zur literaturdidaktischen Dimension der dialektischen Ästhetik Adornos ; -H. K. Jungheinrich, Zwanzig Jahre nachher. Wie Adorno bei einem, der auszog, radikales Musikdenken hervorbrachte ; -C. Pettazzi, Kommentierte Bibliographie zu Th. W. Adornos ; -Notizen.

Bonß, Wolfgang und Honneth, Axel(hrsg.), *Sozialforschung als Kritik.* Zum sozialwissenschaftlichen Potential der Kritischen Theorie. Frankfurt / M, 1982.
Inhalt : -M. Jay, Positive und negative Totalität. Adornos Alternativentwurf zur interdisziplinären Forschung ; -A. Honneth, Von Adorno bis Habermas. Zum Gestaltwandel kritischer Gesellschaftstheorie ; -S. Bernhabib, Die Moderne und die Aporien der Kritischen Theorie ; -W. Bonß, Psycho-analyse als Wissenschaft und Kritik. Zur Freudrezeption der Frankfurter Schule ; -H. Dubiel, Die Aufhebung des Überbaus. Zur Interpretation der Kultur in der Kritischen Theorie ; -D. Kellner, Kulturindustrie und Massenkommunikation. Die Kritische Theorie und ihre Folgen.

Friedeburg, Ludwig von / Habermas, Jürgen(hrsg.), *Adorno-Konferenz* 1983.

Frankfurt / M, 1983.

Inhalt : -L. v. Friedeburg, Eröffnung ; -W. Nauke, Begrüßung im Namen der Johann Wolfgang Goethe Universität ; -A. Schmidt, Begriff des Materialismus bei Adorno ; -R. Bubner, Adornos Negative Dialektik ; -M. Theunissen, Negativität bei Adorno ; -H. Schnädelbach, Dialektik als Vernunftkritik. Zur Konstruktion des Rationalen bei Adorno ; -H. R. Jauß, Der literarische Prozess des Modernismus von Resseau bis Adorno ; -C. Dahlhaus, Vom Altern einer Philosophie ; -A. Wellmer, Wahrheit, Schein, Versöhnung. Adornos ästhetische Rettung der Moderne ; -P. Bürger, Das Altern der Moderne ; -W. Bonß, Empirie und Dechiffrierung von Wirklichkeit. Zur Methodologie bei Adorno ; -J. Ritsert, Indizien Paradigma und Totalitätsempirie ; -U. Övermann, Zur Sache. Die Bedeutung von Adornos methodologischem Selbstverständnis für die Begründung einer materialen soziologischen Strukturanalyse ; -H. Dubiel, Die Aktualität der Gesellschaftstheorie Adornos ; -H. Brunk- horst, Mehr als eine Flaschenpost. Kritische Theorie und Sozialwissen- schaften ; -C. Deutschmann, Naturbeherrschung und Arbeitsgesellschaft ; -A. Söllner, Angst und Politik. Zur Aktualität Adornos im Spannungsfeld von Politik, Wissenschaft und Sozialpsychologie ; -J. Habermas, Einleitung zum Vortrag von Martin Jay ; -M. Jay, Adorno in Amerika ; -L. Löwenthal, Erinnerungen an Theodor W. Adorno ; -R. Görtzen, Theodor W. Adorno. Vorläufige Bibliographie seiner Schriften und der Sekundärliteratur.

Kunnemann, Harry / Vries Hent de(hrsg.), *Die Aktualität der 'Dialektik der Aufklärung'.* Zwischen Moderne und Postmoderne. Frankfurt / M, New York, 1989.

Inhalt : -H. Kunnemann / H. de Vries, Einleitung ; -H. Schnädelbach, Die Aktualität der Dialektik der Aufklärung ; -M. Seel, Plädoyer für die zweite Moderne ; -G. S. Nörr, Unterirdische Geschichte und Gegenwart in der Dialektik der Aufklärung ; -P. Dews, Foucault und Dialektik der Aufklärung ; -W. v. Reijen, Der Flaneur und Odysseus ; -H. Geyer- Ryan, Von der Dialektik der Aufklärung zur Dialektik der Odyssee. Gegen eine puristische Moderne bei Adorno und Horkheimer ; -C.

Kulke, Die Kritik der instrumentellen Rationalität, ein männlicher Mythos ; -H. Kunnemann, Dialektik der Aufklärung, Mikrophysik der Macht und die Theorie des kommunikativen Handelns ; -G. Vattino, Das Ende der Geschichte ; -H. de Vries, Die Dialektik der Aufklärung und die Tugend der Vernunftskepsis. Versuch einer dekonstruktiven Lektüre ihrer subjektphilosophischen Züge ; J. Baars, Kritik als Anamneses : Die Komposition der Dialektik der Aufklärung ; -J. Baars, Seitenkonkodanz.

Lindner, Burkhardt und Lüdke, Martin W.(hrsg.), *Materialien zur ästhetischen Theorie Th. W. Adornos,* Konstruktion der Moderne. Frankfurt / M, 1980.

Inhalt : -B. Lindner / W. M. Lüdke, Kritische Theorie und ästhetisches Interesse : Notwendige Hinweise zur Adorno-Diskussion ; -K. M. Michel, Versuch, die 'Ästhetische Theorie' zu verstehen ; -R. Bubner, Kann Theorie ästhetisch werden? Zum Hauptmotiv der Philosophie Adornos ; -H. R. Jauß, Negativität und ästhetische Erfahrung. Adornos ästhetische Theorie in der Retrospektive ; -P. Bürger, Das Vermittlungsproblem in der Kunstsoziologie Adornos ; -B. Lypp, Selbsterhaltung und ästhetische Erfahrung. Zur Geschichtsphilosophie und ästhetischen Theorie Adornos ; -D. Kliche, Kunst gegen Verdinglichung. Berührungspunkten im Gegensatz von Adorno und Lukács ; -B. Lindner, Il fâut étre absolument moderne. Adornos Ästhetik : ihr Konstruktionsprinzip und ihre Historizität ; -I. Wohlfarth, Dialektischer Spleen. Zur Ortsbestimmung der Adornoschen Ästhetik ; -H. Scheible, Die Kunst im Garten Gethsemane, Ästhetik zwischen Konstruktion und Theologie ; J, Hörich, Herrscherwort, Geld und geltende Sätze. Adornos Aktualisierung der Frühromantik und ihre Affinität zur poststruktualistischen Kritik des Subjekts ; -W. M. Lüdke, Zur 'Logik des Zerfalls.' Ein Versuch, mit Hilfe der 'gezähmten Wildschau von Ernsttal' die Lektüre der ästhetischen Theorie zu erleichtern ; -U. Schwarz, Entfesselung der Produktivkräfte und ästhetische Utopie. Zu Adornos geschichtsphilosophischer Fundierung der ästhetischen Theorie ; -M. de la Fontaine, Künstlerische Erfahrung bei Arnold Schönberg. Zur Dialektik des musikalischen Materials ; -C. Dahlhaus,

Zu Adornos Beethoven-Kritik ; -P. C. Lang, Kommentierte Auswahlbiblio-graphie 1969-1979.

Schweppenhäuser, Hermann(hrsg.), *Theodor W. Adorno zum Gedächtnis.* Eine Sammlung. Frankfurt / M, 1971.

Inhalt : -H. Schweppenhäuser, Theodor W. Adorno. Resignation ; -Max Horkheimer über Adorno. Ein Gespräch am 8. August 1969. aufgezeichnet von B. Landau ; -J. Bergmann, Nach dem Tode Theodor W. Adornos ; -J. Habermas, Theodor W. Adorno wäre am 11. September 66 Jahre alt geworden : -P. v. Hasellberg, Denken aus Protest ; -M. Horkheimer, Gedenkworte ; -H. Marcuse, Reflexion zu Theodor W. Adorno. Ein Gespräch mit M. Seiffe ; -A. Schmidt, Adorno : ein Philosoph des realen Humanismus ; -H. Schweppenhäuser, Kritik und Rettung ; -P. Boulez, En marge de la, d'une disparition ; -W. Abendroth, Theodor W. Adorno zum Gedächtnis ; -I. Fetscher, Ein Kämpfer ohne Illusion ; -E. Herhaus, Tod des Philosophen ; -J. Kaiser, Was uns Adorno war ; -J. v. Kempski, Vorbild oder Verführer? Über den politischen Einfluß von Philosophie ; -M. Looser, Theodor W. Adorno ; -P. Lüth, Brief aus einer Landpraxis ; -G. Picht, Atonale Philosophie ; -D. Schnebel, Komposition von Sprache : sprachliche Gestaltung von Musik in Adornos Werk ; -R. Stephan, Theodor W. Adorno ; -U. Sonnemann, Erkenntnis als Widerstand ; -K. Schultz, Vorläufige Bibliographie der Schriften Theodor W. Adornos.

■ 출판되지 않은 박사 학위 논문

Fontaine, Michael de la, *Der Begriff der künstlerischen Erfahrung bei Theodor W. Adorno.* Frankfurt / M, 1977.

Jones, Michael Taylor, *Constellations of Modernity* : The literary Essays of Theodor W. Adorno. Yale University, 1978.

Kappner, Hans-Hartmut, *Die Bildungstheorie Adornos als Theorie der Erfahrung von Kultur und Kunst.* TH Darmstadt, 1981.

Kaufmann, Robert Lane, *The Theory of the Essay : Lukács, Adorno and Benjamin.* University of California, San Diego, 1981.

Wagner, Rainer, *Die Unterordnung der Erkenntnis unter die Kritik.* Kritik an Adorno und Habermas. Düsseldorf, 1981.

■ 주제별 참고 문헌

[예 술]

Baumeister, Thomas / Kulenkampff, Jens, Geschichtsphilosophie und Philosophische Ästhetik. Zu Adornos ästhetischer Theorie. In : *Neue Hefte für Philosophie*, H. 5 (1973). S.74-104.

Bohrer, Karl Heinz, *Plötzlichkeit.* Zum Augenblick des ästhetischen Scheins. Frankfurt / M, 1981, S.13-28.

Bubner, Rüdiger, Über einige Bedingungen gegenwärtiger Ästhetik. In : *Neue Hefte für Philosophie*, H.5(1973). S.38-73.

Bubner, Rüdiger, Kann Theorie ästhetisch werden? Zum Hauptmotiv der Philosophie Adornos. In : B. Lindner / W. M. Lüdke(hrsg.), *Materialien zur ästhetischen Theorie Th. W. Adornos.* (…). S.108-137.

Bubner, Rüdiger, Gespräch. In : F. Rötzer(hrsg.), *Denken, das an der Zeit ist.* Frankfurt / M, 1987, S.95-109.

Bürger, Peter, *Theorie der Avantgarde.* Frankfurt / M, 1974.

Bürger, Peter, Kunstsoziologische Aspekte der Brecht-Benjamin-Adorno-Debatte der 30er Jahre. In : Ders.(hrsg.), Seminar : *Literatur und Kunstsoziologie.* Frankfurt / M, 1978, S.11-20.

Bürger, Peter, *Vermittlung-Rezeption-Funktion.* Ästhetische Theorie und Methodologie der Literaturwissenschaft. Frankfurt / M, 1979.

Bürger, Peter, Zum Problem des ästhetischen Scheins in der idealistischen Ästhetik. In : W. Oemüller(hrsg.), *Ästhetischer Schein.* Paderborn usw., 1982, S.34-50.

Bürger, Peter, *Zur Kritik der idealistischen Ästhetik.* Frankfurt / M, 1983, S.128-135.

Fontaine, Michael de la, *Der Begriff der künstlerischen Erfahrung bei Theodor W. Adorno.* Frankfurt / M, 1977, Diss. v. a., S.33-63.

Jameson, Frederic, T. W. Adorno ; or, Historical Tropes, In : Ders., *Marxism and Form*, Twentieth-Century Dialectical Theories of Literature. New Jersey : Princeton University Press, 1971, S.3-60.

Jauß, Hans Robert, Negativität und ästhetische Erfahrung. Adornos ästhetische Theorie in der Retrospektive. In : B. Lindner / W. M. Lüdke(hrsg.), *Materialien zur ästhetischen Theorie Th. W. Adornos.* (···). S.138-168.

Jauß, Hans Robert, Kritik an Adornos Ästhetik der Negativität. In : Ders., *Ästhetische Erfahrung und literarische Hermeneutik.* Frankfurt / M, 1984, S.44-70.

Kager, Reinhard, Mimetische Behutsamkeit. Intentionslose ästhetische Kontemplation als Modell herrschaftsfreier Kommunikation, In : Ders., *Herrschaft und Versöhnung.* (···). S.187-234.

Kofler, Leo, Weder Widerspiegelung noch Abstraktion. Lukács oder Adorno. In : Ders., *Zur Theorie der modernen Literatur.* Der Avantgardismus in soziologischer Sicht. Neuwied, Berlin, 1962, S.160-187.

Lindner, Burkhardt / Lüdke, Martin W.(hrsg.), *Materialien zur ästhetischen Theorie T. W. Adornos.* Konstruktion der Moderne. Frankfurt / M, 1980.

Mattenklott, Gert, Adornos ästhetischer Maßstab. In : U. Timm / G. Fuchs (hrsg.), *Kontext I, Literatur und Wirklichkeit.* München, 1976, S.32-47.

Menke, Christoph, Umrisse einer Ästhetik der Negativität. In : F. Koppe (hrsg.), *Perspektiven der Kunstphilosophie.* Texte und Diskussion. Frankfurt / M, 1991, S.191-216.

Mun, Byeong Ho, Unbewußte Geschichtsschreibung. Kunst und Gesellschaft in der Ästhetischen Theorie. In : Ders., *Intentionslose Parteinahme.* (···). S.85-174.

Plessner, Helmut, Zum Verständnis der ästhetischen Theorie Adornos. In Erinnerung an Peter Szondi. In : *Philosophische Perspektiven* (Ein Jahrbuch), Bd. 4(1972), S.84-102.

Puder, Martin, Zur ästhetischen Theorie Adornos. In : *Die neue Rundschau.* 82.Jg.(1971). H.3. S.465-477.

Rath, Nobert, Dialektik des Scheins -Materialien zum Scheinbegriff Adornos. In : W. Oelmüller(hrsg.), *Ästhetischer Schein.* Paderborn usw., 1982, S.51-61.

Scheible, Hartmut, Krise des Scheins. Theodor W. Adorno. In : Ders., *Wahrheit und Subjekt.* Ästhetik im bürgerlichen Zeitalter. Bern / München, 1984, S.444-499.

Seel, Martin, *Die Kunst der Entzweiung.* Zum Begriff der ästhetischen Rationalität. Frankfurt / M, 1985.

Seel, Martin, Kunst, Wahrheit, Welterschließung. In : F. Koppe(hrsg.), *Per-*
· *spektiven der Kunstphilosophie.* (···). S.36-80.

Wellmer, Albrecht, Wahrheit, Schein, Versöhnung. Adornos ästhetische Rettung der Modernität. In : L. v. Friedeburg / J. Habermas(hrsg.), *Adorno-Konferenz* 1983. Frankfurt / M, 1983, S.138-176.

Wellmer, Albrecht, Adorno, die Moderne und das Erhabene. In : F. Koppe (hrsg.), *Perspektiven der Kunstphilosophie.* (···). 1991, S.165-190.

Zimmermann, Nobert, *Der ästhetische Augenblick.* Theodor W. Adornos Theorie der Zeitstruktur von Kunst und ästhetischer Erfahrung. Frankfurt / M, usw., 1989.

[계몽 · 문명 비판]

Bolz, Nobert, Entzauberung der Welt und Dialektik der Aufklärung. In : P. Kemper(hrsg.), *Macht des Mythos* - Ohnmacht der Vernunft? Frankfurt / M, 1989, S.223-241.

Habermas, Jürgen, Theodor W. Adorno, Urgeschichte der Subjektivität und verwilderte Selbstbehauptung(1969). In : Ders., *Politik, Kunst, Religion,* Essays über zeitgenössische Philosophen. Stuttgart, 1982, S.33-47.

Habermas, Jürgen, Die Verschlingung von Mythos und Aufklärung. Bemerkungen zur Dialektik der Aufklärung(nach einer erneuten Lektüre). In : K. H. Bohrer(hrsg.), *Bild einer Rekonstruktion.* Frankflirt / M, 1983, S.405-431. Auch in : J. Habermas, *Der Philosophische Diskurs der Moderne.* Zwölf Vorlesungen. Frankfurt / M, 1988, S.130-157.

Honneth, Axel, Die geschichtsphilosophische Wende der Dialektik der Auf-klärung : Eine Kritik der Naturbeherrschung. In : Ders., *Kritik der Macht.* (···). S.43-69.

Hubig, Christoph, Dialektik der Aufklärung und der neuen Mythen. Eine Alternative zur These von Adorno und Horkheimer. In : H. Poser(hrsg.), *Philosophie und Mythos.* ein Kolloquium. Berlin, New York, 1979, S.218-240.

Kager, Reinhard, Die Geschichte der Vernunft und die Unvernunft der Geschichte. In : Ders., *Herrschaft und Versöhnung.* (···). S.23-55.

Mun, Byeong Ho, Selbsterhaltung als Zwang : Naturbeherrschung, Rationalisierung, Herrschaft. Zu den prinzipiellen Kategorien in der Negativität des Gesellschaftsbildes Adornos. In : Ders., *Intentionslose Parteinahme.* (⋯). S.22-53.

Rittner Volker, Horkheimer / Adorno : Die Dialektik der Aufklärung. · Die unterirdische Geschichte des Abendlandes und das Verhältnis von Körper, Herrschaft und Zivilisation. In : D. Kemper(hrsg.), *Abstraktion und Geschichte.* Rekonstruktion des Zivilisationsprozesses. München, 1975, S.126-160.

Schnädelbach, Herbert, Die Aktualität der Dialektik der Aufklärung. In : H. Kunnemann / H. de Vries(hrsg.), *Die Aktualität der Dialektik der Aufklärung.* (...). S.15-35.

Wellmer, Albrecht, Adorno, Anwalt des Nichtidentischen. In : Ders., *Zur Dialektik von Moderne und Postmoderne.* Vernunftkritik nach Adorno. Frankfurt / M, 1985, S.135-166.

Zahn, Lothar, Das Umschlagen der Aufklärung in die Barbarei der Zivilisation nach Horkheimer und Adorno. In : Ders., *Die letzte Epoche der Philosophie.* Von Hegel bis Marx. Stuttgart, 1976, S.309-328.

[변증법]

Brunkhorst, Hauke, *Theodor W. Adorno.* Dialektik der Moderne. 1990, S.219-321.

Gripp, Helga, *Theodor W. Adorno.* Erkenntnisdimensionen negativer Dialektik. Paderborn usw., 1986.

Heinz, Hermann Josef, *Negative Dialektik und Versöhnung bei Theodor W. Adorno.* Studien zur Aporie der Kritischen Theorie. Freiburg, Diss., 1975.

Kager, Reinhard, Kein fester Boden unter den Füßen. Adornos negative Dialektik. In : Ders., *Herrschaft und Versöhnung.* (⋯). S.130-186.

Müller, Ulrich, *Erkenntniskritik und Negative Dialektik bei Adorno.* Eine Philosophie der dritten Reflextiertheit. Frankfurt / M, 1988.

Näher, Jürgen(hrsg.), *Die Negative Dialektik Adornos.* Einführung-Dialog. Opladen, 1984.

Plessner, Helmut, Adornos Negative Dialektik. Ihr Thema mit Variationen. In : *Kant-Studien,* 61. Jg.(1970). H.4. S.507-519.

Schnädelbach, Herbert, Dialektik als Vernunftkritik. Zur Konstruktion des Rationalen bei Adorno. In : L. v. Friedeburg / J. Habermas(hrsg.), *Adorno-Konferenz 1983.* S.66-93.

Schweppenhäuser, Hermann, Spekulative und negative Dialektik. In : O. Negt(hrsg.), *Aktualität und Folgen der Philosophie Hegels.* Frankfurt / M, 1970, S.81-93.

Thyen, Anke, *Negative Dialektik und Erfahrung.* Zur Rationalität des Nichtidentischen bei Adorno. Frankfurt / M, 1989.

[사회 이론]

Beier, Christel, *Zum Verhältnis von Gesellschaftstheorie und Erkenntnistheorie.* Untersuchungen zum Totalitätsbegriff in der kritischen Theorie Adornos. Frankfurt / M, 1977.

Dubiel, Helmut, Die Aktualität der Gesellschaftstheorie Adornos. In : L. v. Friedeburg / J. Habermas(hrsg.), *Adorno-Konferenz 1983.* (···). S.293-313.

Honneth, Axel, Adornos Theorie der Gesellschaft, In : Ders., *Kritik der Macht.* (···). S.70-112.

Jay, Martin, The Concept of Totality in Lukács and Adorno. In : Telos, Nr. 32 (1977). S.117-137.

Kager, Reinhard, Das Ganze als Fessel seiner Teile. Zur Gesellschaftstheorie Adornos. In : Ders., *Herrschaft und Versöhnung.* (···). 1988, S.92-129.

Mirbach, Thomas, *Kritik der Herrschaft.* Zum Verhältnis von Geschichts-philosophie, Ideologiekritik und Methodenreflexionen in der Gesellschafts-theorie Adornos. Frankfurt / M, New York, 1979.

Mun, Byeong Ho, Herrschaft als Inbegriff des Zwangsmechanismus und des Scheins. In : Ders., *Intentionslose Parteinahme.* (···). 1992, S.56-84.

Negt, Oskar, Massenmedien : Herrschaftsmittel oder Instrumente der Befrei-ung? Aspekte der Kommunikationsanalyse der Frankfurter Schule als Einleitung. In : D. Prokop(hrsg.), *Kritische Kommunikationsforschung,* Aus der Zeitschrift für Sozialforschung. München, 1973, S.1-28.

Ritsert, Jürgen, On Horkheimer's and Adorno's Concept of Ideology. In : *Social Classes Action and Historical Materialism.* Amsterdam, 1982, S.381-403.

Schweppenhäuser, Hermann, Das Individuum im Zeitalter seiner Liquidation. Über Adornos soziale Individuationstheorie. In : *Archiv für Rechts und Sozialphilosophie*, 57.Jg.(1971). H.1. S.91-113.

[음 악]

Abel, Angelika, Adornos Kritik der Zwölftonmusik Webers. Die Grenzen einer Logik des Zerfalls. In : *Archiv für Musikwissenschaft*, 38. Jg.(1981). H.3. S.143-178.

Dahlhaus, Carl, Soziologische Dechiffrierung von Musik. Zu Theodor W. Adornos Wagner-Kritik. In : *International Review of Aesthetics and Sociology of Music* (Zagreb), vol. I(1970). Nr. 2. pp.137-147.

Dahlhaus, Carl, Zu Adornos Beethoven-Kritik. In : B. Lindner / W. M. Lüdke (hrsg.), *Materialien zur ästhetischen Theorie Th. W. Adornos.* (···). S.494-505.

Feher, Ferenc, Rationalized Music and its vicissitudes. Adornos Philosophy of Music. In : *Philosophy and Social Criticism.* vol.9(1982). Nr.1. pp.42-65.

Fontaine, Michael de la, *Der Begriff der künsterlischen Erfahrung bei Theodor W. Adorno.* Frankfurt / M, 1977, S.64-126.

Gramer, Wolfgang, *Musik und Verstehen.* Eine Studie zur Musikästhetik Theodor W. Adornos. Mainz, 1976.

Kolleritsch, Otto, Theodor W. Adorno und Musik. In : *Österreichische Musik- zeitschrift.* 32. Jg.(1977). S.422-446.

Kühn, Helmut, Hans Sachs und die insgeheim gesellschaftliche Phantas- magorie. Zur Kritik einer Idee von Th. W. Adorno. In : *Richard Wagner. Werk und Wirkung.* Regensburg, 1971, S.147-160.

Meyer, Michael, A Refence in the Music Commentary of Theodor W. Adorno : The Musicology of Volk and Race. In : *Humanities in Society.* vol.2 (1979). Nr.4. pp.401-416.

Silbermann, Alphons, Anmerkungen zur Musiksoziologie. Eine Antwort auf Theodor W. Adornos Thesen zur Kunstsoziologie. In : *Kölner Zeitschrift für Soziologie und Sozialpsychologie.* 19.Jg.(1967). S.538-545.

Subotnik, Rose Rosengard, Adornos Diagnosis of Bethoveen's late Sytle : Early Symptom of a Fatal Condition. In : *Journal of American Musicolo-*

gical Society. vol.29(1976). Nr.2. pp.242-275.

Subotnik, Rose Rosengard, The historical Structure : Adornos 'French' Modell for the Criticism of Nineteenth-Century Music. In : *Nineteenth-Century Music* (Berkeley). vol. 2(1978). Nr.1. pp.36-60.

Subotnik, Rose Rosengard, Kant, Adorno and the Self-Critique of Reason : Toward a Modell for Music Criticism. In : *Humanities in Society.* Vol.2 (1979). Nr.4. pp.353-386.

Sziborsky, Lucia, Die Rettung des Hoffnungslosen. Theodor W. Adornos Philosophie der neuen Musik. In : *Philosophisches Jahrbuch,* 89.Jg. (1982). I. Halbband. S.77-98.

Weizmann, Ronald, An Introduction to Adorno's Music and Social Criticism. In : *Music and Letters* (London). vol. 52(1971). Nr.3. pp.287-298.

Werner-Jensen, Karin, Wege zum Musikhören. Zu Theodor W. Adornos Typen musikalischen Verhaltens. In : *Zeitschrift für Musik.* 143. Jg. (1982). H.9. S.22-27.

Zenck, Martin, Auswirkungen einer 'Musique Informelle' auf die Neue Musik. Zu Theodor W. Adornos Formvorstellung. In : *International Review of the Aesthetics of Sociology of Music.* vol.10(1979). Nr.2. pp.137-165.

Zenck, Martin, *Kunst als begriffslose Erkenntnis.* (…). S.93-244.

[문 학]

Bolz, Nobert, *Geschichtsphilosophie des Ästhetischen.* Hermeneutische Rekonstruktion der 'Noten zur Literatur' Th. W. Adornos. Hildesheim, 1979.

Grenz, Friedemann, Adornos Vorschlag zu Theorie und Praxis der Literaturwissenschaften. In : *Acta Germanica.* 11.Jg.(1979). S.191-214.

Kruzer, Winfried, Theoretische Ansatzpunkte einer Literaturbetrachtung bei Th. W. Adorno. In : *Literaturwissenschafliches Jahrbuch.* 15.Jg.(1974). S.237-259.

Mun, Byeong Ho, Das Unwahre der Intention und das Wahre des Intentionslosen : Literatur und Gesellschaft in den Noten zur Literatur. In : Ders., *Intentionslose Parteinahme.* (…). S.175-210.

Schrader, Gerd, *Expressive Sachlichkeit.* Anmerkungen zur Kunstphilosophie und Essayistik Theodor W. Adornos. Königstein / Ts., 1986.

Turk, Horst, Der Marxismus in der Literatur. In : G. Szczesny(hrsg.), *Marxismus – ernstgenommen*. Ein Universalsystem auf den Prüfstand der Wissenschaften. Hamburg, 1975, S.171-186.

Waldvogel, Markus, *Die Lyriktheorie Theodor W. Adornos*. Zürich, 1978.

[교육학 · 교육]

Benden, Magdalene, Mündigkeit, Recht und Verpflichtung für alle oder Privileg für eine Elite? Das Erziehungsziel Mündigkeit unter dem pädagogisch-anthropologischen Aspekt bei Langeveld und dem soziologisch-philosophischen bei Adorno. In : *Pädagogische Rundschau*. 30. Jg.(1976). H.6. S.353-380.

Buck-Morss, Susan, Piaget, Adorno, and the Possibilities of Dialectical Operations. In : H. J. Silvermann(ed.), *Piaget, Philosophy and the Human Sciences*. New Jersey, Sussex, 1980, pp.103-137.

Fischer, Hans-Jochim, *Kritische Pädagogik und kritischrationale Pädagogik*. Die Bedeutung zweier Rationalitätsparadigmen für die pädagogische Zielreflexionen. Frankfurt / M, usw., 1981(hier : Das Rationalitätsparadigma der kritischen Theorie. S.22-77).

Groothoff, Hans-Hermann, Über Theodor Adornos Beitrag zur Pädagogik. In : S. Oppolzer(hrsg.), *Erziehungswissenschaft 1971 zwischen Herkunft und Zukunft der Gesellschaft*. Wupertal usw., 1972, S.73-82.

Hoffmann, Dietrich, Umriß der Kritischen Theorie. In : Ders., *Kritische Erziehungswissenschaft*. Stuttgart usw., 1978, S.26-66.

Lederer, Gerda, Theoretische Aspekte der Autoritarismusforschung und das gegenwärtige Problem. In : Ders., *Jugend und Autorität, über den Einstellungswandel zum Autoritarismus in der Bundesrepublik Deutschland und den USA*. Opladen, 1983, S.36-60.

Peukert, Helmut, Kritische Theorie und Pädagogik. In : *Zeitschrift für Pädagogik*. 30.Jg.(1978). H.4. S.300-307.

Rosenow, Eliyahu, Methodes of Research and die Aims of Education. In : *Educational Theory*. vol.26(1976). Nr.3. S.279-288.

Uhle, Reinhard W., Th. W. Adornos / M. Horkheirners hermeneutischdialektische Bildungstheorie. In : Ders., *Geisteswissenschaftliche Pädagogik und kritische Erziehungswissenschaft.* München, 1976, S.121-175.

Voges, Rodernaire, Wilhelm v. Humboldt und Theodor W. Adorno : Die Kritik des Individuellen, und : Nicht Erzieher, sondern Statthalter : Der aufgelöste Zusammenhang von Kunst und Bildung bei Theodor W. Adorno. In : Dies., *Das Ästhetische und Erziehung.* Werdegang einer Idee. München, 1979, S.62ff., und S.77-93.

Wulf, Christoph, Kritische Erziehungswissenschaft. In : Ders., *Theorien und Konzepte der Erziehungswissenschaft.* München, 1977, S.137-207.

[사회심리학 · 심리 분석]

Arlt, Gerhard, Erkenntnistheorie und Gesellschaftkritik. Zur Möglichkeit einer transzendentalpsychologischen Analyse des Begriffs des Unbewußten in den Frühen Schriften Theodor W. Adornos. In : *Philosophisches Jahrbuch.* 90. Jg.(1983). I. Halbband. S.129-145.

Benjamin, Jessica, The End of Internalization : Adorno's Social Psychology. In : *Telos.* Nr.32(1977). pp.42-64.

Hannush, Mufid J., Adorno and Sartre. A Convergence of Two Methodological Approaches. In : *Journal of Phenomelological Psychology* vol.4 (1973). Nr.1. pp.297-313.

Heinz, Rudolf, Adorno als Kritiker Kants und der Psychoanalyse. In : Ders., *Psychoanlyse und Kantianismus.* Würzburg, 1981, S.105-116.

Hirschfeld, Dieter, Subjektivität und Geltungskritik. Adornos 'psychoanalytische' Destruktion des transzendentalen Subjekts. In : Ders., *Konstitution und Kommunikation.* Zur Rekonstruktion von Philosophie und Sozialwissenschaft. Freiburg, 1979, S.27-76.

Siegert, Michael, Psychologie und kritische Gesellschaftstheorie. In : G. Eberlein / R. Pieper(hrsg.), *Psychologie-Wissenschaft ohne Gegenstand?* Frankfurt / M, usw., 1976, S.179-198.

[학문 · 지식사회학 · 실증주의 논쟁]

Bonß, Wolfgang, Kritische Theorie als empirische Wissenschaft. Zur Methodologie 'postkonventioneller' Sozialforschung. In : *Soziale Welt*

34. Jg.(1983). H.1. S.57-89.

Dahrendorff, Ralf, Anmerkungen zur Diskussion der Referate von Karl R. Popper und Theodor W. Adorno. In : Th. W. Adorno u. a., *Der Positivismusstreit in der deutschen Soziologie.* (…). S.145-153.

Dubiel, Helmut, Ideologiekritik versus Wissenssoziologie. Die Kritik der Mannheimschen Wissenssoziologie in der Kritischen Theorie. In : *Archiv für Rechts-und Sozialphilosophie.* 61.Jg.(1975). H.2. S.223-238.

Frisby, David, The Popper-Adorno Controversy : The Methodological Dispute in German Sociology. In : *Philosophy of Social Sciences.* vol.2 (1972). Nr.2. pp.105-119.

Frisby, David, The Frankfurt School : Critical Theory and Positivism. In : J. Rex(ed.), *Approaches to Sociology.* An Introduction to major Trends in British Sociology. London usw., 1974, pp.205-229.

How, Allan R., Debate, Language and Incommensurability : The Popper-Adorno Controversy, In : *Journal of British Sociology for Phenomelogy.* vol II(1980). Nr.1. pp.3-15.

Jay, Martin : The Frankfurt School's Critique of Karl Mannheim and Sociology of Knowledge. In : *Telos,* Nr.20(1974). pp.72-89.

Ray, Lowrence J., Critical Theory and Positivism : Popper and the Frankfurt School. In : *Philosophy of the Social Sciences,* v.9(1979). Nr.2. pp.149-173.

Söllner, Alfons, Geschichte und Herrschaft -eine kritische Studie zum Verhältnis von Philosophie und Sozialwissenschaft in der Kritischen Theorie. In : *Philosophisches Jahrbuch,* 83.Jg.(1976). 2.Halbband. S.333-356

Steinvorth, Ulrich, Wertfreiheit der Wissenschaften bei Marx, Weber und Adorno. Ein Nachtrag zum Methodenstreit zwischen Kritischer Theorie und Kritischem Rationalismus. In : *Zeitschrift für allgemeine Wissenschafstheorie,* 9.Jg.(1978). H.2. S.293-306.

Wellmer, Albrecht, *Kritische Gesellschaftstheorie und Positivismus.* Frankfurt / M, 1969.

[신 학]

Hrachover, Herbert, Was läßt sich von Erlösung denken? Gedanken von und über Theodor W. Adornos Philosophie. In : *Philosophisches Jahrbuch,*

83.Jg.(1976). 2. Halband. S.357-370.

Lämmermann, Godwin, Praktische Theologie als kritische Handlungs-wissenschaft. In : Ders., *Praktische Theologie als kritische oder als empirisch-funktionale Handlungstheorie?* München, 1981, S.100-154.

Ries, Wiebrecht, Die Rettung des Hoffnungslosen. Zur 'theologica occulta' in der Spätphilosophie Horkheimers und Adornos. In : *Zeitschrift für Philosophische Forschung*, 30.Jg.(1976). H.1. S.69-81.

Röhring, Klaus, Theodor W. Adorno. In : W. Schmidt(hrsg.), *Die Religion der Religionskritik*. München, 1972, S.90-119.

Scheible, Hartmut, Die Kunst im Garten Gethsemane. Ästhetik zwischen Konstruktion und Theologie. In : B. Lindner / W. M. Lüdke(hrsg.), *Materialien zur ästhetischen Theorie Th. W. Adornos.* (···). S.348-365.

Schweppenhäuser, Hermann, Die Religion in der Kritischen Theorie. In : *Der evangelische Erzieher*, 23.Jg.(1971). S.173-181.

■ 아도르노와 중요 사상가의 연관 관계

[칸트 · 헤겔]

Braun, Karl, *Kritische Theorie versus Kritizismus*. Zur Kantkritik Theodor W. Adornos. Berlin, New York, 1983.

Brunkhorst, Hauke, *Theodor W. Adorno.* (···). S.242-265.

Früchtl, Josef, *Mimesis : Konstellation eines Zentralbegriffs bei Adorno.* (···). S.209-257.

Guzzoni, Ute, *Identität oder Nicht.* Zur kritischen Theorie der Ontologie. Freiburg / München, 1981, S.9-127.

Koepsel, Werner, Hegels Dialektik beim Wort genommen (Adornos ästhetische Theorie). In : Ders., *Die Rezeption der Hegelschen Ästhetik im 20. Jahrhundert.* Bonn, 1975, S.257-335.

Müller, Ulrich, *Erkenntniskritik und negative Dialektik bei Adorno.* Eine Philosophie der dritten Reflektiertheit. Frankfurt / M, 1988.

Ottmann, Henning, Nicht-Identität versus Identität(Th.W.Adorno). In : Ders., *Individuum und Gemeinschaft bei Hegel.* Bd.I : Hegel im Spiegel der Interpretationen. Berlin, New York, 1977, S.115-123.

Schmidt, Friedrich W., Hegel in der Kritischen Theorie der 'Frankfurter Schule'. In : O. Negt(hrsg.), *Aktualität und Folgen der Philosophie Hegels.* Frankfurt / M, 1971, S.17-57.

Theunissen, Michael, Negativität bei Adorno. In : L. v. Friedeburg / J. Habermas (hrsg.), *Adorno-Konferenz 1983.* S.41-65.

[마르크스]

Bökelmann, Frank, *Über Marx und Adorno.* Schwierigkeiten der spät-marxistischen Theorie. Frankfurt / M, 1972.

Lindner, Burkhardt, Herrschaft als Trauma. Adornos Gesellschaftstheorie zwischen Marx und Benjamin. In : *Text+Kritik.* Theodor W. Adorno Sonderband. München, 1977, S.72-91.

[니 체]

Bolz, Nobert, Nietzsches Spur in der ästhetischen Theorie. In : B. Lindner / W. M. Lüdke(hrsg.), *Materialien zur ästhetischen Theorie Th. W. Adornos.* (···). S.369-398.

Habermas, Jürgen, Die Verschlingung von Mythos und Aufklärung. In : Ders., *Der Philosophische Diskurs der Moderne.* (···). v. a., S.144-152.

[프로이트]

Bonß, Wolfgang, Psychoanalyse als Wissenschaft und Kritik. Zur Freud-rezeption der Frankfurter Schule. In : Ders. / A. Honneth(hrsg.), *Sozial-forschung als Kritik* (···). S.367-425.

Früchtl, Josef, *Mimesis : Konstellation eines Zentralbegriffs bei Adorno.* (···). S.179ff.

Link, Thomas, Zum Strukturmodell Freuds. In : Ders., *Der Begriff der Natur in der Gesellschaftstheorie Adornos.* (···). S.52-65.

[베 버]

Bolz, Nobert, Entzauberung der Welt und Dialektik der Aufklärung. (···). S.223-241.

Habermas, Jürgen, *Theorie des kommunikativen Handelns I.* Frankfurt / M,

1981, S.455-534.

Lypp, Bernhard, Selbsterhaltung und ästhetische Erfahrung. Zur Ge-
schichtsphilosophie und ästhetischen Theorie Adornos, In : B. Lindner / W.
M. Lüdke(hrsg.), *Materialien zur ästhetischen Theorie Th. W. Adornos.*
(⋯). S.188-189.

Scheible, Hartmut : 'Dem Wahren Schönen Guten', Adornos Anfänge im
Kontext. In : G. W. Weber(hrsg.), *Idee-Gestalt-Geschichte.* Festschrift
Klaus von See. Studien zur europäischen Kulturtradition. Odense
University Press(Denmark), 1988, S.627-712.

Thyen, Anke, *Negative Dialektik und Erfahrung.* (⋯). Frankfurt / M, 1989.

[루카치]]

Kliche, Dieter, Kunst gegen Verdinglichung. Berührungspunkte im Gegensatz
von Adorno und Lukács. In : B. Lindner / W. M. Lüdke(hrsg.), *Materia-
lien zur ästhetischen Theorie Th. W. Adornos.* (⋯). S.219-260.

Lindner, Burkhardt, Il fâut étre absolument moderne? Adornos Ästhetik, ihr
Konstruktionsprinzip und ihre Historizität. In : Ders. Lindner / W. M.
Lüdke(hrsg.), *Materialien zur ästhetischen Theorie Th. W. Adornos.* (⋯).
S.261-309.

Mun, Byeong Ho, Unerkennbarkeit als Erkennbarkeit : Adornos Debatte mit
G. Lukács : Erpreßte Versöhnung. In : Ders., *Intentionslose Parteinahme.*
(⋯). S.197-210.

Raddatz, Fritz, Der hölzerne Eisenring. Die moderne Literatur zwischen
zweierlei Ästhetik : Georg Lukács und Theodor W. Adorno. In : *Merkur,*
31.Jg.(1977). H.1. S.28-44.

[벤야민]

Friedrich, Nemec, Materialistische Literaturtheorie. In : W. Solms / Ders.
(hrsg.), *Literaturwissenschaft heute.* München, 1979, S.51-90.

Kaiser, Gerhard, *Benjamin, Adorno.* Zwei Studien. Frankflirt / M, 1974.

Knöll, Dieter, Rudolf, *Ästhetik zwischen kritischer Theorie und Positivismus.*
Studien zum Verhältnis von Ästhetik und Politik und zur gesellschaftlichen
Stellung der Kunst zwischen Natur und Technik anhand der ästhetischen

Konzeption Benjamins, Adornos, Benses und Heissenbüttels. Hildesheim usw., 1986, v. a., S.1-201.

Näher, Jürgen, *Walter Benjamins Allegorie-Begriff als Modell*: Zur Konstitution philosophischer Literaturwissenschaft. Stuttgart, 1977, v.a., S.102-121.

Schrader, Gerd, Mimetische Essayistik. In: Ders., *Expressive Sachlichkeit.* S.137-154.

Wolin, Richard, The Adorno-Benjamin Dispute. In: Ders., *Walter Benjamin.* An Aesthetic of Redemption. New York, 1982, pp.163-212.

[하버마스]

Honneth, Axel, Von Adorno zu Habermas. Der Gestaltwandel kritischer Gesellschaftstheorie. In: W. Bonß/Dem.(hrsg.), *Sozialforschung als Kritik.* (…). S.87-126.

Honneth, Axel, Habermas Theorie der Gesellschaft: Eine kommunikations-theoretische Transformation der Dialektik der Aufklärung. in: Ders., *Kritik der Macht.* (…). S.307-334.

[후기 구조주의]

Brunkhorst, Hauke, *Theodor W. Adorno.* (…). S.146-186.

Callinicos, Alex, Critics of Hegel-Adorno and Althusser. In: Ders., *Marxism and Philosophy.* Oxford, 1983, pp.80-95.

Dews, Peter, Foucault und die Dialektik der Aufklärung. In: H. Kunnemann/H. de Vries(hrsg.), *Die Aktualität der Dialektik der Aufklärung.* (…). 1989, S.88-99.

Honneth, Axel, Foucaults Theorie der Gesellschaft: Eine systemtheoretische Auflösung der Dialektik der Aufklärung. In: Ders., *Kritik der Macht.* (…). S.196-224.

Honneth, Axel, Foucault und Adorno. Zwei Formen einer Kritik der Moderne. In: P. Kemper(hrsg.), *'Postmoderne' oder der Kampf um die Zukunft.* Die Kontroverse in Wissenschaft, Kunst und Gesellschaft. Frankfurt/ M, 1988, S.127-144.

Hörisch, Jochen, Herrscherwort, Geld und geltende Sätze. Adornos Aktualisierung der Frühromantik und ihre Affinität zur poststruktualistischen

Kritik des Subjekts. In : B. Lindner / W. M. Lüdke(hrsg.), *Materialien zur ästhetischen Theorie Th. W. Adornos.* (⋯). S.397-414.

Mencke-Eggers, Christoph, *Die Souveränität der Kunst.* Ästhetische Erfahrung nach Adorno und Derrida. Frankfurt / M, 1988.

Seel, Martin, Plädoyer für die zweite Moderne. In : H. Kunnemann / H. de Vries(hrsg.), *Die Aktualität der 'Dialektik der Aufklärung'.* (⋯). S.36-66.

Wellmer, Albrecht : *Zur Dialektik von Moderne und Postmoderne.* Vernunftkritik nach Adorno. Frankfurt / M, v. a., S.48-114, 115-134.

Vries, Hent de, Die Dialektik der Aufklärung und die Tugend der Vernunftskepsis. Versuch einer dekonstruktiven Lektüre ihrer subjektphilosophischen Züge. In : H. Kunnemann / Ders.(hrsg.), *Die Aktualität der Dialektik der Aufklärung.* (⋯). S.183-209.

5. 1990년대 증반 이후 아도르노 연구 문헌

Theodor W. Adorno, *Visionen und Revisionen.* 4 Cassetten. Carl-Auer-Systeme Verlag, Heidelberg, 1997.

Auer, Dirk u. a., *Arendt und Adorno.* Suhrkamp, Frankfurt / M, 2003.

Bauerl, Carsten, *Zwischen Rausch und Kritik.* Aisthesis Verlag, Bielefeld, 2004.

Baum, Klaus, *Die Transzendierung des Mythos.* Zur Philosophie und Ästhetik Schellings und Adornos. Königstein / Neumann, Würzburg, 1997.

Behrens, Roger, *Adorno-ABC.* Reclam, Leipzig, 2003.

Becker, Jens, Heinz Brakemeier, *Vereinigung freier Individuen.* Vsa, Hamburg, 2004.

Bohmer, Otto A., *Neue Sternstunden der Philosophie.* Schlüsselerlebnisse großer Denker von Platon bis Adorno. C. H. Beck Verlag, München, 1996.

Bonheim, Günther, *Versuch zu zeigen, daß Adorno mit seiner Behauptung, nach Auschwitz lasse sich kein Gedicht mehr schreiben, recht hatte.* Königshausen / Neumann, Würzburg, 2002.

Briel, Holger, Andreas Kramer(ed.), *In Practice. Adorno, Critical Theory and*

Cultural Studies. Lang, Peter, AG, Europäischer Verlag der Wissen-
schaften, New York, Frankfurt / M, usw., 2001.

Claussen, Detlev, *Theodor W. Adorno. Ein letztes Genie*. Fischer, Frankfurt /
M, 2003.

Demmerling, Christoph, *Adorno, Audio-CD*. Audiobooks-on- Demand, 2005.

Demmerling, Christoph, *Sprache und Verdinglichung*. Suhrkamp, Frankfurt / M,
1999.

Duttmann, Alexander Garcia, *So ist es*. Suhrkamp, Frankfurt / M, 2004.

Fetscher, Iring / Schmidt, Alfred, *Emanzipation als Versöhnung*. Neue Kritik,
Frankfurt / M, 2002.

Frankfurter Adorno Blätter. Bd I. Edition-Text & Kritik. München, 1992.

Frankfurter Adorno Blätter. Bd II. Edition Text & Kritik. München, 1993.

Frankfurter Adorno Blätter. Bd IV. Edition Text & Kritik. München, 1995.

Frankfurter Adorno Blätter VIII. Edition Text & Kritik. München, 2002.

Frankfurter Adorno Blätter, 8 Bde. von Rolf Tiedemann, Edition Text und
Kritik. München, 2003.

Früchtl, Josef, *"Die vielen Stimmen der Philosophie*. Ein Unterscheidungs-
versuch mit Stanley Cavell und Theodor Adorno"(Symposium "Ganz
Anders : Philosophie" ⋯ 2002, 54 Min., Quick Time Movie for PC).
Avinus-Verlag, Berlin, 2005.

Früchtl, Josef / Calloni, Marina, *Geist gegen den Zeitgeist*. Suhrkamp,
Frankfurt / M, 1991.

Garbrecht, Oliver, *Rationalitätskritik der Moderne* - Adorno und Heidegger.
Herbert Utz Verlag, München, 1999.

Hauskeller, Michael, *Was das Schöne sei*. Klassische Texte von Platon bis
Adorno. DTV, München, 1994.

Hentschel, Rüdiger, *Sache selbst und Nichtdenkungsgedanke*. Husserls
phänomenologische Region bei Schreber, Adorno und Derrida. Turia &
Kant Verlag, Berlin, Frankfurt / M, u. a., 1992.

Hoffmann, Arndt u. a. *Marginalien zu Adorno*. Westfälisches Dampfboot,
Münster, 2003.

Honneth, Axel(hrsg.), *Dialektik der Freiheit*. Frankfurter Adorno-Konferenz
2003. Suhrkamp, Frankfurt / M, 2005.

Hufner, Martin, *Adorno und die Zwölftontechnik*. Conbrio Verlagsgesellschaft GmbH, Regensburg, 1996.

Jager, Lorenz, *Adorno*. DVA, München, 2003.

Jann, Olaf, *Die Moderne im Horizont der Gentechnik*. Eine fragile Topographie kritischer Gesellschaftstheorie. Wissenschaftlicher Verlag Berlin, 2000.

Knoll, Manuel, *Theodor W. Adorno*. Fink (Wilhelm), München, 2002.

Kutschke, Beate, *Wildes Denken in der Neuen Musik*. Königshausen / Neumann, Würzburg, 2002.

Liedke, Ulf, *Zerbrechliche Wahrheit*. Echter, Würzburg, 2002.

Lonitz, Henri u. a., Adorno. *Eine Bildmonographie*. *Suhrkamp*, Frankfurt / M, 2003.

Matern, Reinhard, *Über Sprachgeschichte und die Kabbala bei Horkheimer und Adorno*. Autoren Verlag Matern, Duisburg, 2000.

Mörchen, Hermann, *Adorno und Heidegger*. Klett-Cotta, Stuttgart, 1998.

Müller-Doohm, Stefan, *Adorno*. Suhrkamp, Frankfurt / M, 2003.

Müller-Doohm, Stefan, *Die Soziologie Theodor W. Adornos*. Eine Einführung. Campus Fachbuch, Frankfurt / M, 2000.

Nanni, Matteo, *Auschwitz – Adorno und Nono*. Rombach, Freiburg, 2004.

Paetzel, Ulrich, *Kunst und Kulturindustrie bei Adorno und Habermas*. Perspektiven kritischer Theorie. Deutscher Universitäts-Verlag, Wiesbaden, 2001.

Pege, Kai, *Über Horkheimers und Adornos Auffassungen philosophischer Sprachen*. Eine Analyse im Kontext jüdischer Theologien. Autoren Verlag Matern, Duisburg, 2000.

Prokop, Dieter, *Mit Adorno gegen Adorno*. Vsa, Hamburg, 2005.

Rantis, Konstantinos, *Psychoanalyse und 'Dialektik der Aufklärung'*. Zu Klampen, Springe, 2001.

Recki, Birgit, *Aura und Autonomie*. Königshausen / Neumann, Würzburg, 1997.

Riescher, Gisela, *Politische Theorie der Gegenwart in Einzeldarstellungen von Adorno bis Young*. Kröner, Stuttgart, 2004.

Rosiek, Jan, *Maintaining the Sublime*. Heidegger and Adorno. Lang, Peter, AG, Europaischer Verlag der Wissenschaften, New York, Frankfurt /

M, usw., 1999.

Schweppenhäuser, Gerhard / Bock, Wolfgang(hrsg.), *Zeitschrift für kritische Theorie*. Heft 17. Klampen, Springe, 2003.

Schweppenhäuser, Gerhard, Wolfgang Bock(hrsg.), *Zeitschrift für kritische Theorie*. Zu Klampen, Springe, 2005.

Schweppenhäuser, Gerhard, *Theodor W. Adorno zur Einführung*. Junius, Hamburg, 2005.

Seel, Martin, *Adornos Philosophie der Kontemplation*. Suhrkamp, Frankfurt / M, 2004.

Seubold, Günther, *Das Ende der Kunst und der Paradigmenwechsel in der Ästhetik*. Philosophische Untersuchungen zu Adorno, Heidegger und Gehlen in systematischer Absicht. Denkmal-Verlag, Alfter, 2005.

Seubold, Günther(hrsg.), *Das Barbarische der Kultur*. Kulturtheoretische Analysen von Platon bis Adorno. Alber, Freiburg, 2003.

Seubold, Günther, *Kreative Zerstörung*. Theodor W. Adornos musikphilosophisches Vermächtnis. Alber, Freiburg, 2003.

Seubold, Günther, *Das Ende der Kunst und der Paradigmenwechsel in der Ästhetik*. Alber, Freiburg, 1997.

Steinert, Heinz, *Adorno in Wien*. Westfälisches Dampfboot, Münster, 2003.

Steinert, Heinz, *Die Entdeckung der Kulturindustrie*. Westfälisches Dampfboot, Münster, 2003.

Steinert, Heinz, *Kulturindustrie*. Westfälisches Dampfboot, Münster, 2002.

Sziborsky, Lucia, *Rettung des Hoffnungslosen*. Königshausen & Neumann, Würzburg, 1999.

Thies, Christian, *Die Krise des Individuums*. Rowohlt Tb., Hamburg, 1997.

Tiedemann, Rolf, *Aufarbeitung der Vergangenheit. Reden und Gespräch*, 4 Cassetten von Theodor W. Adorno. Der HOR Verlag DHV, 1999.

Tietz, Udo, *Ontologie und Dialektik*. Passagen Verlag, Wien, 2003.

Weigelt, Marcus, *Adorno - Denken zwischen Natur und Utopie*. Shaker Verlag, Herzogenrath, 1998.

Weyand, Jan, *Adornos Kritische Theorie des Subjekts*. Zu Klampen, Springe, 2001.

Wiggershaus, Rolf, *Wittgenstein und Adorno*. Wallstein, Göttingen, 2000.

Wiggershaus, Rolf, *Theodor W. Adorno.* C.H.Beck, München, 1998.

Zenklusen, Stefan, *Adornos Nichtidentisches und Derridas différance.* Für eine Resurrektion negativer Dialektik. Wissenschaftlicher Verlag, Berlin, 2002.

Zirden, Sylvia, *Theorie des Neuen.* Konstruktion einer ungeschriebenen Theorie Adornos. Königshausen / Neumann, Würzburg, 2005.

Zuckermann, Moshe, *Theodor W. Adorno*, Philosoph des beschädigten Lebens. Wallstein, Göttingen, 2004.

용어 찾기

[가]

가상 55, 68, 137, 144, 156, 163, 165, 167, 211

가상과 본질의 중첩 45

가상과 불의의 총체적 연관 관계 170, 172

가상의 총체적 체계 80, 84-85, 163, 167

감각성 126-127

감각적 경험 127

「강요된 화해」 79

강제 구성원 218

강제적 속박 관계 39

강제적 의존성 165

개념 37 ff., 176

개념과 사물의 분리 45

개념에 의한 조작 45

개념적 인식 93, 173 ff., 223

개념적 장치 26, 28

개념적 장치에 의한 대상의 규정 27

개념화 37

개념 형성 37, 143

개별 인간 160 ff.

개별 표지들 73

개별화 94

개인의 절멸 66, 182, 217

객관적 현실의 법칙성 90

객체의 우위 18, 217

객체화 94-95

결정론적 사고 방식 100

결정에의 강제성 102

결정주의 60

경제적 독점주의 169

경제적 합리성 186

경제적 효율성 37

「경향 또는 당성」 89, 96

경험 20, 77, 99, 123-124, 133, 154, 171

경험 세계 49, 59, 114, 153, 165, 168

경험적 현실 92, 166-167

경험주의 27

계급 갈등 67

계급 의식 81, 85, 199

계급적 대립주의 81, 84, 92, 96
계급 투쟁 21, 96, 189
계몽 33 ff., 35 ff., 54, 63, 86, 99, 114,
　　116 ff., 123, 127-128, 172, 207-208,
　　214, 222
『계몽의 변증법』 20, 30-31 ff., 54,
　　57-58, 69, 92, 124, 134, 140-141,
　　147, 165-166, 181, 192-193, 204,
　　206, 222
계몽의 자기 파괴 과정 36
고통 60, 160, 164, 167, 171, 193, 194
고통을 당하는 정신 60
고통의 변증법 165
고통의 폐기 61
공공 여론 230
공동학제적 인식 관심 21, 24
공동학제적 특징 52
공동학제적 차원 180
공장제 수공업 67
관료화 199
관리된 세계, 관리된 사회 21, 40, 122,
　　153, 162, 169, 181, 187, 207, 217
교육 기능 114, 116, 126, 129, 172
교육의 도구화 19
교조주의적 마르크스주의자 201
교환 142, 144
교환가능성 42, 217
교환 경제 62
교환 원리 54, 217
교환합리성 21, 33, 38-39, 66-68, 122,
　　166-167, 187, 207
구성 94-95, 151-152, 156
구성 원칙 89
구조적으로 새로운 것 227-228

구조주의 19, 21
구체적 객관성의 고양 99
구체적 타자 18
구체적 형상물 150
국가독점자본주의 63, 67, 167
권능의 상실 128
권력 20
권력과 지식의 착종 관계 20
균등화 127
그 자체로서 하나의 완결된 전체 151
그것 자체로서 닫힌 하나의 전체 101
극단적 비관주의 43
근대화 64
금욕주의 41
긍정성 63
기계적, 체계적, 객관적, 법칙적으로
　　작동하는 메커니즘 82
기능 161-162
기능화 129
기독교 64, 188
기만 142, 167
기만, 간계의 원리 166
기술 20, 109, 111-112, 116, 125, 127,
　　211
『기술과 지배』 113
기술과 지배의 착종 관계 20
「기술 복제 시대의 예술작품」 118
기술적 매체 127
기술적 문화 110
기술적 복제 가능성 119, 126
기술학 110
기술화 127-128, 181
기존의 질서를 재생산 28
기호학적 과정의 이해 75

김나지움 23

[나]

나치즘 18, 33, 43, 66, 83, 98, 118, 143,
　　180, 186, 192, 205-206
낯섦 124
내용 미학 133
내용이 퇴적된 것으로서의 형식 150
내재적 비판 225
내적 자연 142
내적 자연 지배 166
냉철한 계산과 사고 33, 64
노동 20, 33, 142, 164
노동 과정 28-29
노동의 상품화 67
논리적 연역 27
논리중심주의 75
농경 문화 64
농축체 23, 52, 132, 213, 224

[다]

다다이즘 73
다의적, 다층적, 다차원적 23, 52
단순화 127
단자론 204
닫혀진 전체 73, 83, 155, 227
담론 분석 74
담론 생산 메커니즘 및 배제 21
담론의 생산 및 재생산 체계 75
담론 이론 74
담론의 재생산 체계 77
담론의 질서 75
당사자가 되어 있다는 경험 101-102,
　　104-106, 108, 124

당성 96
당혹 124
대량성 111
대량적 복제, 수용 가능성 116
대량적 수용 118, 122, 124
대립주의 80, 82
대상에 대한 친화력 174, 177
대상 친화적 65, 93, 142, 148, 178
대중 기만 182
대중 문화 비판 192
대중에 대한 집단 기만성 181
대중 운동 121
대체성 42, 69, 217
데카르트적 세계관 27
데카르트주의 32
도구성 65, 143, 146, 169, 171, 181,
　　183, 185, 189, 207
도구성의 총체적 매개 형식 186
도구적 이성 21, 33-34, 64-66, 68, 82,
　　154, 180-181, 188, 205, 210, 212,
　　214, 223
도구적 이성의 타락사 189, 222
도구적 합리성 22, 98, 139, 140-142,
　　144-145, 147, 151-152, 156, 167,
　　170, 207, 210
도구적 합리화 128, 138
도덕론 17, 61, 63
도덕철학 18, 60-61
도출하기 27
『독일 시민비극의 원천』 117-118,
　　126, 131, 204
독점적 경제 체제 및 전체주의적
　　지배 체제 153
독점자본주의 177

독점주의 169
동구권 사회주의 66, 83, 98, 143, 186
동시성 113
동일성과 비동일성의 동일성 216
동일하지 않는 것 46, 58, 216, 224
동일하지 않는 것의 구출 55
동일한 것이 영원히 반복되는 것 40, 69
동일화 사고 35, 38, 45-46, 61, 65-66, 68, 80, 83, 137, 143, 177, 186, 191, 207, 216-217, 223
동종화 114

[라]
레어슈툴 22
로고스 28
루카치 미학 49
르포르타주 89
리얼리스트 90-91
리얼리즘 85, 95
리얼리즘론 88, 197, 199
「리얼리즘을 오해한 것에 대한 반박」 79
『리얼리즘의 제 문제』 200

[마]
마나(Mana) 45
마르크스주의 86-87
마르크스주의적 미학 200
모더니즘 57
모사상 97
목적 없는 목적성 133
목적 지향성 141-142, 144
목적합리성 146

몽타주 89
무의도성의 의도성 154
무의식적인 역사 서술 51, 154, 193
무차별적 대상화 129
문명 비판 43
문명사, 서구 문명사 31-32, 50-51, 75, 82-83, 92, 95, 104, 123, 136, 139-141, 146-147, 149, 154, 161, 180, 192, 206, 208, 210, 215, 218-219, 226
문명사에 대한 미메시스 95
『문법학』 75
『문자와 차연』 75
문제 유발과 문제 제기의 잠재력 18
『문학론』 132
문화과학 110
문화비극론 197, 211
문화사적 57
문화 산업 19, 33, 42, 62-63, 69, 123, 126, 181
문화의 물량화 124
문화적 동일성 230
문화철학자 210, 212-213
물량화 126-127, 129, 223
물신성 169
물신주의 41, 62
『명상에 대한 아도르노의 철학』 63
명상의 철학 63
명상적 주의 집중 63
미디어 114
미메시스 57, 78-79, 92, 99, 102-108, 131 ff., 156, 171
미메시스와 합리성의 변증법 50, 92, 134-135, 138-139, 147, 150, 152 ff.
미메시스적 충동 49, 51, 93, 95, 98,

101, 138, 148, 150, 154, 168
미메시스적 행동 58, 149, 186
미메시스적 행위 32
미메시스적인 모멘트 47
미시적 이론 76
미적 및 미학적 카테고리들의 역사화
198
미학 17-18, 63
『미학』 79
미학적 규범성 59

[바]
『바그너 시론』 132
반영 78-79, 87, 99, 101-103, 105-108,
200
반영론 50, 87-88, 91
벤야민의 예술 이론 49
『변신』 50
변증법 20, 77, 96
변증법적 객체화 96
변증법적, 마르크스주의적 예술 이론
74
변증법적 모순 96
『변증법적 상상력』 54
변증법적 세계관 77
변증법적 예술 이론 72 ff., 100, 108
변증법적 유물사관 196
병적 혐오감 170
보편 사상가 23, 212-213
보호색 138, 141, 152
복제 기술 119
복제성 111
본질과 현상의 예술적 변증법 91
부르주아적 사고 25 ff.

부르주아지 문화 63
부르주아지 작가 96
부자유한 노동의 강요 39, 144, 165,
186
부정 59, 67, 123-124, 139, 159, 168,
190, 194, 205, 207-208, 217, 229
부정성 48-50, 55-56, 59, 63, 68, 95, 98,
104 ff., 123-124, 132, 139, 153,
157-158, 170, 219
『부정의 변증법』 43 ff., 54, 57-58,
60-61, 68, 132, 192, 207, 221 ff.
부정의 윤리학 61
부조리 155, 170
불교 64, 188
불의의 강제적 속박의 틀 205
불의의 총체적 연관 관계 22, 32-33,
35, 37, 40, 43-44, 165, 167, 186,
222-223
『불협화음』 132
비개념성 148
비개념적, 감각적 대상 인식 113, 126
비개념적 인식 93, 138, 149-150, 169
비과학적 65
비사실주의적 48
비이성 35
비정상적인 것 48, 124
비틀기 48
비판 32 ff, 37-38, 42-43, 46, 49 ff.,
58-59, 61 ff., 68 ff., 123, 139, 150,
152-153, 155-156, 170, 178 ff.,
182, 187, 190, 194, 205-206, 208,
211, 213 ff., 223, 225, 227, 229,
230
비판 사회 이론 40

비판 이론 19-20, 25 ff., 139, 180, 182-183
비판적 사고 25 ff.
「비판적 리얼리즘의 현재적 의미」 89, 97, 200
비판적 합리주의자 42
비판적 행동의 주체 28
비폭력적 의사 소통 수단 129
비합리성 20-21, 38, 145-146, 163, 165, 170-171
비합리성의 총체적 실현태 167
비합리적 65, 150, 166, 175
비합리적 행위 169
비합리적인 사회 170
비합리주의 58
비합리주의적 전통 92
비합리화의 총체적 실현태 217

[사]
사고와 개념에 의한 대상의 지배 27, 45
사고에 의한 대상의 지배 27
사고의 도구화 19, 69, 84, 92
사고의 폭력에 대한 비판 43
사물들이 함께 만나는 관계들에서 생기는 전체 형상으로부터 사물을 파악하는 것(성좌) 47
『사물의 질서』 75
사물화 19, 27, 33-34, 41 ff., 54, 65-66, 68-69, 80-82, 84, 96, 128-129, 172, 199, 201, 207, 223
사물화된 자본주의적 사회 153
사물화 비판 43
사진 119

사회 비판 이론 40
사회에 의한 강제적 속박의 영속 40
사회의 비합리화 과정 146
사회 이론 17
사회적인 전체 주체 94, 137
사회주의 66, 78, 97, 100, 189-190, 227
사회주의적 리얼리즘 97-98
사회화 과정 164
산업 문명 63
산업 사회 125, 164, 167, 177
산업적 합리성 39
산업화 65, 167
산업혁명 67
상부 구조 118, 199
상업성 111
상업주의 182
상업화 114, 128-129, 181
상이한 것이 함께 있는 것 47
상징 폭력 40
상품 사회 169
상품성 69
『새 음악의 철학』 132
생명력을 잃은 기계 189
생산 관계 136
생산력 136
생산 미학적 72, 76, 105
생의 철학 86
서구 시민사회 61, 63, 166
선취력 115
선험적인 고향 상실 131, 197
성좌 223
세계에의 고통 160 ff., 193
세계 인식, 세계 해명, 세계 해석, 세계 구원 181

소비 문화 63
소비 사회 61, 63
소비성 42, 69, 111
『소설의 이론』 23, 86, 131, 180, 195,
    197-198, 203
소외 20, 80-82, 84, 96, 200
소재 136
소집단화 47
소통 이론 58
수단의 목적화 69
수동적 능동성 94
수사학 47, 223
수수께끼적 형상 117, 177
수용 미학 72-73
수용 미학적 72
수학적 방법론 28
수학적 이성 64
순환적 65
스탈린주의 33, 66, 83, 98, 140,
    142-143, 186, 206
시간 구조와 예술적 경험 58
시니피앙 74
시니피에 74
시민 계급 26
시장 자본주의 62
시장에 의한 노동의 지배 21
시장화 18, 62
신속성 111, 113
신자유주의 18, 68, 181, 184
신칸트주의 86
신학적 부정성 55
신화 36, 43, 153, 169
실용성 182
실용주의 28

실제의 삶 73
실증주의 28, 41, 76
실증주의 논쟁 42
『심판』 50

[아]
아방가르드 49, 73
아방가르드 문학 91
『아방가르드의 이론』 73
아방가르드적 85, 89, 105
아우라 119-120, 125
아포리 183, 228, 229
알레고리 117, 132, 178
앙가주망 155
『애처로운 학문』 214
어느 시대에나 통용되는 카테고리 102
어두움 155
어디로 97
억압의 메커니즘 142
역사성 27, 154
『역사와 계급 의식』 86, 196, 198-199,
    201
역사적 경험 95
역사철학적으로 설정된 목적론 108
역설적 상호 지시 관계 49, 227
영미 분석철학 19, 21
영상 매체 114-115
『영혼과 형식』 195, 197-198
영화 116, 119-121, 126
예술과 사회의 중개 136
예술사회학 56
예술에서의 합리성 150-152
예술의 사회적 작용력 120
예술의 소멸 129

예술의 역사적 운동 원리 131
예술의 존재 가치 126, 128, 160
『예술 이론』 43 ff., 54-55, 57-59, 124,
　　131 ff., 156, 191, 208, 222
예술 이론적 57
예술 작품의 계몽력 78
예술 작품의 사회성 및 역사성 73-74,
　　154
예술적 가상 55
예술적 가상의 변증법 50
예술적 경험 53, 56, 75, 126, 133
예술적 계몽력 109, 111, 116-117, 122 ff.,
　　128-129, 171-172
예술적 부정성 99, 154 ff.,
예술적 인식 55, 93, 99, 101, 173 ff.
예술적 주체 149, 181
예술적 합리성 125, 156, 169-170
예술적 현대 48, 135, 170
예술적 형상화 171
예술적으로 나타난 형상 153
예술지상주의 155
오디세우스의 도구적 합리성 166
오디세우스의 자기 보존 전략 186
오디세우스의 주체 포기 현상 35, 217
오디세우스의 합리성 35, 142
오락 산업 69
오락성 69, 111
오락 시장 62
올림피아 제전 153
올림피아 제신 169, 186
올바른 삶 66, 214-215
완결된 총체성 97
외적 자연 140
우둔함 170

유교 64
유대교 188
유물사관 196, 199
유용성 69
유토피아 28, 84, 100, 171, 193, 201,
　　208
『유토피아의 정신』 23, 203
유토피아적 사회상 218
유토피아주의 196, 201
윤리적 부정주의 62
윤리학 61
원시 제전 39, 58, 83, 92, 98, 135,
　　139-141, 144, 147, 165, 168-169,
　　174, 176, 178, 207
음악사회학 56
『음악사회학』 132
음악학 53
『의사 소통의 이론』 31
의미 매개 128
의미 형성 128
의사 소통적 이성 183, 229
의식에 의존하는 철학 183
의식적 가치 119, 125
이념적 공구로서의 개념 34
이데올로기 20, 27, 33, 39-40, 54, 66,
　　68, 85, 96, 106, 118, 123, 211, 217,
　　223
이데올로기 비판 43, 191
이데올로기적 조건 136
이데올로기적 카테고리 27
이상주의적 미학 132
이상주의적 유토피아 사상 198
이상주의적 철학 27
이상주의적인 도덕론 61

이성 33 ff., 54, 60, 63-64 ff, 77, 180, 211

이성과 지배의 착종 관계 20

이성 비판 20, 31 ff., 35, 43, 56, 58, 63, 208

이성의 자본주의화 181

이성의 자기 자각 32, 43, 45, 84, 183, 185, 187, 189, 192, 208, 223, 228

이성적 사회의 이성적 구축 18, 22, 84, 206, 214

20세기의 신화 36, 207

이윤 극대화 69, 187

이윤 추구 166

이중적 작업 90-91, 94

인간 가치의 상품화 21, 67, 69

인간과 자연의 대립주의 83

인간 의식의 타락사 83

인간학적 57, 139

인과율적 65

인식론 17, 60

인식론과 사회 이론의 관계에서 나타난 총체성 53

인식 비판 223

인식의 도구화 과정 146

인식의 유토피아 46

인식론적 57

인식 주체로서의 예술 148

일그러짐 48

일반성 175

일반적인 것과 특수한 것의 관계 53

일반적인 것과 특수한 것의 잘못된 동일성 123

일반화 37, 64, 90

일원적 세계상 174

일회성 69

[자]

자기 기만 61

자기 반성 및 성찰 능력 33

자기 보존 35, 38, 55, 140, 162, 164-165, 181, 183, 186, 205

자기 보존의 상실 164

자기 소외 21, 67

자기 성찰 64

자기 자신에 대한 지배 144

자기 주체 포기의 강요 39

자기 포기, 굴종의 원리 166

자동화 164

『자본』 199

자본주의 63, 66-67, 81-82, 102-103, 167, 169, 180, 200, 217, 227

자본주의 문화 비판 64

자본주의 분석 62, 188

자본주의 비판 64

자본주의 사회 96

자본주의 사회의 객관적, 법칙적 현실 91

자본주의의 모순 84, 97, 103, 189

자본주의적 구조 88

자본주의적 체계 80

자본주의적 총체성 87

자본주의적 현실 87

자신을 보전시켜야만 하는 강제성 142

자아와 세계의 변증법적 통합 86

자연과 인간의 총체적 타락 181

자연과의 친화력 176

자연과학적인 계산성, 정확성 및

객관성 145
자연미 53
자연 미학 63
자연사 117
「자연사의 이념」 24, 131, 191, 193, 204
자연에 대한 계산 가능성 및 설명
　　가능성 143
자연에게 자기 자신을 비슷하게 하는
　　시도 140
자연의 절대적인 위력 35, 82
자연-인간 관계 140
자연 지배 106, 208, 215, 226
자연 지배적 65
자연 친화적 65, 141, 147, 209
자유 18, 20, 60-61
자유로운 인간들의 공동체로서의
　　미래 사회 30
자유방임주의 67
자유방임주의적 자본주의 167
자유에 내재된 모순 61
자유와 고통의 문제 60
자유주의 60, 63
자율적인 통용성 59
작품 개념의 파기 76
작품 내부에 세계가 없는 것 89
잘못된 삶의 형식 61, 66
잘못된 전체 85
재료 137
전망 79, 85, 88-89, 96-97, 101 ff., 200
전시 가치 119, 125
전자화 181
전통적 이론과 비판 이론 21, 25 ff.
전통적 형식의 파괴 48
전체 29, 80, 83-84, 91, 101, 160 ff.,

205
전체는 허위다 218
전체 사회적인 주체 94
전체주의 18, 33, 36, 43, 63, 66, 143,
　　169, 177, 180, 186, 206
전체주의 비판 63
전체주의적 지배 체제 83
전체주의적 폭력 158, 182
전형의 창조 85, 97
절정 자본주의 166
정령 세계의 권력 39
정신 병리의 역사 22
정신분석학 22, 92, 120
정신의 변증법적 운동 21
정의 18, 20
정치경제학적 이론 88
정치를 예술화시키는 도구 116
정치적 당위성 78
제국주의 67
제2의 자연 197, 217
종교사회학 145, 174
종교적 세계 거부 175
종합화 114
주술 36, 92, 145, 174
주술사 39, 174
주술적 세계상 145, 175
주술적인 것에의 퇴행 148, 150
주체 33, 35 ff.
주체가 객체에게 완전히 종속되어
　　있는 상태 148
주체성의 원사(原史) 35
주체와 객체의 동질성 81
주체와 객체의 통합 81, 86, 189, 198
주체의 자기 자각 68

주체의 자기 포기 35, 82-84, 187, 217, 223
주체의 자기 포기의 역사 35
주체의 자기 포기 현상에 대한 비판 43
주체의 해체 216
지각 및 경험 구조 115
지각 및 인식 구조 114
지배 20, 33, 211, 223
지배성 65
『지배와 화해』 57
지식 20
진리 내실 50, 137
진리 내용 114, 122
진품성 119
집단적인 흐름 93

[차]
철저한 자본주의화 199
철저한 합리화 80, 199
「철학의 현재적 중요성」 24, 27, 47, 185, 191, 204, 206
철학적 해석 75, 79, 101, 117
체제 긍정적 문화 33, 63
초기 낭만주의 56
초기 자본주의 166
초현실주의 73
초현실주의적 48
『최소한의 도덕』(『한 줌의 도덕』과 동일한 책임) 43, 61-62
총체성 80, 87, 200
총체적 가상 84
총체적 사물화 81
총체적 사회 비판 33
총체적 현혹의 연관 관계 21, 45, 80, 84, 122, 207, 217
추함 48, 155, 170
충격 106, 124, 155
충격과 경악 48
충격적 경험 101, 106
충격적인 표현 95, 170

[카]
카타르시스적 121
칸트 미학 49, 133
칸트의 이율배반 60

[타]
타협주의 28, 60
탈신화화 54
탈역사성 77
탈역사화 72
탈의미화 128
탈이데올로기화 125
탈주관성 77
탈주술화 54-55, 145
탈중심 229
테크놀로지 109 ff., 125-126, 129
특정 상 86, 98, 227-228
특정 상의 표상을 거부 98
특정 이념 103 ff., 227
특정 이념의 해체 99
특정 이데올로기 88, 97, 190
특정한 방식으로 정리를 시도해보는 것 47

[파]
파시즘 33, 61, 66, 98, 116, 118, 126, 140, 142, 180, 215

판단 능력의 수축 128
폐기성 217
포괄하기 27
포스트모더니즘 57, 228 ff.
폴리네시안인(人) 45
『표현주의 논쟁』 87
표현하지 않고는 견딜 수 없는 충동
    49, 93, 101, 104, 106, 156, 168
풍요 사회 186
프랑크푸르트 사회조사연구소 17, 25,
    228
프랑크푸르트학파 19, 25, 40, 54, 84,
    160-161, 180, 185, 192, 206-207, 222
『프로테스탄티즘의 윤리와 자본주의
    정신』 38, 41, 188
프롤레타리아 81-82, 84, 96, 189, 198-200

[하]
하부 구조 118
한국 사회 63, 161, 163, 167, 171
『한 줌의 도덕』 210 ff.
합리 147
합리성 20-21, 33, 37 ff., 92, 131 ff.,
    156, 163
합리성의 패러독스 145
합리적 사고의 원형 58
합리적 실제의 원형 141
합리적 처리 방식 138, 146, 150, 152, 156
합리적인 사회의 합리적인 구축 22
합리적인 것의 구축 146
합리적인 실제 142
합리주의 58
합리주의적 사고와 행동 145
합리주의적 전통 92

합리화 114, 199, 211, 226
합리화 이론 145
합리화의 해체 217
합목적성 188-189
해체 이론 74
해체의 논리 53
해체적 방법 74
해체주의 58
행복 188
행복에의 약속 51, 193-194
행복의 실현 47, 190, 206, 214
행복의 추구 18
헤겔 미학 49, 133
화용론 30, 183
화해 18, 43, 47-48, 51, 55-56, 69, 84,
    156, 187-188, 192-193, 197, 201,
    206, 211, 214, 217 ff., 224
화해되지 않는 상태와 화해의 변증법
    50
화해적 특성 178
확연한 부정 100, 139, 168, 190, 207,
    228
환경 위기 72, 106-107, 178, 194, 209,
    226, 229
환경 파괴 158
환원론적 155, 157
현상학 19, 21, 27
현실 사회주의 66, 180
현실의 총체적 부정성 95
형상화 원칙 89-90
형식 150
형식 미학 133
효용성 42, 69
후기 구조주의 20, 74, 76, 229

후기 산업 사회 161, 163-164, 167-168
후기 자본주의 61, 63, 67, 125, 167, 199
후설의 현상학 27, 191

희생 142, 144
힌두교 188

인명 찾기

[A]

아도르노, 테오도르 17 ff., 72 ff., 122 ff.,
131 ff., 160 ff., 174, 180 ff., 185 ff.,
189 ff., 198, 203 ff., 210 ff.
알버트, 한스 42

[B]

발자크 85
보들레르, 샤를르 48, 56, 95, 124, 135,
153, 169, 218
벡, 울리히 112, 115
베케트, 새뮤엘 48, 85, 95, 99, 104,
124, 153, 169
벤야민, 발터 25, 56, 74, 116 ff., 124,
125 ff., 131, 178, 198, 204
베르크, 알반 204
블로흐, 에른스트 23, 203
보케나우, 프란츠 25
브룬크호르스트, 하우케 25, 221- 222
뷔르거, 페터 56, 73-74, 76, 88, 132,
155, 226

[C]

첼란, 파울 48, 124, 153

[D]

데리다, 쟈크 74-75, 228
딜타이, 빌헬름 197
두비엘, 헬무트 54
뒤르켕, 에밀 183

[E]

에우리피데스 169

[F]

페쳐, 이링 52
푸코, 미셸 20-21, 74-75, 77
프로이트, 지그문트 22, 92, 120
프롬, 에리히 25
프뤼흐트르 요셉 57, 134

[G]

겔렌, 아놀트 112

규스, 레이먼드 60
괴테, 요한 볼프강 203
고리키, 막심 85
그렌츠, 프리데만 52

[H]
하버마스, 위르겐 18-19, 25, 30, 34,
    36, 42, 52, 112, 183, 185, 228, 229
하우저, 아놀드 174
헤겔, 게오르크 빌헬름 프리드리히
    21, 67, 86, 92, 132, 197, 204, 208,
    212, 216, 223, 225
하이데거, 마틴 44, 204
홉스, 토마스 31
호네트, 악셀 25
호르크하이머, 막스 19, 21, 25, 26 ff.,
    37-38, 52, 140-141, 180, 192
후설, 에드문트 24, 204

[J]
재기, 레헐 62
야우스, 한스 로베르트 56, 72, 74-75,
    155, 226
제이, 마틴 25, 54
조이스, 제임스 85, 89, 95, 104

[K]
카프카, 프란츠 48, 85, 95, 99, 104,
    124, 153, 169, 171, 177, 218
카거, 라인하르트 57
칸트, 임마누엘 20, 23, 35, 132, 197,
    203-204, 223
키에르케고르, 소렌 24, 204

[L]
라캉, 자크 74
라이프니츠, 고트프리트 빌헬름 204
레닌, 블라디미르 88
린드너, 부르크하르트 81, 125
뢰벤탈, 레오 25
루카치, 게오르크 23, 41, 50, 56, 68,
    72 ff., 92, 180, 195 ff.
리요타르, 장 프랑소아 228

[M]
만, 토마스 85
마르쿠제, 허버트 25, 52
마키아벨리, 니콜로 31
마르크스, 칼 21-22, 41, 62, 66, 68, 88,
    92, 96, 118, 136, 180, 188 ff.,
    198-199, 212
미드, 허버트 183
메를로퐁티, 모리스 44

[N]
네켈, 지그하르트 62
니체, 프리드리히 31, 56, 92, 197, 211-212

[P]
파슨즈, 탈코트 183
피핀, 로버트 61
플라톤 20, 33, 37, 64, 175
폴록, 프리드리히 25
포퍼, 카알 42, 44
프루스트, 마르셀 85, 95, 218

[R]
리케르트, 하인리히 197

[S]

사드 31

사르트르, 장 폴 44

쉘스키, 헬무트 112

쉴러, 프리드리히 203

슈미트, 알프레트 52

슈내들바흐, 허버트 39, 56, 58, 146,
192

쇤베르크, 아놀트 48, 56, 218

쇼펜하우어, 아투르 92, 203

젤, 마틴 25, 63, 156

짐멜, 게오르크 195, 197, 211

소크라테스 33

스탕달 85

[T]

티엔, 안케 58

토이니센, 미하엘 56

[U]

울리히, 오토 112

[W]

바그너, 빌헬름 리하르트 56

베버, 막스 21, 37-38, 41, 92, 145, 174,
183, 188 ff., 195, 212

벨머, 알브레히트 18, 24, 31, 47, 56-57,
59, 155, 226

비거스하우스, 롤프 25

빈델반트, 빌헬름 197

[Z]

찜머리, 발터 109

출 처

논 문	출 처
아도르노 철학의 현재적 의미 미메시스와 합리성의 변증법	『독일 문학』
테크놀로지 시대에서의 예술적 계몽력	〃
도구적 이성이 타락시킨 서구 문명	『조선일보』
개념적 인식의 부정성에 대한 성찰 가능성으로서의 예술적 인식	연세대학원 신문
비판 이론, 도구적 이성의 시대에 파열음을 내는 힘	〃
루카치 : 103인의 현대 사상	민음사 창립 30주년 기념 특집
아도르노 : 103인의 현대 사상	〃
변증법적 예술 이론의 현재적 의미	『문학과 사회』
『한줌의 도덕』 번역에 대한 서평	『세계 문학』
세계에의 고통에 대한 미메시스 그리고 예술의 존재 가치	『시와 반시』
김진석 교수에 대한 반론	미발표 원고

□ 문 병 호

고려대 독어독문학과를 졸업하고 같은 대학원에서(독문학 전공) 석사 학위를 받았으며, 독일 프라이부르크대와 프랑크푸르트대에서 문예학·사회학·철학을 공부하였다. 독일 프랑크푸르트대에서 아도르노의 역사철학·인식론·사회 이론·미학·문학 이론을 연구하여 철학 박사 학위를 받은 뒤, 고려대와 같은 대학원·연세대 대학원·이화여대 대학원·성균관대·서울여대에서 강의하였고, 지금은 광주여대 교수로 있다. 주요 논문으로는「변증법적 예술 이론의 현재적 의미」,「시적 주체성의 객체성」,「테크놀로지 시대에서의 예술적 계몽력」,「세계화·정보화 시대에서의 시민 문화 의식과 문화 경제」,「21세기 민족 문화의 비전」등이 있으며, 주요 저서로는『아도르노의 사회 이론과 예술 이론』,『서정시와 문명 비판』,『문화의 세기와 문화 사회의 전개』등이 있다.

비판과 화해

초판 1쇄 인쇄 / 2006년 7월 15일
초판 1쇄 발행 / 2006년 7월 20일

■

지은이 / 문 병 호
펴낸이 / 전 춘 호
펴낸곳 / 철학과현실사
서울특별시 서초구 양재동 338의 10호
전화 579—5908～9

■

등록일자 / 1987년 12월 15일(등록번호 : 제1—583호)

ISBN 89-7775-588-3 03130
*잘못된 책은 바꾸어 드립니다.

값 12,000원